Peter A. Bucky

Der private Albert Einstein

Peter A. Bucky

In Zusammenarbeit mit Allen G. Weakland

Der private
Albert Einstein

Gespräche über Gott,
die Menschen und die Bombe

Aus dem Amerikanischen
von Kurt Simon

ECON Verlag
Düsseldorf · Wien · New York

Titel der amerikanischen Originalausgabe: Conversations with Einstein.
Private Glimpses of a Public Life
Übersetzt von Kurt Simon
Copyright © 1990 by Peter A. Bucky

Bildnachweis
Sämtliche Fotos und Abbildungen stammen aus dem Privatarchiv des Autors.

Die Deutsche Bibliothek – CIP-Einheitsaufnahme

Bucky, Peter A.:
Der private Albert Einstein: Gespräche über Gott, die Menschen
und die Bombe / Peter A. Bucky. In Zusammenarbeit mit Allen G. Weakland.
Aus dem Amerikan. von Kurt Simon. – Düsseldorf; Wien; New York:
ECON Verl., 1991
Einheitssacht.: Conversations with Einstein <dt.>
ISBN 3-430-11589-2

Lektorat: H. Dieter Wirtz, Mönchengladbach
Gesetzt aus der Bembo, Linotype
Satz: Lichtsatz Heinrich Fanslau, Düsseldorf
Papier: Papierfabrik Schleipen GmbH, Bad Dürkheim
Druck und Bindearbeiten: Franz Spiegel Buch GmbH, Ulm
Printed in Germany
ISBN 3-430-11589-2

In memoriam

Für meine geliebte Frau Tina,
die zu einem großen Teil mit wertvollen
Informationen zu diesem Buch beigetragen hat.
Ohne ihre Hilfe und ständige Ermutigung
wäre dieses Buch nicht möglich geworden.

Inhalt

Vorwort

Einstein und die Buckys

Dieses Buch über Albert Einstein ist keine Biographie über Albert Einstein – davon gibt es mehr als genug. Dieses Buch zeichnet vielmehr ein intimes Bild des größten und renommiertesten Wissenschaftlers unseres Jahrhunderts – gleich einer Serie privater Erinnerungsphotos, aufgenommen und aufbewahrt von einer Familie, die Einstein sowohl in Deutschland als auch in den Vereinigten Staaten sehr nahe stand.

Dr. Gustav Bucky, der Patriarch dieser Familie, war über Jahrzehnte ein Freund Einsteins und einer seiner Ärzte. Auf Wunsch seiner Eltern sollte er Medizin studieren, um so dem Stand der Familie zu entsprechen. Gustav hatte jedoch andere Vorstellungen und wollte lieber Techniker werden. Am Ende schloß er einen Kompromiß, indem er sich der medizinischen Fachrichtung Radiologie zuwandte, weil sie sehr viel mit Technik zu tun hatte. Der Ingenieur ließ sich auch niemals ganz unterdrücken, und als Gustav Bucky starb, waren auf seinen Namen 148 Patente registriert, die meisten aus Liebe zur reinen Wissenschaft, denn nicht einmal zehn Prozent seiner Erfindungen wurden jemals kommerziell genutzt.

Und eine seiner vielen Erfindungen brachte ihm Berühmtheit. Als ein Pionier der Röntgentechnik ist Bucky in einschlägigen Lexika als Erfinder der Bucky-Blende ein Begriff geworden. Diese Erfindung eliminiert durch ein bewegliches Bleiraster die

Streuung von Röntgenstrahlen, so daß nur die Nutzstrahlung den Röntgenfilm erreicht.

Dr. Buckys Sohn, Peter Bucky, ist zur Zeit Präsident von Bukky X-Ray International, einer erfolgreichen internationalen Gesellschaft, die sowohl die Erfindungen seines Vaters ausgewertet wie auch viele eigene auf den Markt gebracht hat. Liest man heute von Zollbeamten, die einen Rauschgiftring knackten, oder von Postbeamten, die auf der Suche nach Sprengstoff Pakete durchleuchten, oder auch von radiologischen Fortschritten in führenden Krankenhäusern – so ist es sehr wahrscheinlich, daß hinter den Kulissen Peter Bucky und seine Erfindungen lauern.

Aber abgesehen von seiner außerordentlichen beruflichen Karriere, besitzt Peter Bucky auch eine Überfülle vertrauter Kenntnisse über Albert Einstein. Diese Eindrücke wurden in drei Jahrzehnten persönlicher Freundschaft gesammelt, in denen Bucky und Einstein so manche Stunde zusammen verbrachten.

Auf langen gemeinsamen Fahrten entstand eine enge Bindung zwischen diesen beiden Männern, wobei so manche Hemmung abgelegt wurde. Die damals sich ergebenden Unterhaltungen, niemals vorher veröffentlicht, füllen die folgenden Seiten.

Die engen Beziehungen zwischen den Familien Bucky und Einstein überspannten zwei Kontinente. Es war eine gefährliche Freundschaft für die Buckys, weil Einstein als Jude auf der offiziellen schwarzen Liste der Nazis stand. Die Gestapo hatte in Kenntnis dieser Verbindung die Telephonleitung der Buckys angezapft, um Einstein zu überwachen. Glücklicherweise mußten die Nazis, auch als schließlich ein Preis auf Einsteins Kopf ausgesetzt war, die Buckys dank ihrer amerikanischen Staatsbürgerschaft unbehelligt lassen, in den Vorkriegstagen respektierte sogar die Gestapo diesen Status.

Die Freundschaft wurde jenseits des Atlantiks fortgesetzt, als die Einsteins in Princeton, New Jersey, wohnten, während die

Dr. Gustav Bucky

Buckys, knapp sechzig Meilen entfernt, in Manhattan residierten. Ihr gemeinsames deutsches Erbe wird sicherlich beiden Familien im Zusammensein wechselseitigen Trost gegeben haben, und dieses Gefühl der Zusammengehörigkeit war sehr stark. So waren bei der privaten Trauerfeier für Albert Einstein neben sechs weiteren Personen vier Buckys anwesend.

Die Freundschaft zwischen Einstein und dem älteren Bucky gründete sich nicht zuletzt auf das gemeinsame Interesse an der physikalischen Mechanik, aber auch auf eine gewisse Seelenverwandtschaft: Beide Männer scheuten die Öffentlichkeit und hatten die feste Überzeugung: Alles, was sie an Ungewöhnlichem taten, verdiente keinen öffentlichen Beifall.

Einstein meldete nur ein einziges Mal ein Patent gemeinsam mit einem anderen Erfinder an – und dieser Erfinder war Gustav Bucky. Beide Männer hatten eine sich automatisch einstellende Photoblende entwickelt, die auch heute noch in vielen Filmkameras zu finden ist. Bucky lieferte hierzu die praktische Umsetzung, während sich Einstein mit der Theorie befaßte. Leider besaßen weder Bucky noch Einstein den geringsten Geschäftssinn. Folglich nutzten sie ihr Patent nie kommerziell. Doch sobald der Patentschutz abgelaufen war, stürzten sich alle größeren Hersteller von Amateurfilmkameras auf die Auswertung dieser Entwicklung.

Noch ein weiteres (wenig bekanntes) Ereignis illustriert die enge Bindung zwischen Einstein und Bucky. Das war, als Einstein vor Gericht als Sachverständiger auftrat – für ihn das einzige Mal.

Im Jahre 1936 hatte Dr. Bucky eine Photokamera für medizinische Zwecke entwickelt, mit der Farbaufnahmen für alle internen und externen medizinischen Anwendungen gemacht werden konnten, mit Ausnahme des Augenhintergrunds, des Blaseninneren und des Mageninneren. Mit dieser Kamera konnte auch ein Arzt umgehen, der ansonsten nichts von der Photographie verstand. Die Kamera stellte automatisch Brennweite, Bildfeld, Entfernung, Belichtung und Helligkeit ein.

Im Jahr 1942 vergab Dr. Bucky die Lizenz zur Herstellung dieser Kamera und ließ im Vertrag eine Klausel einsetzen, die deutlich feststellte, daß zu keinem Zeitpunkt während der Laufzeit aller drei Grundpatente für diese Kamera die Rechtsgültigkeit des Patents in Frage gestellt werden konnte.

1945 jedoch brach der Hersteller die Zahlung der Bucky zustehenden Lizenzgebühr ab, indem er behauptete, die Patente seien ungültig. In dem darauf folgenden Gerichtsverfahren sagte Einstein aus, wenn Bucky den Hersteller verklagte, ginge es nicht nur um das Problem einer Patentverletzung, sondern ganz einfach darum, daß der Hersteller Buckys Idee gestohlen hätte. Gustav Bucky gewann den Rechtsstreit. In der Berufung wurde die Entscheidung jedoch aufgehoben, wahrscheinlich weil die Anklage auf einer Patentverletzung aufgebaut war und nicht auf Vertragsbruch. Schließlich war Bucky von der ganzen Angelegenheit so angewidert, daß er sich weigerte, die Aufhebung des Urteils in der Berufung vor dem Obersten Gericht anzufechten.

In all den Jahren, in denen Einstein in Amerika wohnte, hielten die Familien Bucky und Einstein engen und häufigen Kontakt, besuchten sich das ganze Jahr über gegenseitig in Princeton und New York und verbrachten die Sommerferien gemeinsam.

In diesen Jahren füllte Peter Bucky umfangreiche Notizbücher mit Beobachtungen über Einstein, über den Menschen, wie er ihn kannte. In diesen Notizbüchern berichtete Bucky von den vielen Unterhaltungen, die er mit Einstein führte, die meisten auf den stundenlangen Fahrten zu ihren Sommerquartieren. Bucky hat einmal darüber gesagt: »Ich kann mich nicht erinnern, bei irgendeinem anderen Menschen, mit dem ich mich jemals unterhalten habe, so gewiß gewesen zu sein, daß alle von ihm geäußerten Ansichten ... so aufrichtig und ernstgemeint waren. «

Es sind also diese ernsthaften Dialoge, die Peter A. Bucky uns überlieferte. Er beginnt mit einer ersten persönlichen Erinnerung, der sich eine Unterhaltung über Einsteins Selbstver-

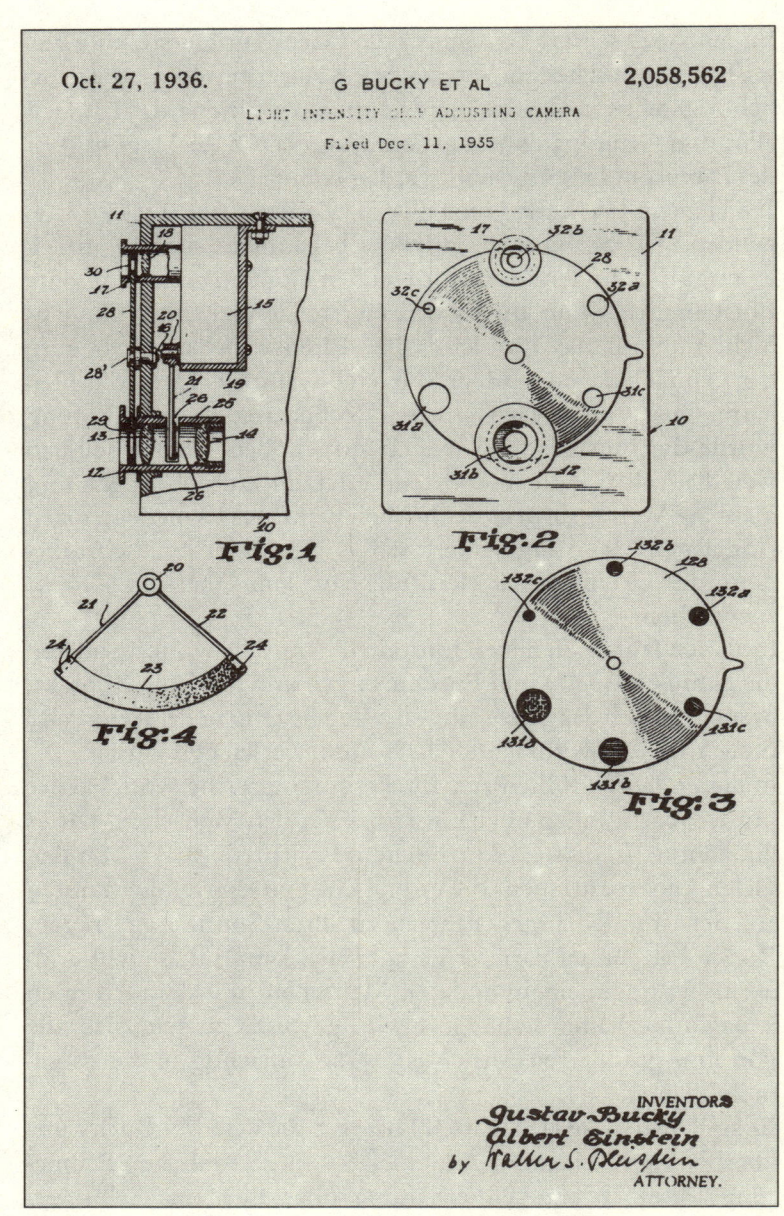

Oct. 27, 1936. G BUCKY ET AL 2,058,562

LIGHT INTENSITY SELF ADJUSTING CAMERA

Filed Dec. 11, 1935

Fig. 1

Fig. 2

Fig. 4

Fig. 3

INVENTORS
Gustav Bucky
Albert Einstein
by Walter S. Bluestein
ATTORNEY.

Auszug aus der Patentschrift zur Bucky-Blende

UNITED STATES PATENT OFFICE

2,058,562

LIGHT INTENSITY SELF-ADJUSTING CAMERA

Gustav Bucky, New York, N. Y., and Albert Einstein, Princeton, N. J.

Application December 11, 1935, Serial No. 53,884

9 Claims. (Cl. 95—10)

This invention relates to a camera with a device for automatically adjusting the light intensity, and an object of the invention is to provide means for automatically adapting the light impinging the photographic plate or film of the camera to the light intensity of the surroundings and particularly of the object to be photographed.

A further object of the invention is to provide means for an automatic adjustment of the light intensity without necessitating the use of a power source which may be due to get exhausted after a certain length of time, like an electric battery.

The invention consists in the combination of a camera with a photo-electric cell and a screen of varying penetrability to light, said screen being movable in the path of the light rays passing the camera objective.

Further objects, features and details will be apparent from the following description and the accompanying drawing illustrating an embodiment of the invention. In the drawing are:

Fig. 1 a side elevation of a portion of a camera as per the invention, partly in section,

Fig. 2 a front elevation of the camera,

Fig. 3 a front elevation of a modified part,

Fig. 4 an elevation of the screen.

Referring now to the figures, 10 is a camera having a front wall 11, which carries the photographic objective 12 with lenses 13 and 14. In the interior of the camera 10, a photo-electric cell forming a unit 15 together with a mechanism for turning a shaft is mounted and secured to the camera by suitable means, as for instance by means of a bracket 19. Such photo-electric cell with the mentioned mechanism for turning a shaft, which may be for instance a mechanism as conventional in a millivoltmeter, is a well-known unit available on the market and is used in exposure meters where the shaft carries a pointer for indicating the correct length of exposure, as for instance the "Weston Photronic photo-electric cell". This photo-electric cell unit 15 per se does not form part of the present invention and is therefore shown merely in its outlines. 16 is the shaft adapted to be actuated by said photo-electric cell unit. The unit 15 receives light through a tubular fixture 17 in front wall 11 with or without the help of a lens 18 in the aperture of fixture 17. With shaft 16, a member 20 is rigidly connected, which comprises two radial arms 21 and 22. A screen 23 having the shape of a ring segment is stretched between the ends of arms 21 and 22 and secured to these arms for instance by means of rivets 24. Screen 23 is made of a transparent, preferably of a celluloid-like material. The transparency of the screen is decreased from one end to the other, from its maximum to a minimum. This is done by shading it from clear over gray to black as indicated in Fig. 4. This screen is so arranged that it may swing in the

path of the light rays passing through objective 12, and it is furthermore so arranged that the screen portion with maximum transparency is in the path of the rays when the photo-electric cell is not or only very little energized, that means when the light intensity is weakest. The plane in which the screen intersects these light rays is immaterial. We, however, prefer to position the screen between the lenses 13 and 14 for which purpose the objective tube 26 is slitted at 26, because the coincidence of the rays in the space between the lenses permit the screen to be made very narrow. This is important because the movable parts in connection with unit 15 should be made as light as possible in consideration of the very small power output of a photo-electric cell. It is, however, within the scope of this invention to use another kind of photo-sensitive cells as for instance a selenium cell with a battery.

It will be understood that the camera according to our invention may be equipped with any conventional accessorial parts as for instance a shutter, omitted in the drawing in order to avoid overcrowding of lines.

If now the camera is directed with its objective 12 upon the object to be photographed, the aperture or light entrance tube 17 of the photo-electric unit is directed likewise. The light intensity striking the photo-electric unit creates a power which turns the shaft 16 through an angle which is a function of the light intensity. Consequently, the screen 23, is swung between lenses 13 and 14 in such a position that the light impinging the photographic plate or film is adjusted in correspondence with the light entering the photo-electric unit. It is obvious that the increment of alteration of the transparency has to be so chosen from the start, that it corresponds with the angles through which the shaft 16 is turned due to the light intensity, and that it also corresponds with the light desired to impinge the photographic plate.

If a camera is equipped with the device as described, no iris for light reduction is required. In many instances, however, it may be desirable to have different diaphragms or a variable diaphragm for the objective in the conventional manner, and to use the automatic adjuster only for taking care of such alterations of the light which occur after the camera has been set for taking a photograph with a definite shutter speed. This may be the case particularly with cinematographic cameras. It also may be desirable to voluntarily alter the aperture of the objective in correspondence with the sensitivity of the emulsion of the film or plate used in each particular case. If, however, the aperture of the objective is variable in a voluntary manner, the self-adjusting device may not always produce proper correction for the alterations of the light. In

ständnis anschließt. Ähnlich sind auch die weiteren Kapitel aufgebaut: Der erste Teil ist eine biographische Vignette, basierend auf persönlichen Erlebnissen, die Bucky zusammengetragen hat, während im zweiten Teil jeweils ein Dialog über die zuvor angeschnittenen Themen niedergelegt ist.

Ergänzt werden die Einblicke in das private Leben Albert Einsteins durch noch nie veröffentlichte Photos aus Buckys persönlicher Sammlung. Sie fingen Einstein in entspannten Augenblicken ein und verstärken die Intimität dieses sehr persönlichen Buches.

Lehnen Sie sich also zurück, und lassen Sie Einstein in Ihr Zimmer treten. Stellen Sie sich vor, Sie säßen ihm gegenüber und unterhielten sich mit ihm. Vergnügen Sie sich an den anekdotischen privaten Eindrücken dieses sehr öffentlichen Menschen. Und dann, nachdem Sie ihn in Ihr Zimmer eingelassen haben, wünschen Sie sich vielleicht auch, ihn wirklich gekannt zu haben, und schließen ihn in Ihr Herz – wie es die Buckys getan haben.

Kapitel 1

Der Mensch Einstein

Eine private Reminiszenz

Eine Explosion der Sinne scheint meine Erinnerung an die Jahrzehnte zu umgeben, in denen ich Albert Einstein so genau kennenlernte wie kaum ein anderer Mensch. Ich höre die etwas schiefen Töne von Einsteins Violinspiel spät in der Nacht, das stets in der Küche unseres Hauses stattfand, rieche das nicht unangenehme Aroma seines Pfeifentabaks, das durch das ganze Haus zog, vernehme sein naives Lachen, so laut, daß es in allen Räumen gegenwärtig war. Ich höre sein vergnügtes Pfeifen am frühen Morgen aus dem Badezimmer, mit dem er uns allen signalisierte, daß er wach war, und nicht selten vernahmen wir dann eine neue, eben erst komponierte Melodie. Ich spüre den Fahrtwind im offenen Wagen, in dem Einstein als mein eigener VIP – Very Important Passenger – mehr als 20 000 Meilen neben mir saß, wenn ich ihn bei vielen Gelegenheiten durch die Vereinigten Staaten chauffierte, sehe immer das leichte, fast kindliche Lächeln vor mir, das seine stets gegenwärtige Wärme und Güte ausstrahlte. Und ich schmecke noch die ausgedehnten Mahlzeiten, die Mrs. Einstein so oft für uns zubereitete, wenn meine Eltern und ich in ihr Heim in Princeton eingeladen waren.

Ich fühle mich wirklich ausgezeichnet, diesen großen Menschen auf solch persönlicher Ebene kennengelernt zu haben. Wenn ich mit Einstein zusammen war, so kam das für mich nahezu einem übernatürlichen Erlebnis gleich. Seine Erscheinung erhöhte sogar noch diesen Eindruck, da sein Gesicht stets zu glühen schien – wahrscheinlich lag das nicht zuletzt an seinen ausdrucksvollen Augen.

Einer der Hauptgründe dafür, warum es so angenehm war, mit Einstein zusammenzusein, mit ihm zu reden und Gemeinsames zu erleben, war seine Bescheidenheit. Dieser Charakterzug vermittelte seinem Gegenüber immer ein Gefühl des Wohlbefindens. Einsteins insgesamt zurückhaltende Art lag wohl in seiner angeborenen Scheu begründet, einer Scheu, die ihn jegliche Form von Publizität hassen ließ.

Doch trotz seiner Scheu und Bescheidenheit war Einstein ein freimütiger Mensch. Wenn er eine Meinung vertrat, zögerte er nicht, sie zu äußern. Nicht daß er taktlos war. Er hielt einfach nichts davon, seine Empfindungen zu unterdrücken, seine Meinungen zurückzuhalten. In diesem Zusammenhang erinnere ich mich an eine Begebenheit, in deren Verlauf er durch seine Offenheit seine Frau in Verlegenheit brachte . . .

Unsere Familie war bei Einsteins in Princeton, New Jersey, zum Essen eingeladen worden. Elsa Einstein versuchte immer, eine gute Gastgeberin zu sein, indem sie ihren Gästen den Eindruck vermittelte, sich wie zu Hause fühlen zu können. Zu dieser Gelegenheit hatte sie für uns ein wunderbares Essen zubereitet. Als beim Hauptgang Roastbeef gereicht wurde und meine Mutter das sah, meinte sie zu Elsa: »Oh, es tut mir ja so leid, daß Sie sich soviel Mühe gemacht haben, für uns ein besonderes Essen zu bereiten.« Elsa Einstein lächelte meine Mutter an und erwiderte: »Ganz und gar nicht, Frieda. Wir essen häufig Roastbeef; es war also gar keine besondere Mühe.« Als Einstein das hörte, wandte er sich verwundert Elsa zu: »Seit wann haben wir immer Roastbeef zum Essen?«

Einstein hatte meine Mutter immer gern gemocht, und das galt auch umgekehrt. Er war sehr angetan von der Sorge meiner Mutter, die Öffentlichkeit von ihm fernzuhalten, wann immer er mit meiner Familie zusammen war.

Meine Mutter verbrachte recht viel Zeit mit dem Komponieren

von Kinderliedern (eines davon befaßte sich mit Franklin D. Roosevelts Hund Fala und erregte sogar die Bewunderung des Präsidenten). In dem Versuch, meiner Mutter zu etwas Publizität für ihre Lieder zu verhelfen, ging Einstein einmal soweit, zur Unterstützung ihrer Lieder eine schriftliche Erklärung abzufassen – es gab niemals ein größeres Kind als den erwachsenen Einstein. Die Erklärung trug das Datum vom 7. November 1939 und lautete wie folgt:

> Ich habe mir eine Reihe von Mrs. Buckys Kinderliedern angehört. Vom künstlerischen Standpunkt aus sowie in bezug auf ihre Anpassung an die kindliche Mentalität halte ich sie für hervorragend. Diese Lieder verdienten nach meiner Meinung die ernsthafte Beachtung seitens der Verlagshäuser, die auf diesem Gebiet arbeiten.

> Albert Einstein

Meine Mutter und Einstein ›verband‹ noch etwas anderes – beide mußten sich aus medizinischen Gründen beim Genuß von Kaffee zurückhalten. Einmal, als Einsteins uns besuchten, lud meine Mutter Einstein zu einer Tasse Kaffee ein – und siehe da: Er nahm sie gerne an. Als uns Einstein das nächste Mal besuchte, bot ihm meine Mutter wieder Kaffee an, doch dieses Mal erwiderte er: »O nein, Mrs. Bucky, Sie wissen ja, ich darf keinen Kaffee trinken.« – »Aber Professor«, wandte meine Mutter ein, »als Sie letztes Mal hier waren, haben Sie doch auch Kaffee getrunken.« Einstein lächelte: »Ja, Mrs. Bucky, ich weiß. Doch leider führt der Teufel Buch.«
Aber nicht nur zwischen Einstein und meiner Mutter bestand eine tiefe Freundschaft – auch Elsa Einstein empfand viel für unsere Familie. Sie mochte uns alle sehr und war immer äußerst gastfreundlich, wenn wir sie besuchten. Ich erinnere mich, daß meine Mutter jedesmal, wenn sie mit uns nach Princeton fuhr,

eine reichliche Auswahl von Eingemachtem für die Einsteins mitnahm.

Ein Brief in meinem Besitz, datiert vom 27. Dezember 1933, dokumentiert diese Gewohnheit meiner Mutter. Er wurde mir von Elsa Einstein zugeschickt und lautet wie folgt:

Lieber Herr Peter!

Wenn ich jetzt jemand wäre, der Güte sehr missbraucht, dann wären Sie ganz schlimm daran, lieber Herr Peter. Aber Gott sei Dank bin ich nicht gar so übel. Wenn ich in Not bin, dann weiss ich wohl, dass ich auf Sie rechnen kann und das ist mir eine grosse Beruhigung.

In nächster Zeit gehen wir seltener nach New York. Wollen Sie und Thomas und Evchen nicht dieser Tage herauskommen, um in dieser Winterlandschaft einen Spaziergang zu machen? Es ist märchenhaft schön. Ich habe so den Winter noch selten erlebt.

Seien Sie und Ihre Lieben alle von Herzen gegrüsst und sagen Sie Ihrer lieben Mutter, dass wir uns seit vier Tagen von den Bucky'schen Leckerbissen ernähren. Und dass auch die herrliche koschere Wurst sehr zu Ehren kam und genügend estimiert wurde.

Ihre
Elsa Einstein

Einstein liebte auch die Kochkunst meiner Mutter. In einem Brief, den er ihr schrieb, bat er: »Ich flehe Sie an, bringen Sie keinen Proviant mehr mit. Wir arbeiten wie wild, um die Mengen wunderbarer Dinge zu verbrauchen ... Miß Dukas hat sich wegen eines verdorbenen Magens vom ungleichen Kampf zurückziehen müssen. «

Einstein war ein fröhlicher Mensch, immer bereit, über einen

den 27.12.33

Lieber Herr Peter!

Wenn ich jetzt jemand wäre, der Güte
sehr missbraucht, dann wären Sie ganz schlimm
daran, lieber Herr Peter. Aber Gott sei Dank
bin ich nicht gar so übel. Wenn ich in Not
bin, dann weiss ich wohl, dass ich auf Sie
rechnen kann und das ist mir eine grosse
Beruhigung.

In nächster Zeit gehn wir seltener
nach New York. Wollen Sie und Thomas und
Evchen nicht dieser Tage herauskommen,um in
dieser Winterlandschaft einen Spaziergang zu
machen? Es ist märchenhaft schön. Ich habe
so den Winter noch selten erlebt.

Seien Sie und Ihre Lieben alle von
Herzen gegrüsst und sagen Sie Ihrer lieben
Mutter, dass wir uns seit vier Tagen von den
Bucky'schen Leckerbissen ernähren. Und dass
auch die herrliche koschere Wurst sehr zu
Ehrenkam und genügend estimiert wurde.

Ihre

Elsa Einstein

Faksimile des Briefes, der auf Seite 22 zitiert wird

Witz herzhaft zu lachen oder selbst etwas zum besten zu geben. Sein Sinn für Humor war immer wach – selbst wenn er seine Freunde kritisierte, tat er das immer mit einem Lächeln und auf derart humorvolle Weise, daß man ihm niemals wirklich böse sein konnte. So erinnere ich mich an einen Disput, den ich einmal während eines Besuchs in Princeton mit meinen Eltern über eine bestimmte Sache führte, bei dem ich etwas laut wurde. Einstein mischte sich plötzlich ein und sagte: »Meine Güte, Mr. Peter, Sie sind aber streng mit Ihren Eltern!«

Einsteins Lachen war sehr natürlich, und er konnte es sogar tun, wenn andere Leute weinten. Er konnte über alles lachen, was ihn tief beeindruckte. Vor allem konnte er über sich selbst lachen. Als wir einmal seine berühmte Relativitätstheorie diskutierten, sagte er zu mir: »Wenn meine Theorie sich als richtig erweist, wird Deutschland sagen, ich sei einer der größten Deutschen, und die Franzosen werden sagen, ich sei ein Weltbürger. Wenn aber die Theorie falsch sein sollte, bin ich sicher, die Franzosen werden mich einen Deutschen nennen und die Deutschen . . . einen Juden schimpfen.«

Ein weiteres Beispiel für Einsteins Humor ist die folgende Begebenheit: Einmal unternahm einer von Einsteins jungen Verwandten eine Reise nach Berlin, nur um ihn zu besuchen. Er traf den berühmten Verwandten jedoch nicht an, worüber er recht verstimmt war. Als Einstein davon erfuhr, schrieb er ihm wie folgt: »Ich höre, Du wärest verdrießlich, weil Du Deinen Onkel Einstein nicht angetroffen hast. Laß mich Dir also beschreiben, wie ich aussehe: blasses Gesicht, langes Haar und Beginn eines Bäuchleins. Außerdem eine unbeholfene Haltung, eine Zigarre im Mund (wenn er zufällig eine Zigarre hat) und eine Tasche ohne Geld. Jedoch krumme Beine und Warzen hat er nicht, er ist also recht ansehnlich. Tatsächlich ist es wirklich schade, daß Du mich nicht gesehen hast.«

Einstein sah in der Einfachheit eine große Kunst – und das bezog sich auch auf Pflege und Kleidung. Schon immer gab es Leute, die ihn, wenn es um Fragen der Kleidung ging, wegen seiner fehlenden Sorgfalt bzw. Anspruchslosigkeit kritisierten. Manche Leute deuteten sogar an, er versuche mit dieser Haltung ›anders‹ zu sein, zöge also absichtlich die Aufmerksamkeit auf sich. Nichts läge der Wahrheit ferner! Einstein verabscheute jede Art von Publizität und hätte niemals etwas getan, nur um Aufmerksamkeit zu erregen. Er war vielmehr ein Gegner jeglicher Anpassung. Deshalb kleidete er sich nicht entsprechend der Konvention, sondern so, wie es seiner eigenen Empfindung entsprach.

Soviel ich weiß, besaß Einstein nur einen Smoking, also keinen Cut, der bei formellen Anlässen eher angebracht ist. Als Einstein in Schweden den Nobelpreis erhielt, soll der Smoking, den er zu dieser Gelegenheit trug, sogar schon recht abgenutzt gewesen sein . . .

Es ist auch hinlänglich bekannt, daß Einstein die Angewohnheit hatte, keine Socken zu tragen. Soweit man weiß, begann er damit in Caputh, seinem Sommersitz außerhalb Berlins. Selbst während der Vorlesungen im Institut genügten ihm lediglich seine Sandalen. Ich glaube, Einstein hätte sich im Campus-Stil, der gegen Ende der sechziger Jahre in Mode kam, recht wohl gefühlt – oder vielleicht auch nicht. Womöglich hätte er das Tragen dieser Mode als eine Form der Anpassung gesehen.

Eine amüsante Episode, typisch für Einsteins Einstellung zur Kleidung, spielte sich 1925 im Berliner Tiergarten ab. Einstein spazierte mit einer jungen Studentin durch den Park. Kurz zuvor hatte es heftig geregnet, und überall standen Pfützen. Einstein mied sie sorgfältig, indem er sie in großen Bögen umging. Schließlich beichtete er dem Mädchen den Grund für sein etwas ungewöhnliches Verhalten: Seine Schuhe wiesen mehrere Löcher in der Sohle auf! Für Einstein wäre es undenkbar gewesen, diese Schuhe neu besohlen zu lassen, ehe sie nicht praktisch auseinandergefallen wären.

Das wiederum erinnert mich an einen Vorfall, der sich ereignete, als ich Einstein mit unserem Kabriolett zu einer Sommerwohnung in Old Lyme, Connecticut, fuhr. Wir fuhren offen, weil Einstein gern den Fahrtwind in seinem lockigen Haar spürte. Diesmal jedoch hatte er einen Filzhut auf, was selten geschah. Plötzlich setzte ein heftiger Regenguß derart schnell ein, daß ich keine Zeit hatte, das Verdeck schnell genug zu schließen. Einstein nahm sofort den Hut ab und versteckte ihn unter seiner Jacke. Als er meine Überraschung bemerkte, lächelte er und sagte: »Herr Peter, sehen Sie, mein Haar hat schon viele Male dem Wasser standgehalten, ich weiß aber nicht, wie viele Male mein Filzhut das aushalten kann.«

Einstein in einem offenen Wagen war sowieso ein Kapitel für sich. Nicht selten rief das ungewöhnliche Reaktionen hervor. Einmal, als er unsere Familie in New York besuchte, fuhren wir in unserem Kabriolett durch die Bronx. Das unverkennbare lange Haar flatterte im Wind, als wir flott durch die Straßen der Stadt fuhren, und als wir an einer Gruppe von Leuten, die auf dem Gehweg stand, vorbeikamen, rief eine Frau plötzlich den anderen zu: »Seht doch mal, da fährt Mahatma Gandhi!«

Den Professor herumzufahren, das war immer ein Abenteuer, nicht nur wegen der angeregten Unterhaltungen, sondern auch wegen der amüsanten Zwischenfälle, die sich irgendwie immer ereigneten. Einmal sollte Einstein in Princeton eine Vorlesung halten, und ich fuhr ihn von New York aus dorthin. Auf der New Jersey Turnpike, einer Schnellstraße, erhöhte ich die Geschwindigkeit, um Einstein zu beruhigen, der schon befürchtete, zu spät zu kommen. Als er auf einmal Lichter hinter uns bemerkte, wandte er sich mir zu und fragte: »Ist der böse Feind da?« (»Der böse Feind« war Einsteins Kosename für die Polizei.) Und richtig: Ein Polizist winkte uns rechts heran. Doch sobald der Beamte Einstein sah, rief er ganz verlegen aus: »Oh, ich bitte um Entschuldigung, ich wußte nicht, daß Sie den deutschen Botschafter im Wagen haben.« Anscheinend kannte der Mann Einsteins Gesicht aus der Zeitung, konnte sich wohl auch an das Land erinnern, aus dem er kam, und brachte ihn in diesem Zusammenhang mit Deutschland in Verbindung. Obwohl wir also davongekommen waren, fühlte sich Einstein beleidigt, mit den Deutschen in Zusammenhang gebracht zu werden, da er vor den Nazis in Deutschland hatte fliehen müssen.

Sogar in einem fahrenden Auto auf offener Landstraße war es für Einstein schwierig, sich vor dem Rampenlicht zu verbergen. Bei einer anderen Gelegenheit, als ich ihn wieder einmal über die New Jersey Turnpike fuhr, sah ich im Rückspiegel einen Motorradpolizisten näherkommen. Diesmal hatte ich mich völlig korrekt verhalten. Einstein fragte wieder: »Was will der böse Feind – Sie haben doch nichts falsch gemacht?«

Das Rätsel wurde gelöst, als der Polizist uns rechts heranwinkte und zum Wagen kam mit der Frage: »Sind Sie Professor Einstein?« Als Einstein nickte, fuhr er fort: »Es tut mir leid, Sie gestoppt zu haben, Professor, doch da ist ein dringender Anruf für Sie aus New York.« Er eskortierte uns dann zur nächsten Telephonzelle und wählte die ihm von New York angegebene Nummer. Das Ganze erinnerte an ein Szenario aus George Orwells »1984«: Der ›Große Bruder‹ schien allgegenwärtig zu sein.

Einstein liebte es, neben dem Fahrer im Wagen zu sitzen. Andererseits hätte er die rapide Zunahme der heutigen Verkehrsdichte mißbilligt. Oft sagte er zu mir während der Fahrt: »Was für eine Energieverschwendung ist das moderne Automobil.« Danach folgte eine lange Abhandlung, in der er erklärte, etwa ein Dreihundertstel der in einem Auto verwendeten Leistung – also ein PS – könnte uns genausogut ans Ziel bringen, wenn auch etwas langsamer. Er hielt die zusätzlich verschwendete Leistung für ein Zugeständnis an die Geltungssucht der Männer, denen es offensichtlich Spaß machte, ihre Freundinnen mit Kavalierstarts und quietschenden Reifen zu beeindrucken.

Ein weiterer amüsanter Zwischenfall mit Einsteins ›bösem Feind‹ ereignete sich an einem besonders heißen Sommertag, als wir von Princeton aus zu dem lieblichen Küstenort Spring Lake, New Jersey, fuhren, dessen Umgebung von manchen Einheimischen als die ›Irische Riviera‹ bezeichnet wird. Wir suchten uns einen einsamen Strandabschnitt, um uns dort hinzulegen und die Meeresbrise zu genießen. Leider verlangte die Gemeinde zu jener Zeit einen Ausweis zum Betreten der privaten Strände. Es dauerte auch nicht lange, bis ein Polizist auftauchte und uns alle pflichtgemäß aufforderte, den Strand zu verlassen. Manch berühmte Persönlichkeit hätte daran Anstoß genommen in der Überzeugung, ihr Ruhm erhebe sie über solch kleinliche Gesetze. Doch nicht so Einstein. Er folgte der Aufforderung des Polizisten, ohne sich aufzuregen. Ich habe mich oft gefragt, ob dem pflichtbewußten Beamten jemals klar geworden ist, wen er damals von jenem Strand in Spring Lake verjagt hat.

Zurück zum äußerlichen Habitus. Einsteins Frau, Elsa, nörgelte immer über seine Kleidungsgewohnheiten. Einmal, als sie wieder mit ihm über dieses Thema diskutierte, hörte ich, wie Einstein ihr folgende Antwort gab: »Es wäre traurig, wenn der Beutel besser wäre als das Fleisch, das darin eingewickelt ist!«

Ich denke, Einsteins Kleidung gehörte ganz einfach zu seiner Philosophie, alles Persönliche auf den einfachsten Nenner zu reduzieren. Wenn er beispielsweise keine Socken trug, dann mußte sie auch niemand stopfen. Genauso verhinderte seine Gewohnheit, das Haar lang zu tragen, die Zeitverschwendung eines Friseurbesuchs. Ich fragte ihn einmal, warum er beim Rasieren keinen Seifenschaum verwendete, und er antwortete: »Nun ja, ich kann mich ebensogut mit klarem Wasser rasieren.«

Betrachtet man Einsteins Mißachtung aller normalen Praktiken des Lebens und der allgemein akzeptierten Umgangsformen, dann ist es auch verständlich, warum eines der amüsantesten Bücher, die Einstein jemals gelesen hat, ein Buch von Emily Post über Umgangsformen war. Deshalb werde ich die folgende Episode auch nie vergessen: Einstein hatte sich, als er bei uns in New York wohnte, spät in der Nacht in sein Arbeitszimmer zurückgezogen. Kurz darauf hörten wir immer wieder sein lautes Gelächter durch das Haus dröhnen. Als wir dann

Driving Mr. Einstein.
Von links: Maja Einstein, Frieda, Thomas und Gustav Bucky

endlich sein Zimmer betraten, um den Grund seiner Heiterkeit zu erfahren, hatte er dieses besagte Buch vor sich und amüsierte sich köstlich . . . Oft erzählte er uns ganze Abschnitte aus dem Buch, die er für besonders fremdartig und spaßig hielt.

Einstein gab Elsa auch immer von neuem Anlaß für ernste Ermahnungen, weil nach seiner Rückkehr von einer Reise in dem von ihr sorgfältig zusammengestellten Gepäck stets verschiedene Kleidungsstücke fehlten – entweder hatte er sie verloren oder vergessen, sie einzupacken. Einmal, nach einer besonders strengen Ermahnung von Elsa, er solle ja darauf achten, alle seine Sachen wieder heimzubringen, war sie überrascht, seinen Koffer bei der Rückkehr perfekt gepackt vorzufinden.

Nichts fehlte. Als Elsa von ihm wissen wollte, wer denn für ihn gepackt hätte, sagte er lächelnd: »Niemand.« Später bekannte er, daß er nach der Ankunft am Bestimmungsort einfach in den nächsten Laden gegangen war und sich ein neues Oberhemd gekauft hatte; so mußte er bei der Abreise den Koffer nicht erst packen, weil er ihn gar nicht geöffnet hatte. Was er nicht gemerkt hatte: Der Kragen des neuen Hemdes war zwei Nummern zu groß.

Es war auch unmöglich, Einstein zu überreden, in einen Laden zu gehen und einen neuen Anzug zu kaufen. Elsa löste das Problem, indem sie einen Anzug, der ihm paßte, aus dem Schrank nahm und damit zum Schneider ging, der nach den Maßen des alten einen neuen nähte. Eine andere Möglichkeit gab es für sie nicht. Denn sobald der Versuch unternommen wurde, mit ihm zu einem Schneider zu gehen, brummte er: »Das ist nicht nötig. Mein alter ist noch gut genug, und ich brauche keinen neuen.« Auf jeden Fall trug er lieber einen Pullover als einen Anzug. Und ein Bademantel mit Löchern war für ihn allemal bequemer als ein neuer.

Einmal war ich so kühn, Einstein vorzuschlagen, es wäre vielleicht an der Zeit, sich einen neuen Sweater zu kaufen. Als ich aber danach mit eisigem Schweigen bedacht wurde, machte ich einen Rückzieher – ich war auf heiliges Terrain vorgedrungen. Eine derartige Bemerkung kam mir nie wieder über die Lippen.

Einer der passendsten Kommentare, die Einstein jemals über Kleidung abgab, findet sich in einem Brief an einen zwölfjährigen Jungen, der ihm ein Paar Manschettenknöpfe und eine Krawatte geschenkt hatte. Einstein dankte dem Jungen und schrieb: »Dein Geschenk wird ein passender Hinweis darauf sein, in Zukunft etwas eleganter zu sein als bisher, weil Krawatten und Manschetten für mich nur in der fernen Erinnerung existieren.«

Sehr oft löste Einstein alltägliche Probleme mittels wissenschaftlicher Methode. So war er einmal zu einem offiziellen

Essen in New York eingeladen, wo sein Gastgeber eine Suite im Waldorf-Astoria für ihn gebucht hatte. Die Suite hatte vier Räume. Am Abend, als es für Einstein Zeit wurde, sich umzuziehen, entdeckte er den Verlust eines Kragenknopfes. Nach intensiver Suche in allen vier Räumen bemerkte er: »Von jetzt an wohne ich nur noch in einem der vier Räume und schließe die anderen drei zu, so daß ich in Zukunft, wenn ich etwas vermisse, auch nur in einem statt in vier Räumen suchen muß.«

Eine der charmantesten Eigenschaften Einsteins war eine gewisse Naivität, eine Eigenschaft, die sehr selten bei großen Menschen anzutreffen ist. Das läßt sich beispielsweise mit seinem Spaß an Rätseln und Tricks demonstrieren. Oft verbrachte er Wochen damit, ihre Funktionen zu analysieren. Ich werde nie vergessen, wie ich ihm einen jener trinkenden Vögel kaufte, die abwechselnd ihren Kopf in ein Glas mit Wasser tauchen und sich dann wieder aufrichten. Einstein war davon so gefesselt, daß er etwa dreieinhalb Monate brauchte, um letztlich Verdunstung als die Ursache für den Vorgang festzustellen, obwohl er das einfach dadurch hätte feststellen können, indem er die Farbe von dem Glasvogel abgekratzt hätte. Ich hatte gleich zu Beginn darauf hingewiesen, doch er weigerte sich, das zu tun, und bestand darauf, das Problem intuitiv zu lösen.

Die Universalität von Einsteins Kenntnissen überraschte mich immer wieder, und mit Ausnahme des oben erwähnten trinkenden Vogels war seine Fähigkeit einmalig, wenn es darum ging, die Grundidee vieler unterschiedlicher Dinge schnell zu erfassen. Wenn ihn etwa mein Vater um Hilfe bei der Lösung eines technischen Problems bat – und das geschah nicht selten –, dann versuchte Einstein immer, es sofort zu lösen. Oft hatte er auch Erfolg, doch zuweilen arbeitete er bis spät in die Nacht an der Lösung eines solchen Problems – und versäumte nie, am nächsten Morgen meinem Vater einen Brief mit der Antwort zu schicken.

Im Hof unseres Wohngebäudes in der 5 East 76th Street in Manhattan hatte mein Vater eine ›Entwicklungswerkstatt‹, wo er einen Mechaniker und einen Physiker beschäftigte, die all seine neuen Ideen bis zur Produktionsreife ausarbeiteten. Einstein liebte diese Werkstatt, und er liebte die heißen Diskussionen mit den Assistenten meines Vaters, und die wiederum erhielten auf diese Weise manch nützlichen Ratschlag für ihre Arbeit. Das Schöne an jenen Diskussionen: Einstein beharrte nie auf seiner Meinung, wenn er im Unrecht war. Ich erinnere mich noch genau an die vielen Male, wenn er mit meinem Vater stundenlang über eine bestimmte physikalische Theorie diskutierte, die sich jeweils aus einem Experiment meines Vaters ergab. Dann konnte es zuweilen geschehen, daß Einstein nach einigen Tagen die Treppe seines Arbeitszimmers hinabstürmte und meinem Vater lachend zurief: »Bucky, Sie haben doch recht gehabt! Ich habe einen Fehler gemacht.« Er sagte das dann mit solch einem herzlichen, offenen und kindlichen Lachen, daß ich wirklich das Gefühl hatte, er wäre glücklich über die Entdeckung seines Irrtums.

Mit Einstein und meinem Vater zusammenzusein war für mich wie eine Einführung in wissenschaftliche Methodik. Sie konnten stundenlang wissenschaftliche Prinzipien und Erfindungen diskutieren. Wenn der Professor schließlich nach Hause fuhr, nahm er oft – so die Aussage meiner Mutter – »die ungelösten Probleme mit ... und nachts schrieb er gewöhnlich lange Briefe an meinen Mann, schrieb sie am Morgen fertig, und die Probleme waren manchmal gelöst«.

Einstein konnte auch recht komisch sein. Einmal, nach dem Versuch, eine Erfindung meines Vaters zu benutzen, schrieb er ihm: »Zitternd nehme ich meinen Federhalter zur Hand.« Danach fuhr er fort mit der Beschreibung, auf welche Weise die Maschine bei ihm nicht funktionierte. Zunächst vermutete er, ein Kühlschrank im selben Stromkreis könnte das Versagen verursacht haben. Dann meinte er, es sei viel wahrscheinlicher, daß die Maschine am legendären ›Pauli-Effekt‹ gescheitert sei, dessen Symptome Einstein an sich selbst bei mehreren Gele-

Unbeschwerte Urlaubstage in Watch Hill, Rhode Island.
Von links: Gustav, Frieda und Peter A. Bucky, Elsa und
Albert Einstein sowie eine Besucherin

genheiten diagnostiziert hatte. Daraufhin erklärte er, ein gewisser Wolfgang Pauli hätte jahrelang festgestellt, daß er physikalische Apparate und Haushaltsgeräte nur durch seine Nähe außer Funktion setzte. Schließlich bat Einstein meinen Vater: »Seien Sie mir nicht böse wegen . . . des Pauli-Effekts.«
Einstein wies stets jegliche bevorzugte Behandlung weit von sich. Obwohl ihm zum Beispiel nur drei Wochen nach seiner Ankunft in der Neuen Welt die Ehrenbürgerschaft der Vereinigten Staaten angetragen wurde, bestand er darauf, wie jeder andere fünf Jahre zu warten. Diese Haltung war tief in ihm verwurzelt und seinen guten Bekannten wohlvertraut. Einmal hatte seine persönliche Assistentin Helena Dukas einen Traum, der dies demonstrierte. In Einsteins Haus waren mehrere Männer eingebrochen und hatten von den Anwesenden verlangt,

sich an der Wand aufzustellen und die Wertsachen herauszugeben. Als sie zu Einstein kamen, sagten sie, vom berühmten Professor Einstein würden sie nichts nehmen. Darob wurde der wütend über diesen ›Affront‹ und langte in seine Tasche, um den Räubern ein Zehn-Cent-Stück zu geben – alles, was er bei sich trug.

Einstein und ich sprachen oft über die Gefahr der Macht. Er verabscheute jeglichen Chauvinismus, lehnte jegliche Machtentfaltung ab. Die einzige Macht, die ihn beeindruckte, war die der Natur. Wenn der erklärte Pazifist zufällig auf der Straße eine Parade sah, drehte er ihr sofort den Rücken zu und verließ die Szene. Einmal bemerkte er: »Wenn ich jemand mit Freude nach Musik marschieren sehe, dann habe ich gleich etwas gegen diesen Menschen. Er hat sein Großhirn irrtümlich bekommen – eine Wirbelsäule hätte für ihn genügt.«

Einstein besaß dagegen eine bemerkenswerte Rücksichtnahme gegenüber anderen Leuten, besonders jenen, die weniger glücklich waren als er. Ich erinnere mich, daß mir Maja, seine Schwester, von einem Vorfall während Einsteins Aufenthalt in der Schweiz erzählte. Zu jener Zeit wohnte er in einem Haus, dessen Besitzerin ihm auch die Mahlzeiten zubereitete. Eines Tages, als Maja ihn besuchte und Kaffee serviert wurde, bat Einstein seine Schwester, sie möge doch mit ihm aus einer Tasse trinken, damit die Vermieterin nicht zwei Tassen spülen müsse!

Ein andermal, als wir zu unserer Sommerwohnung in Watch Hill, Rhode Island, unterwegs waren, sprachen wir über seine Neigung, benachteiligten Menschen zu helfen und mit ihnen zu reden. Einstein: »Ja, das stimmt schon. Ich rede mit allen auf die gleiche Art, ob es ein Müllmann oder der Präsident einer Universität ist.«

Bescheidenheit und Anspruchslosigkeit waren in Einsteins täglichem Leben immer gegenwärtig. Für Leute, die ihn nicht näher kannten, fiel es manchmal schwer, Einstein das geringe Standesbewußtsein, das er an den Tag legte, abzunehmen, und sie vermuteten, seine Anspruchslosigkeit sei gekünstelt. Als wir wieder einmal den Professor in Princeton besuchten, beschlossen wir alle, ins Kino zu gehen. Einstein kaufte die Karten, doch als wir zum Filmtheater kamen, wurde uns gesagt, es würden bis zum Beginn des Films noch fünfzehn bis zwanzig Minuten vergehen. Natürlich war es für Einstein ein Greuel, irgendwo lange zu sitzen, ohne etwas zu tun, und er schlug deshalb vor, noch einen kurzen Spaziergang zu unternehmen. Als wir zum Kontrolleur kamen, wandte er sich dem Mann besorgt zu: »Werden Sie uns wiedererkennen, wenn wir zurückkommen?« Der Kontrolleur hielt das für einen guten Witz, doch da kannte er Einstein schlecht, der niemals vermutete, jemand könnte ihn wiedererkennen. Wir scherzten jedenfalls noch darüber, als wir durch die Innenstadt von Princeton schlenderten und Schaufenster betrachteten.

Einstein war übrigens – was wenig bekannt ist – die erste lebende Person, deren Büste in eines der Paneele in der Riverside Church in New York City geschnitzt wurde. Charakteristisch seine Bemerkung: Er sei keineswegs beeindruckt von dieser großen Ehre. Aber es hatte ihn doch amüsiert: Schließlich wurde diese Ehre ihm, einem Juden, durch eine christliche Kirche zuteil.

Jemand, der dauerhafte Freundschaft mit Einstein wollte, mußte unbedingt ehrlich und wahrheitsliebend sein. Wenn Einstein jemals entdeckte, daß eine Person ihm gegenüber nicht völlig aufrichtig war, schenkte er derjenigen nie wieder sein Vertrauen. Wenn auch seine persönliche Einstellung ihn davon abhielt, nachtragend zu sein, so blieb er dann doch sehr reserviert.

Da war es sehr befriedigend für uns zu sehen, wie sehr Einstein unserer Familie vertraute. Wir schützten ihn in unserem täglichen Leben vor Publizität, und er wiederum belohnte uns mit höchster Loyalität. In diesem Zusammenhang erinnere ich mich an den Vorfall, als David Sarnoff, der leitende Direktor von RCA, dem größten Elektronikkonzern der Nation, sich an meinen Vater wandte mit dem Vorschlag, er solle doch einmal mit Einstein die neueste Forschungsabteilung von RCA besuchen. Da Sarnoff bis dahin noch keinen Kontakt mit Einstein hatte, arrangierte mein Vater ein Treffen in Old Lyme, Connecticut.

Bei diesem Treffen anwesend waren Einstein, mein Vater, Helena Dukas, meine Mutter und ich. Mitten in der Besprechung erhielt mein Vater einen dringenden Anruf von einem seiner Patienten in New York. Als er den Raum verlassen hatte, erhob sich Sarnoff von seinem Stuhl, ging hinüber zu Einstein und flüsterte ihm etwas ins Ohr. Einstein stand sofort ärgerlich auf, verkündete laut: »Mr. Sarnoff, ich bin an dem Vorschlag nicht interessiert« und ging ebenfalls hinaus. Überrascht folgten wir ihm, neugierig darauf, was Sarnoff gesagt haben mochte. Der hatte etwas Unverzeihliches in Einsteins Augen gemacht, als er ihm ins Ohr geflüstert hatte: »Professor, ehrlich gesagt, wir wollen nur Sie. Auf Dr. Bucky kommt es uns bei diesem Arrangement nicht an.«

Ein weiteres Beispiel für Einsteins Treue zu meinem Vater stammt aus den Jahren vor dem Zweiten Weltkrieg. Als wir in Deutschland lebten, wurde mein Vater 1929 nach Berlin berufen, um die Leitung der Röntgenabteilung im Rudolf-Virchow-Krankenhaus zu übernehmen. Zu jener Zeit war ein Mann namens Lichtwitz einer der Direktoren des Krankenhauses. Mein Vater freundete sich mit ihm an und machte ihn bei passender Gelegenheit mit Einstein bekannt.

Als mein Vater 1933 in die Vereinigten Staaten zurückkehrte, verschaffte er Professor Lichtwitz eine Position als leitender Arzt am Montefiore Hospital in New York. Kurz danach wurde Lichtwitz die Leitung einer wichtigen Veranstaltung des Krankenhauses übertragen, worauf er, sich auf seine Bekanntschaft mit Einstein berufend, den Physiker zu dieser Veranstaltung einlud.

Kurz vor der Veranstaltung erfuhr Einstein irgendwie, daß Lichtwitz meinen Vater nicht eingeladen hatte, daß er also den mißachtet hatte, dem er seine Position verdankte. Sobald ihm

Sehxxgeehrter Herr Lichtwitz!

        Heute erfuhr ich zufällig, dass Herr Bucky
zu der Feier am Donnerstag nicht eingeladen worden ist. Ich
muss annehmen, dass hierin eine kränkende Absicht gegenüber
meinem liebsten hiesigen Freunde obwaltet, der durch seine
Leistungen auf dem Gebiete der Medizin und nicht minder durch
Handlungen aufopfernder Freundschaft Ihnen gegenüber ganz
andere Rechte auf eine derartige Einladung gehabt hätte als ich!
        Ich empfinde dies so schmerzlich, dass es mir
einfach unmöglich ist, Donnerstag an der Feier teilzunehmen.
Selbstverständlich weiss Dr.Bucky nichts von diesem Briefe,
ebensowenig von meinem Entschluss,nachträglich abzusagen. Eine
nachträgliche Einladung von Dr.B. hätte keinen Xxx Sinn mehr.
Der Direktion werde ich selbst schreiben und mich gebührend
entschuldigen.
        Mit freundlichem Gruss
                Ihr

Faksimile des Briefes, der auf Seite 38 zitiert wird

das zu Ohren gekommen war, schrieb Einstein folgenden Brief an Lichtwitz:

> Heute erfuhr ich zufällig, dass Herr Bucky zu der Feier am Donnerstag nicht eingeladen worden ist. Ich muss annehmen, dass hierin eine kränkende Absicht gegenüber meinem liebsten hiesigen Freunde obwaltet, der durch seine Leistungen auf dem Gebiete der Medizin und nicht minder durch Handlungen aufopfernder Freundschaft Ihnen gegenüber ganz andere Rechte auf eine derartige Einladung gehabt hätte als ich!
>
> Ich empfinde dies so schmerzlich, dass es mir einfach unmöglich ist, Donnerstag an der Feier teilzunehmen. Selbstverständlich weiss Dr. Bucky nichts von diesem Briefe, ebensowenig von meinem Entschluss, nachträglich abzusagen. Eine nachträgliche Einladung von Dr. Bucky hätte keinen Sinn mehr. Der Direktion werde ich selbst schreiben und mich gebührend entschuldigen.
>
> Mit freundlichem Gruss
Ihr A. E.

Einstein schien seine Gemütsbewegungen immer unter Kontrolle zu halten. Ich habe ihn nie die Geduld verlieren sehen. Auch verfiel er nie in Sentimentalität, mit Ausnahme zweier Anlässe. Der erste Anlaß war der Tod seiner Frau Elsa. Nie habe ich Einstein eine Träne vergießen sehen. Doch dieses Mal tat er es, als er seufzte: »Ach, ich werde sie wirklich vermissen.« Der zweite Anlaß: Als mein Vater eine besonders schwere Operation hinter sich hatte, schrieb Einstein ihm: »Von jetzt an werde ich für jede Stunde meines Lebens dankbar sein, die wir noch zusammen sein können.«

Ansonsten konnte Einstein seine Freundschaft sehr offen und großzügig zeigen. Mir steht immer noch das Bild vor Augen, wie er, wann immer wir ihn in Princeton besuchten, mit uns zu unserem Wagen hinausging, wenn wir abfuhren, und wartete, bis wir eingestiegen waren und losfuhren. Dann blieb er stehen und winkte uns nach, während der Wagen langsam die Mercer Street hinunterfuhr.

Am besten jedoch erinnere ich mich an jene wunderbaren Sommer, diese besonderen Zeiten, wenn wir mit den Einsteins zusammen waren. Unsere Familien trafen sich immer, um gemeinsam an unseren zahlreichen Urlaubsorten Entspannung zu suchen: Watch Hill, Rhode Island; Saranac Lake, New York; Old Lyme, Connecticut; und Nassau Point, Long Island. All das waren Orte für faule Sommertage, in denen ich den *wirklichen* Einstein in seiner Freizeit kennenlernte.

Ein Ort für den Sommerurlaub mußte zwei Grundbedingungen erfüllen. Für Einstein war es in erster Linie die Frage: »Wie sind die Segelmöglichkeiten?« Denn das war die verzehrende Freizeitleidenschaft des Professors. Das zweite Erfordernis: Die Sommerwohnung mußte abseits von dichter Besiedelung und besonders von Geschäftstätigkeit jeglicher Art gelegen sein. Die vier oben genannten Orte erfüllten beide Bedingungen perfekt und waren für Einstein kleine Winkel des Paradieses auf Erden.

Watch Hill, Rhode Island, war einer unserer bevorzugten Orte. Nahe Newport gelegen und in der Nähe des Bekleidungszentrums Westerly, besaß Watch Hill kein Hotel und überhaupt kein Geschäftszentrum, mit Ausnahme zweier Lebensmittelläden, eines Schuhmachers, eines Schmiedes und eines Eisenwarengeschäfts.

Das Haus, das wir hier immer mieteten, nannte sich ›The Studio‹ und ›Das Atelier‹ und war auf einer Bergkuppe, direkt über dem Wasser. Als wir dort 1934 unsere Ferien verbrachten, versuchte Einstein, sich per Radionachrichten auf dem laufenden zu halten, wobei ihn in erster Linie die Aktivitäten der Nazis in Deutschland interessierten. Die einzigen authentischen Nachrichten von dort kamen direkt aus Deutschland über Kurzwelle. Leider steckte zu jener Zeit die Kurzwellenübertragung noch in den Kinderschuhen, und der Empfang in Watch Hill war problematisch.

Da ich schon immer gern herumgebastelt hatte (ein Zug, den ich zweifelsohne von meinem Vater geerbt habe), beschloß ich, eine eigene riesige Kurzwellenempfangsstation zu bauen. Sie funktionierte sehr gut und ermöglichte es Einstein, ohne Unterbrechung Nachrichten aus seinem Heimatland zu hören. Am Ende dieses Sommers gab mir Einstein ein Photo von sich, auf dessen Rückseite er in Deutsch geschrieben hatte: »Für den Direktor der technischen Unterhaltung, Peter, während unseres Aufenthalts in Watch Hill, 1934.«

Einen weiteren höchst erfreulichen Urlaub verlebten wir am Saranac Lake. Einstein liebte diesen Ort sehr, weil er dicht bewaldet war, im Gegensatz zu unseren anderen Urlaubsorten, wo es eher offene Seen und Strände gab. Die Bäume und Wälder kamen Einsteins Liebe zur Natur entgegen. Ich sehe ihn noch immer vor mir, wie er stundenlang durch die Wälder streift und zufrieden mit größter Genauigkeit Gräser, Insekten und Blumen betrachtet.

Als wir wieder einmal durch diese Wälder streiften, sahen wir einen gewöhnlichen Wurm, wie man ihn zum Angeln nimmt. Ich fragte Einstein, wie es möglich wäre, einen Wurm in zwei Hälften zu teilen und dann beide Hälften als zwei Würmer ein eigenes Leben weiterführten. Einsteins Erwiderung löste zwar das Rätsel nicht, zeigte aber seine simple Bewunderung für die Phänomene in der Natur. »Sehen Sie«, sagte er, »das ist Natur. Die Natur hat viele Rätsel und Wunder, und es gibt viele Dinge in ihr, dir wir noch nicht verstehen. Deshalb ist meine Religion tatsächlich das Universum – in anderen Worten: die Natur, die unsere Widerspiegelung des Universums darstellt.«

Während unseres Urlaubs am Saranac Lake freundete sich Einstein mit den Bloomingdales an, die dort ein Sommerhaus besaßen. Trotz ihres großen Reichtums (Bloomingdale war der Begründer des berühmten Kaufhauses gleichen Namens und

Die große Leidenschaft des Professors war das Segeln.
Hier mit Gustav Bucky und einer ehemaligen Studentin

spielte eine führende Rolle bei der Einführung der Kreditkarten in den Vereinigten Staaten als Begründer des Diners Club), waren die Bloomingdales relativ einfache Leute, eine Tatsache, die sie für Einstein anziehend machte.

Oft konnten wir Einstein sogar überreden, sich unseren Aufenthalten in Florida anzuschließen, auch wenn das größter Mühe bedurfte, denn für ihn war Florida der Gipfel des Luxus bzw. des Snobismus. Doch da seine Freundschaft mit meinem Vater immer die Oberhand behielt und meinem Vater das Klima in Florida gesundheitlich sehr zuträglich war, ließ er sich überreden.

Während unserer Urlaubszeiten blieb sich der tägliche Ablauf mehr oder weniger gleich. Es herrschte eine sehr angenehme Atmosphäre, in der jeder entspannt war und Uhren nur eine ferne Erinnerung darstellten. Nach dem Frühstück las Einstein gern die Zeitung, wonach Diskussionen über die letzten Nachrichten folgten. Dann unternahmen mein Vater und er gewöhnlich einen langen Spaziergang. Mein Vater hatte diese Spaziergänge mit Einstein sehr gern. Es waren fruchtbare Stunden, in denen die beiden neue Gedanken und Ideen entwickelten.

Wir verbrachten auch einen wunderbaren Sommer in Old Lyme, Connecticut. Seltsamerweise hieß das Haus, in dem wir wohnten, das ›Little White House‹ (›Kleines Weißes Haus‹), da es äußerlich das Aussehen des Weißen Hauses in Washington hatte, in dem Einstein 1934 einmal als Gast von Franklin D. Roosevelt übernachtet hatte. In diesem Teil von Connecticut ist die Landschaft wunderschön, und es gab viel Zeit und auch Raum für Einstein, um seinen Lieblingssport auszuüben – Segeln. In dieser Hinsicht war Old Lyme für den Professor eine besonders glückliche Wahl, weil die Stadt seit Generationen ein Zentrum des Segelbootbaues war. Einstein liebte es, sich bei den Einheimischen aufzuhalten, den Bootsbauern bei der Ausübung ihres Handwerks zuzusehen, Segelgeschichten auszutauschen und von den Experten Ratschläge einzuholen. Übrigens ließ Einstein sein Lieblingssegelboot überall hin transportieren, wo er Urlaub machte. Es war ein einfacher kleiner Einmaster vom Typ Cat-boat.

Daß Einstein gerade Segeln als sein Lieblingshobby gewählt hatte, barg schon eine gewisse Ironie. Denn um die Wahrheit zu sagen: Der wohl größte Wissenschaftler unseres Jahrhunderts konnte nicht einen Zug schwimmen. In Watch Hill badeten wir alle im Meer, doch er zog die sichere Badewanne vor. Einmal jedoch, während er in Watch Hill segelte, brachte ein heftiger Windstoß sein Segelboot zum Kentern. Einstein, der sich an das Boot klammerte, verlor selbst in dieser prekären Situation nicht seinen Sinn für Humor. »Dieses Bad geht auf meine Kosten«, sagte er zu seinem Begleiter.

Einsteins Liebe zum Segeln schloß jegliches mechanisches Hilfsmittel wie Außenbordmotor aus. Er glaubte an das Wesen des Segelns als die totale Unabhängigkeit von künstlichem Antrieb. Mit dieser extremen Haltung bereitete er nicht nur

Old Lyme, 2.8.

Mein lieber Peter:

          Wir haben Sie gestern sehr vermisst.
Wir rechnen nun bestimmt darauf, dass Sie nächsten Frei-
tag kommen. Und vielleicht tun Sie mir den Gefallen und
bleiben ausnahmsweise hier bis Montag früh um 8 Uhr.
Wenn Sie dies aber nicht können, so sind wir auch dankbar
wenn Sie uns Sonntag Nachmittag zurückfahren.
          Nun eine grosse Bitte: Würden Sie so lieb sein
und auf Ihrem Wege hierher in Princeton eine Freundin mitnehmen?
Eine nette ältere Dame, die mit meinem Mann immer musiziert.
Wir haben ihr schon davon geschrieben, sie ist so beglückt, wenn
Sie mit Ihnen kommen kann, um die Reisekosten zu sparen. Sie
fährt dann wieder mit Ihnen zurück und ich schliesse mich ihr
an, weil ich für einige Stunden nach Princeton gehe. Geben Sie
mir also bitte Nachricht, ob Sie bestimmt kommen. Die Adresse
der Dame ist :
          Mrs. Carola Hauschka-Späth, c/o Dr. Hudson,
          28, Edgehill Str. Princeton.
Die Edgehill Str. ist die Strasse vor Library Pl., wenn man von
Richtung Philadelphia die Stockton Str. heraufffährt. Bitte,
lieber Peter, teilen Sie ihr ungefähr mit, wann sie dort sein
können. Es kommt natürlich nicht auf eine halbe Stunde an. aber
dass Frau Hauschka ungefähr die Zeit weiss.
          Herzliche Grüsse, auf Wiedersehen *hoffentlich*
               Ihre *Elsa Einstein*

P.S.
          Es ist dann selbstverständlich, dass, ~~ich in ihrem New York~~
wenn ich am Sonntag mit Ihnen zurückfahre, ich bei Ihnen in
Ihrem Hause übernachte. Nur falls ich Montag früh fahre, ist
es ebenso selbstverständlich, dass ich gegen 1 Uhr mit dem
Zug nach New York fahre, wo mich dann Felix nach Old Lyme zu-
rückfährt, weil ich Ihrer Mutter geschworen habe, dass ich
mich von Felix bringen lasse.

Brief Elsa Einsteins, geschrieben in Old Lyme

seiner Familie, sondern auch seinen Freunden oft große Sorgen. Ich erinnere mich, wie er einmal in Watch Hill zum Segeln hinausfuhr und von einer Flaute überrascht wurde. Im Haus warteten wir ungeduldig auf seine Rückkehr. Obwohl wir von der Flaute wußten, wuchs unsere Unruhe mit jedem Blick zur Uhr. Schließlich, gegen elf Uhr nachts, entschlossen wir uns, die Küstenwache zu alarmieren. Als sie Einstein, so berichteten sie später, draußen in der Bucht gefunden hätten, wäre er nicht im geringsten besorgt gewesen über seine Lage. Er war sich absolut sicher gewesen: Der richtige Windstoß hätte ihn nach Watch Hill zurückgetrieben – er hätte lediglich lange genug auf ihn warten brauchen.

Trotz der Äußerungen wie der von Einsteins Stieftochter Margot (»... ins Boot zu steigen bedeutete für ihn, mit den Elementen zusammenzusein. Und wenn man mit ihm auf dem Boot war, empfand man ihn selbst als Element. Er hatte etwas so Natürliches und Starkes an sich, weil er selbst ein Teil der Natur war ... er segelte wie Odysseus«) haben örtliche Segler in Gegenden, wo wir Urlaub machten, nicht selten auf Einsteins fragwürdige Segelkünste hingewiesen.

Ein Augenzeuge aus unseren Sommern in Peconic Bay wurde kürzlich zitiert mit seinem Ausspruch: »Er war kein Segler mit Naturbegabung. Es fiel ihm nicht leicht. Ich erinnere mich, ihn unzählige Male darauf hingewiesen zu haben, er müsse sich ducken, wenn er herumlaufe, damit der Segelbaum ihn nicht träfe.«

Dieser Augenzeuge besaß einen Yachtclub in Peconic, und er erinnerte sich weiter, wie »verschiedene Mitglieder des Clubs gewöhnlich versuchten, ihm zu helfen. Häufig geriet er draußen in der Bucht in eine Flaute, und wir schleppten ihn dann mit unseren Ruderbooten zurück. Er hatte sicherlich viel Ausdauer. Oft fuhr er den ganzen Tag hinaus, ließ sich einfach treiben. Anscheinend war er nur draußen, um zu meditieren.«

Trotz all dieser Aussagen glaube ich: Einstein war geschickter, als ihm nachgesagt wurde. So schrieb beispielsweise einer sei-

Gustav Bucky und Albert Einstein
während ihres Sommerurlaubs 1936

ner Segelfreunde, der Biochemiker Leon Watters, der uns einmal in Peconic besuchte: »Als wir einmal mit ihm draußen waren zum Segeln und gerade eine interessante Unterhaltung führten, rief ich plötzlich aus: ›Achtung!‹ Wir hatten Kurs auf ein anderes Boot. Er drehte mit hervorragender Kontrolle ab, und als ich eine Bemerkung über den Beinahezusammenstoß machte, den wir gerade gehabt hatten, begann er zu lachen und steuerte zu meinem Entsetzen auf ein Boot nach dem anderen direkt zu – er drehte aber immer rechtzeitig ab und lachte dann wie ein unartiger Junge.«

Warum sich Einstein treiben ließ und oft in stillem Wasser liegenblieb, lag meines Erachtens vielmehr an seinem Bedürfnis, jene Ruhe zu finden, die ihn effizienter theoretisieren ließ. Für den Durchschnittsmenschen war vielleicht ›das Gefangensein‹ in windstillem Wasser über mehrere Stunden eine schreckliche Belastung, für ihn jedoch hieß das einfach mehr Zeit zum Denken. Wenn es sich um das Segeln und seine eigene Sicherheit handelte, konnte Einstein recht rücksichtslos sein. Die beiden oben genannten Vorfälle hätten zwar jedem Segelfreund passieren können, doch er ging noch viel weiter bei der Versuchung des Glücks. Er war so verrückt auf das Segeln, daß auch schlechtes Wetter ihn nicht von der Ausübung seines Hobbys abhalten konnte. Ich erinnere mich an einen Tag, wo er darauf beharrte, trotz eines heftigen Gewitters mit seinem einfachen Segelboot hinauszufahren. Unsere Familie stritt mit ihm, flehte und bettelte – doch ohne Erfolg. Auf seinen Rang als Physiker verweisend, versuchte er uns zu erklären, daß die Chance eines Blitzeinschlags in solch einem kleinen Ziel wie das seines Segelbootes unendlich klein wäre – demnach auch vernachlässigt werden könne. Die Spitze seines Mastes, erklärte er, wäre viel zu niedrig, als daß dort ein Blitz einschlagen würde, weil sicher größere Objekte da wären, welche die elektrische Ladung anziehen würden. Schließlich gaben wir auf, fragten uns aber im stillen, wer sonst wohl bei solch rauhem Wetter ein höheres Objekt draußen auf dem See haben könnte.

*Vom verantwortungsbewussten Steuermann seinem lieben
Freund Bucky.   A. Einstein   Watch Hill 1934*

Einstein verbrachte die meisten seiner Urlaubsnachmittage mit Segeln. Dabei verrichtete aber mein Vater den größten Teil der ›Handarbeit‹ im Boot. Einstein saß neben dem Ruder und steuerte das Boot, gelegentlich zu seiner größten Verlegenheit einen großen Felsen in der Bucht streifend. Alle Gäste, die Einstein zum Segeln einlud, erhielten gewöhnlich die ›Ehre‹, die Segel zu hissen, das Boot vom Strand abzustoßen und alle anderen kleinen niedrigen Arbeiten zu verrichten, die zum Segelsport gehören. Einsteins Boot war trotz seiner eigenen großen Statur recht klein und ziemlich primitiv. Auf jeden Fall waren nie genug Bänke für alle Gäste vorhanden, und so nahmen sie denn Platz auf dem Boden des Bootes.

Mein Vater soll einmal gesagt haben: »Das natürliche Gegenspiel von Wind und Wasser hat ihn [Einstein] am meisten entzückt. Geschwindigkeit, Rekorde und vor allem Wettstreit waren gegen seine Natur. Er empfand ein kindhaftes Vergnügen, wenn eine Windstille eintrat und das Boot zum Stillstand kam oder wenn es auf Grund lief.«

Einstein duldete auch beim Segeln keinen Luxus. Nach seiner Meinung war Primitivität das Wesen des Segelns. Das hatte oft katastrophale Folgen für die, die mit ihm segelten. Mehr als einmal kam mein Vater nach Hause und hatte sich während einer stundenlangen Flaute auf dem Hartholzboden des Bootes seinen Allerwertesten wundgesessen. Schließlich erlaubte es Einstein ihm, für solche Eventualitäten ein Kissen mit an Bord zu nehmen. (Tatsächlich verfolgte mein Vater einen weiteren Zweck dabei, denn solch ein Kissen konnte auch als Lebensretter bei einem Unfall dienen, weil Einstein nicht einmal einen Rettungsring an Bord duldete.)

An dieser Stelle eine Fußnote zu Einsteins Segelabenteuern: Einer unserer Urlaubsorte spielte in der Geschichte des 20. Jahrhunderts tatsächlich eine Rolle. Ich spreche von unserem Sommeraufenthalt in Peconic Bay, Long Island, einem Urlaub, der von der berühmtesten Pilgerreise unterbrochen wurde, die Physiker je unternahmen. Sie wollten Einstein vor

48

den wissenschaftlichen Entwicklungen in Deutschland warnen, die Hitler in den Besitz einer Atomwaffe zu bringen drohten. (Ich werde in einem späteren Kapitel auf diesen ›schicksalhaften Sommer‹ zurückkommen.)

Obwohl Einstein es nicht leiden konnte, öffentlich aufzutreten, und es haßte, im Rampenlicht zu stehen, tat er doch alles, um seinen guten Freunden einen Gefallen zu tun. Ich werde zum Beispiel nie den Vorfall vergessen, als er, gegen den Rat unserer Familie, plötzlich auf einer unserer großen Hochzeitsfeiern im Plaza Hotel in New York auftauchte. Er erschien mit der Naivität eines kleinen Schuljungen, mit einer zerknitterten Mütze auf dem Kopf, in einem einfachen Anzug und – für ihn höchst ungewöhnlich – mit einem Binder. Natürlich verursachte seine Gegenwart eine ziemliche Aufregung, bis wir ihn schließlich in die Brautsuite nach oben bringen mußten, wo er seine Ruhe hatte.

Wenn aber alle Abschirmungen versagten, konnte Einstein oft doch noch recht freundlich bleiben. Ich denke an die Zeit, als mein Bruder krank im Bronx Veterans Hospital lag und Einstein sich entschloß, ihn zu besuchen. Die Nachricht sickerte durch, und als er ankam, hatte sich eine beachtliche Menge zusammengefunden, um ihn zu begrüßen. Unter den Wartenden war auch der Krankenhausrabbiner, der zu gern Einstein treffen wollte. Als der erschien und dem Rabbi die Hand schüttelte, entschuldigte dieser sich überschwenglich und meinte, er hätte kein Recht, in Einsteins Privatleben einzudringen. Doch der unterbrach die Entschuldigung des Rabbis und sagte: »O nein, Sie haben das Recht. Immerhin arbeiten Sie für einen sehr wichtigen Boß!«

Es verwunderte mich immer wieder, was Leute alles anstellten, um Einstein zu treffen oder mit ihm zu reden. Viele Methoden wurden ausgebrütet, oft wurde Einsteins wohlbekannte Gutherzigkeit ausgenutzt, und sogar Leute, die selbst berühmt waren, taten es. Ich erinnere mich beispielsweise an die populäre Sängerin Eartha Kitt, die wildentschlossen war, den Professor zu treffen. Als sie erkannte, wie schwierig das war, bot sie schließlich an, mehrere tausend Dollar für die bevorzugte Wohlfahrtseinrichtung des Professors zu spenden – als Anreiz für ihn, sich für ein Treffen erweichen zu lassen. Doch trotz dieser großzügigen Geste hielt Einstein an seiner Weigerung fest – er wollte einfach nicht ein Objekt der Bewunderung oder der Neugier sein.

Einstein hatte an sich nichts gegen Reichtum – er hatte eine ganze Reihe wohlhabender Freunde. Der Professor verließ sich hier auf sein Gefühl, ob es dem Betreffenden um echte Freundschaft ging oder ob er die Verbindung nur als einen Weg betrachtete, Publizität zu gewinnen.

Einer von Einsteins engen wohlhabenden Freunden war Dr. Leon Watters, Präsident von Watters Medical Supply Company in New York. Ein anderer war der Inhaber von Breyers Ice Cream Company, den er auf einer Fahrt mit dem Fährschiff zwischen Manhattan und New Jersey kennengelernt hatte. Irgendwie kam die Unterhaltung auf das Thema Eiscreme und Einsteins große Neigung für dieses harmlose Laster. Danach erhielt der Professor für den Rest seines Lebens jeden Monat eine Lieferung von fünfundzwanzig Litern verschiedener Sorten Breyers Eiscreme.

Einstein ärgerte sich zutiefst, wenn sogenannte ›Freunde‹ ihn in ihr Haus einluden, nur um ihn anderen Freunden vorzuzeigen. Und es war nicht leicht, Einstein hierin zu täuschen.

Ein erheiternder Vorfall ereignete sich einmal, als ich Einstein auf den Flughafen von Newark begleitete. Damals hatte der Klatschkolumnist Walter Winchell seine große Zeit. Irgendwie hatte Winchell von Einsteins Plänen Wind bekommen und schickte einen seiner Spione zum Flughafen. Dieser Bursche stellte uns alle möglichen Fragen, doch ich hielt jede Information zurück. Winchells Mann gelang es nur, meinen Namen herauszubekommen – und er erkannte natürlich Einstein, damals eines der bekanntesten Gesichter in den Vereinigten Staaten.

Einstein's Algebraic 'X's' and 'C's' Defeat Explaining Airport Aide

It Seems Time Element and Speed Enter Into an Altimeter's Functioning—But, Then, the Scientist Was Only Spoofing

NEWARK, N. J., March 22.—Professor Albert Einstein visited the Newark airport here today and in a rapid-fire explanation full of algebraic symbols completely baffled an airport publicity man who had started out to give the scientist a technical explanation of a new radio altimeter.

In company with his sister, Miss E. A. Einstein, and Mr. and Mrs. Peter A. Bucky of New York, Professor Einstein was driving to Princeton when he stopped to inspect the airport.

Deputy Mayor William L. Fox of Newark, Mgr. Paul Knappek, pastor of St. Casimir's Roman Catholic Church in Newark, and Harry Aston, one of the city of Newark publicity men attached to the airport, were on hand as a welcoming committee.

Mr. Aston took the scientist through the Administration Building, the control tower, the airway traffic control, a hangar and a sleeper plane. It was the first time that Professor Einstein had seen such a plane.

Intensely interested in the radio equipment, he asked numerous questions about dispatching of planes and then shifted the talk to altimeters.

Mr. Aston explained the barometric pressure altimeters and then added that a new altimeter, operating on a radio principle, would show the height over the ground at all times.

"Please explain," asked Professor Einstein.

Mr. Aston said that in the new altimeter an electric impulse traveled from plane to ground and back again and that the time of transit was translated into terms of feet.

"What's this about a time element?" asked the scientist.

"Well, the time it takes for the impulse to travel is known and that gives the distance"—— Mr. Aston started.

"No, no. The sun goes around the earth," Professor Einstein said. "That would be like X."

Mr. Aston broke into say that the airport had some. very illuminating pamphlets on the new altimeter and he would give several to the professor.

"No, no pamphlets, please. I want you to explain," was the answer.

Mr. Aston took a deep breath and started off bravely into the field of radio theory. But he was interrupted.

"Let me explain, please," said Dr. Einstein smilingly. "The sun going around the earth is like X. Now you tell me the airplane is going 190 miles an hour. That would be C. That would mean a particle of a second. Now when you consider C in relation to X in relation to"

Mr. Aston gave up.

"Professor," he said, "you'll just have to take one of these pamphlets."

After spending an hour and a half at the airport, which he termed "marvelous," Professor Einstein said he would return for another visit if there were no photographers present.

Mr. Aston said afterward that he knew Dr. Einstein was indulging in a "bit of kidding" when he resorted to algebra in his questioning. He said he was "vaguely" aware that the scientist was trying to show him that the distance over an obstruction could not be measured with absolute accuracy until the factors of motion were taken into consideration.

Mit Einstein flogen auch seine Schwester Maja und seine Sekretärin Helena Dukas. Winchells Mann bekam irgendwie heraus, daß Maja Einsteins Schwester war, war aber nicht in der Lage, Helena Dukas richtig einzuordnen. Folglich berichtete Winchell am nächsten Tag in der Klatschspalte der Zeitung, daß Einstein am Flughafen in Newark mit seiner Schwester Maja und mit »Mr. und Mrs. Peter A. Bucky« war. Diese Nachricht erheiterte mich zwar sehr, brachte mir aber auch viele Anrufe von Freunden ein, die mir zu meiner ›Heirat‹ gratulieren wollten.

Solange ich Einstein kannte, verfolgte ihn dieses Problem der Publizität, wo immer er hinging. Ich erinnere mich an einen anderen Vorfall, der sich um den Flughafen in Newark drehte. Einstein war von Princeton nach Manhattan gefahren, um unsere Familie zu besuchen, wie er es fast alle zwei Wochen für einen Aufenthalt von zwei oder drei Tagen tat. (Oft richteten wir es während dieser Tage ein, mit ihm zu einer Abendvorstellung am Broadway zu gehen, was dann immer bedeutete, ihn durch die Nebeneingänge des Theaters heimlich hineinzuführen.) Damals fuhr ich Einstein nach einem solchen Besuch zurück nach Princeton. Als wir am Flughafen in Newark vorbeifuhren, wurde er plötzlich gesprächig und interessierte sich auf einmal für den Flughafen. Er wollte unbedingt das Gebäude besichtigen und bat mich, einen Umweg zu machen. Nun, innerhalb weniger Minuten nach seiner Ankunft auf dem Gelände machte es überall die Runde: »Einstein is here.« Nach ganz kurzer Zeit tauchte wer auf? Der Bürgermeister von Newark selbst! Er wollte Einstein in New Jerseys größter Stadt begrüßen. Natürlich hatte er die Absicht, die jeder Politiker hat: Daß die Popularität großer Persönlichkeiten auf ihn abfärben möge, wenn er sich mit ihnen zeige.

Einsteins Abneigung gegen Publizität geriet oft in Konflikt mit seiner natürlichen Neigung, zu einfachen Leuten freundlich zu sein. Es war zum Beispiel für ihn sehr schwierig, Autogramme zu verweigern, obwohl er gleichzeitig diese Prozedur haßte.

Als wir mit unserer Familie auf dem Weg nach Watch Hill, Rhode Island, waren, hatte unser Wagen in New London, Conecticut, eine Panne. Wir mußten an einer örtlichen Werkstatt halten, um den Wagen reparieren zu lassen, und wie gewöhnlich dauerte es nicht lange, bis sich Einsteins Anwesenheit herumgesprochen hatte.

Aus dem Nichts, so schien es, tauchte ein Schwarm von Teenagern an der Werkstatt auf, bewaffnet mit Federhaltern und Papier, um Einsteins Autogramm zu erhalten. Mit einer fragenden Geste wandte sich Einstein mir zu, was bedeutete: Wie komme ich aus dieser Situation nur heraus? Schnell entschlossen sagte ich zu ihm: »Unterzeichnen Sie doch beim ersten mit irgendeinem anderen Namen.« Genau das tat er auch – und zu unserem Erstaunen verschwand, erregt diskutierend, der ganze Haufen Teenager.

Ein andermal, unter ähnlichen Umständen, schlug ich Einstein vor, er solle seinen Namen bei jedem Autogramm immer kleiner schreiben, bis er schließlich nicht mehr zu lesen wäre. Auch das hatte den Erfolg, die Menge schnell zu zerstreuen.

Manche Leute waren in dieser Beziehung aber doch sehr hartnäckig. Einmal gingen wir in die Öffentliche Bücherei von New York. Als wir die lange Treppe emporstiegen, näherte sich uns eine gut gekleidete Dame mit Neugier in den Augen. Nach kurzem Zögern rief sie aus: »Oh, sind Sie nicht Professor Einstein?« Bedrängt nickte der Professor scheu mit dem Kopf und murmelte: »Tut mir leid, Sie müssen sich irren.« Als wir in die Bücherei hineingingen, folgte uns die Dame dennoch. Wir waren etwa eine halbe Stunde in der Bücherei, als sich die Frau plötzlich vor Einstein aufstellte und laut auf deutsch sagte: »Und Sie sind es doch!« Wir mußten alle drei lachen.

Andererseits wieder, wenn sich Einstein nicht durch eine Situation bedroht fühlte, die in einen Zirkus von Lobhudelei oder Autogrammjagd gipfelte, gab es sowohl reizende als auch amüsante Erlebnisse. Einmal erzählte mir der Professor folgende Geschichte: Bei irgendeiner öffentlichen Veranstaltung saß er neben einem Halbwüchsigen, der – wie erfrischend für Einstein – die Berühmtheit an seiner Seite nicht erkannte. Der Professor verwickelte den Jungen in eine Unterhaltung, und nach einer Weile fragte ihn der: »Was ist Ihr Beruf?« Einstein erwiderte: »Das Studium der Physik.« Sichtlich schockiert rief der Junge aus: »Was! In *Ihrem* Alter? Ich hab' das vor zwei Jahren schon beendet!« Als er mir diese Geschichte erzählte, bemerkte Einstein, wie sehr er diese Naivität und Freimütigkeit bei Jugendlichen bewunderte.

Diese Geschichte ähnelt einer anderen, die Einstein während eines Urlaubs in Peconic Bay erlebte. Als er nach einem Spaziergang zu seinem Haus zurückkehrte, konnte er ein lausbubenhaftes Kichern nicht unterdrücken, und als wir ihn fragten, was denn so spaßig wäre, erzählte er uns, er hätte auf dem Spaziergang einen Jungen getroffen, etwa zehn Jahre alt. Der Junge hatte zu ihm gesagt: »Entschuldigen Sie bitte, sind Sie Mr. Einstein?« Als Einstein das bejahte, hätte der Kleine, der in Begleitung seiner Mutter war, gebeten: »Hätten Sie etwas dagegen, wenn ich mich mit Ihnen photographieren ließe? Weil . . . Mathematik ist nämlich mein schlechtestes Fach.« Für den Professor war das keine Frage gewesen – selbstverständlich hatte er es dem Jungen erlaubt, mit ihm abgelichtet zu werden.

Wenn Einstein glaubte, eine gewisse Normalität würde gewahrt, dann verspürte er sogar ein echtes Verlangen, sich unter ›einfache Leute‹ zu mischen und gab gelegentlich diesem Wunsch nach, indem er sich meiner Mutter bei ihren Einkaufsgängen anschloß. Dagegen schreckte er – öffentlichkeitsscheu und bescheiden, wie er war – vor bedeutsamen Ehrungen eher zurück, wie etwa bei der Benennung von wissenschaftlichen Gebäuden, Schulen und Krankenhäusern nach ihm. Diesbezüglich gab es eine langwierige Auseinandersetzung, als der Präsident des Yeshiva Colleges an ihn herantrat mit dem Gedanken, eine Medizinschule zu bauen, die Einsteins Namen tragen sollte. Der Professor äußerte Bedenken mit dem Hinweis, er habe niemals etwas auf dem Gebiet der Medizin erreicht; folglich gäbe es auch keinen Grund, ihn damit zu ehren. Erst nach den vereinten Bemühungen vieler seiner engsten Freunde, einschließlich meines Vaters, die ihm klarmachten, die Schule würde es vielen jüdischen Jungen ermöglichen, eine medizinische Karriere einzuschlagen, gab Einstein nach und erlaubte der Schule, die in New York gebaut werden sollte, seinen Namen zu führen ... Die Schule gibt es heute noch.

Natürlich wäre es leicht, Einsteins Abneigung gegen Popularität als snobistische Eigenschaft zu bezeichnen, doch nichts wäre weiter von der Wahrheit entfernt. Die Abneigung rührte von seiner echten Bescheidenheit und einem Schutzinstinkt her, der ihn vor Menschen abschirmen sollte, die von ihm oder seinem Namen Vorteile zu erlangen suchten.

Eines Sonntags zum Beispiel, als Einstein bei uns in New York weilte, nahmen wir ihn mit auf eine längere Fahrt durch die Vorstädte. Das war recht ermüdend, und als wir uns auf einen ruhigen Abend zu Hause freuten, klingelte plötzlich das Telephon. Irgendwie hatte ein gewisser Dr. Defoe, ein kanadischer Arzt, erfahren, daß Einstein bei uns zu Besuch weilte. Dr. Defoe war kurz zuvor zu Berühmtheit gekommen, wenn auch aus ›zweiter Hand‹ – eine seiner Patientinnen hatte in Kanada Fünflinge zur Welt gebracht. Dr. Defoe sagte, er sei zufällig in der Stadt und wolle gern wissen, ob er wohl vorbeikommen könne, um ein paar Minuten mit Einstein zu reden; er würde auch die Schwester mitbringen, die ihm bei der Entbindung der Fünflinge assistiert hätte. Zunächst lehnte Einstein ab, gab schließlich aber doch nach, weil der kanadische Arzt beharrlich insistierte.

Innerhalb einer halben Stunde waren Dr. Defoe und die Krankenschwester da und versprachen, es würde keinerlei Publizität geben. Seine ›paar Minuten‹ wurden zu einer Stunde. Als er ging, waren wir uns alle einig: Sehr beeindruckend war die ›Unterhaltung‹ mit diesem Arzt nicht gewesen – seine Bekanntheit beruhte wohl eher auf dem Zufall, rechtzeitig am richtigen

Ort gewesen zu sein. Auf jeden Fall waren wir alle erleichtert, nachdem er das Haus verlassen hatte.

Zu unserem Erstaunen berichteten am nächsten Morgen fast alle New Yorker Zeitungen vom Zusammentreffen des großen Einstein mit dem berühmten Dr. Defoe. Neugierig darauf, wie die Zeitungen überhaupt von diesem privaten Zusammentreffen hatten Kenntnis erhalten können, unternahm ich einige Nachforschungen. Zu meinem und des Professors Ärger erfuhr ich, daß die ›Krankenschwester‹, die Defoe mitgebracht hatte, gar keine Krankenschwester war, sondern eine Presseagentin von United Press International. Diese Geschichte unterstreicht einmal mehr, warum Einstein so übermäßige Vorsicht an den Tag legte.

Ein anderes Kapitel ist Einsteins Griff zu seiner geliebten Pfeife. Viele Jahre lang versuchten seine Ärzte ihn davon zu überzeugen, das Pfeiferauchen aufzugeben. Schließlich versuchte mein Vater, ihn wenigstens dazu zu bringen, das Rauchen auf ein Minimum zu beschränken. (Übrigens hat mein Vater Einstein oft geröntgt, ein Vorgang, den Einstein stets mit starkem Interesse über sich ergehen ließ.) Eine Zeitlang gab ihm Helena Dukas an jedem Sonntag nur eine Pfeife zu rauchen. Einstein versuchte ehrlich, dieser Regelung zu folgen, weil er selbst von der Gefahr des Rauchens überzeugt war. Besonders in Gegenwart meines Vaters war er bemüht, das Rauchen zu vermeiden. Andererseits wieder, wenn mein Vater ihn manchmal dabei ertappte, zeigte der Professor eine schuljungenhafte Scham – vergleichbar einem Kind, das beim Naschen erwischt wird.

Nach dem Tod seiner Frau machte Einstein eine schreckliche Phase durch: Er litt unter starken Magenbeschwerden. Mein Vater suchte nach Wegen, seine Beschwerden zu lindern, und stellte schließlich eine besondere Diät auf. Einstein, gewöhnlich recht anmaßend gegenüber medizinischen Ratschlägen, erkannte die Bemühungen meines Vaters jedoch an: »Ich bin dankbar ... und empfinde jetzt aufrichtigen Respekt vor Ihnen und Ihrem allgemeinen einschlägigen Fachwissen. Sollte es meinerseits jemals einen Rückfall geben, beziehen Sie sich bitte auf diese Erklärung. «

Alle diese Begebenheiten repräsentieren für mich den Menschen Einstein. Und alles – seine alltägliche Lebensweise, seine Hobbys, seine Arbeit, seine Worte – harmonisierte, was in einer zunehmend unharmonischen Welt eine wunderbare Erfüllung darstellte. Noch heute glaube ich manchmal, Einstein gehörte nicht zu diesem Jahrhundert.

Ich für meine Person bin jedoch froh, daß er in meinem Jahrhundert lebte und daß ich das Privileg hatte, mich als einen jener Vertrauten betrachten zu können, denen gegenüber er sein Innerstes offenbarte. In den Jahren, in denen er mein Leben bereicherte, und besonders während der vielen Fahrten, wenn wir Tausende von Meilen unterwegs waren, ergaben sich immer wieder Situationen, in denen ich mit diesem einmaligen Menschen über zahlreiche Themen ausführlich reden konnte.

Die Anekdoten und Unterhaltungen in diesem Buch stammen aus meiner Erinnerung an diese dreißigjährige Zeitspanne, in der ich Einstein sowohl in Deutschland als auch in den Vereinigten Staaten kannte. Ich biete sie der Nachwelt an in der Hoffnung, die Welt möge ihn lieben und bewundern lernen, wie ich es tat.

Eine Unterhaltung
über Einsteins Selbstempfinden

BUCKY: Wann haben Sie gewußt, daß Sie die Physik zum Kernpunkt Ihres wissenschaftlichen Lebens machen wollten?

EINSTEIN: Als ich 1896 nach Aarau in der Schweiz zog und auf die Eidgenössische Polytechnische Hochschule ging, wurde mir zum ersten Mal klar, wie wenig ich den Drill und das Auswendiglernen von Formeln, das zur Mathematik gehört, mochte. Ich glaube, zu diesem Zeitpunkt entstand mein Interesse an der Physik.

BUCKY: Einmal abgesehen von Ihrer starken Abneigung gegen den ›Mathematik-Drill‹: Mußten Sie für Ihre wissenschaftlich-physikalische Arbeit nicht auf diese Disziplin zurückgreifen?

EINSTEIN: Nun, ich ging schon sehr früh von der Annahme aus, daß ein erfolgreicher Physiker nur die Grundlagenmathematik kennen muß und daß der gesamte Rest der Mathematik für die Arbeit des Physikers unerheblich ist, die Mathematik also nur ›Werkzeug‹ bei physikalischen Denkmodellen ist. Später aber erkannte ich mit großem Bedauern, daß meine Annahme völlig falsch war.

BUCKY: Hat denn Ihr fehlendes Interesse an der Mathematik Ihre Arbeit in späteren Jahren ernsthaft behindert?

EINSTEIN: In gewisser Weise schon. Dennoch konnte ich damit leben. So habe ich nicht selten – auch noch dann, als ich bekannt war – die Hilfe von Fachleuten bei komplizierten Berechnungen erbeten, um bestimmte physikalische Probleme zu beweisen. Ich war auch immer der festen Überzeugung, daß man seinen Geist nicht mit Formeln belasten sollte, wenn man sie in einem Lehrbuch nachschlagen kann. Das habe ich auch häufig getan. Ich glaube auch jetzt noch: Wenn man zu tief in die höhere Mathematik einsteigt, dann verbraucht man viel Energie – Energie, die nutzbringender auf das vorliegende Hauptziel angewandt werden sollte.

BUCKY: Hatten Sie irgendwelche Neigungen zu anderen Fächern außer der Physik?

EINSTEIN: Als Student war ich da sehr einseitig. Ich erinnere mich noch genau an eine diesbezügliche Unterhaltung. Das war, als ich in das Büro eines Professors Pernet gerufen wurde, einer meiner Dozenten. Er sagte mir: »Einstein, ich habe Sie zu mir gebeten, weil ich Ihnen klarmachen möchte, daß die Physik an sich kein leichtes Studienfach ist. Ich weiß, Sie sind sehr gewissenhaft, auch haben Sie sicherlich den guten Willen, aber Ihre Resultate zeigen das nicht. Wenn ich, ohne Sie zu kränken, einen Vorschlag machen darf: Es wäre vielleicht besser, Sie würden ein anderes Fach nehmen, zum Beispiel Medizin oder sogar Jura.« Ich antwortete ihm: »Für diese Fächer, Professor, habe ich überhaupt kein Verständnis. Ich ziehe die Physik vor. Ich glaube, ich sollte es wenigstens versuchen und sehen, wie ich in Physik vorankomme.« Nein, ich habe mir aus anderen Fächern nie etwas gemacht. Ich habe in Botanik, Zoologie und Französisch versagt, und oft war das die Ursache dafür, im ganzen Studienplan zu versagen.

Das einzige andere Fach, das mir vielleicht gefallen hätte, war Literatur. Ich hatte einen Professor, der dieses Interesse an Literatur geweckt hatte, und ich nahm an, möglicherweise zu Unrecht, daß er das bemerkt hatte. Dieser Professor lebte in München. Einmal, nachdem ich selbst eine Professur erhalten hatte, spürte ich den seltsamen Wunsch, ihn aufzusuchen. Ich war jedoch verwundert festzustellen, daß er mich überhaupt nicht erkannte. Darüber hinaus betrachtete er meinen Besuch als absonderlich. Im nachhinein glaube ich, er hatte den

Verdacht, ich hätte ihn aufgesucht, um Geld von ihm zu leihen. Aus irgendeinem Grund brachte mich das zur Erkenntnis, daß ich gewissermaßen allein war – völlig unabhängig von allen. Mit einem Mal wußte ich: Ich bin keinem Menschen verpflichtet.

BUCKY: Sind die Geschichten über Ihre großen Schwierigkeiten in der Schule wahr? Oder sind das einfach Märchen?

EINSTEIN: O ja, sie sind schon wahr. Ich erinnere mich an meinen Lateinlehrer in München, der mir sagte, ich würde niemals in meinem Leben in der Lage sein, etwas Sinnvolles zu tun. Glücklicherweise war ich entschlossen, mich auf das zu konzentrieren, was ich mir vorgenommen hatte, aber meine Fähigkeiten waren sehr bescheiden – und ich mußte mir, sozusagen im Selbststudium, alles schwer erarbeiten.

Ich war immer sehr begierig, Zusammenhänge besser zu verstehen. Das war nicht immer leicht. So wurde ich einmal von einem Lehrer in der Grundschule gescholten: »Einstein, du mußt aufhören, mir so viele Fragen zu stellen. Du weißt, ich kann manche nicht beantworten. Was sollen die anderen Schüler davon halten?«

Als Student war es recht schwierig für mich, einige der Grundtheorien zu erfassen, und zwar wegen meines extrem schlechten Gedächtnisses. Daher wußte ich: Meine zukünftigen Studien würden nicht leicht sein. Als ich mich der Aufnahmeprüfung für die Technische Hochschule [in Zürich] unterzog, wurde mir schmerzhaft klar, wie unvollständig meine Schulbildung war. Ich fiel durch das Examen – und das völlig zu Recht. Doch dank der Freundlichkeit zweier Leute – des Physikers Weber und des Professors Herzog – konnte ich die Kantonsschule in Aarau besuchen.

BUCKY: So kommen wir wieder zu dem Punkt, wo Physik zu Ihrem Hauptinteresse wurde.

EINSTEIN: Genau. Es war eigentlich in Aarau, wo ich meine ersten recht primitiven Denkexperimente mit einer direkten Beziehung zur Speziellen Theorie unternahm. Der Gedanke, der mich zu jener Zeit bewegte, war folgender: Wenn eine Person einer Lichtquelle mit derselben Geschwindigkeit wie das Licht nachlaufen könnte, dann hätten wir eine Anordnung, die völlig unabhängig von der Zeit wäre. Natürlich ist so etwas unmöglich, doch Erfindung ist nicht Ergebnis irgendeines logischen Denkens, auch dann nicht, wenn das Endprodukt direkt mit der logischen Darstellung zusammenhängt.

Auch nachdem ich die Prüfung für die Technische Hochschule bestanden hatte, hatte ich mich damit abgefunden, nur ein Durchschnittsstudent zu sein. Um ein guter Student zu sein, muß man die neuen Dinge, die man lernt, schnell erfassen können. Auch muß man mit aller Macht bereit sein, sich auf das zu konzentrieren, was gelehrt wird. Und man muß ordentlich und systematisch alles, was man im Unterricht hört, niederschreiben, so daß man es weiterentwickeln kann. Die meisten dieser Eigenschaften besaß ich leider nicht. Ich lernte, dies mit innerem Frieden zu akzeptieren. Alles, was ich wollte, war, mehr Wissen anzusammeln.

BUCKY: Wie haben Sie diese Nachteile überwunden?

EINSTEIN: Nun, ich habe meine Zeit zu Hause sehr vorteilhaft genutzt. Oft, wenn ich nicht besonders interessiert war an einer bestimmten Vorlesung, schwänzte ich und setzte mich zu Hause intensiv mit Theoretischer Physik auseinander – soviel Wissen hätte mir die Schule nicht vermittelt. Ich hielt das für eine gute Idee, es erleichterte mein schlechtes Gewissen – und es half mir, mein seelisches Gleichgewicht zu behalten. Außerdem hatte ich an dieser Schule enge Freundschaft geschlossen mit einem anderen Studenten, mit Marcel Großmann. Jede Woche gingen wir in ein Café mit Namen ›The Metropole‹, das in der Nähe des Limmaj Kais gelegen war, wo wir nicht nur unsere Studien diskutierten, sondern meistens andere Dinge, und zwar die, die alle jungen Menschen interessieren und für die sie offen sind. Marcel war weder ein Vagabund noch ein Einzelgänger wie ich, sondern ein Mensch, der sehr eng verbunden war mit der Schweizer Lebensart. Aber trotzdem besaß er eine starke innere Unabhängigkeit. Er verfügte über eine Eigenschaft, die ich nicht hatte: Er konnte mit Leichtigkeit Probleme in ein geordnetes Konzept fassen. Er hörte nicht nur alle Vorlesungen in der Universität, die für uns wichtig waren, sondern er arbeitete sie auch auf eine derart phantastische Art und Weise aus, daß seine Aufzeichnungen hätten gedruckt und veröffentlicht werden können. Wenn die Zeit der Prüfungsvorbereitungen kam, lieh er mir diese Hefte – und sie waren meine Rettung. Was ich ohne diese Hefte gemacht hätte, darüber möchte ich lieber nicht spekulieren.

Trotz der Tatsache, daß ich diese immense Hilfe hatte, und trotz der Tatsache, daß alles, was wir diskutierten, für mich von großer Bedeutung war, bedurfte es doch noch immer einiger Anstrengung, alle diese Dinge gründlich zu lernen. Für Leute meiner Art ist das Studium an einer Universität eigentlich kein ideales Unterfangen. Wenn man gezwungen ist, viele gute Sachen zu essen, kann man sich den Magen verderben, aber auch den Appetit. So kann auch das Licht der ›heiligen Neugier‹ für immer ausgehen. Ich hatte Glück, daß meine intellektuelle Depression nur ein Jahr lang anhielt, nachdem ich mein Studium befriedigend abgeschlossen hatte.

BUCKY: Dieser Marcel Großmann hat Ihnen auch die Position beim Patentamt Zürich verschafft, nicht wahr?

EINSTEIN: Ja, das ist wirklich der größte Gefallen, den er mir je getan hat. Durch ihn waren die Jahre von 1902 bis 1909 die produktivsten, weil ich mir über meinen Lebensunterhalt gar keine Gedanken machen mußte. Auch war die Arbeit mit technischen Patenten die Rettung für mich. Sie zwang mich, über viele unterschiedliche Fachrichtungen nachzudenken, und gab mir viele neue Ideen für die Physik. Und schließlich ist eine praktische Arbeit für jemanden wie mich wirklich ein Segen.

Im Gegensatz dazu schafft eine akademische Karriere, in der jemand gezwungen ist, wissenschaftliche Schriften in großer Zahl hervorzubringen, die Gefahr intellektueller Oberflächlichkeit. Nur Menschen mit starkem Charakter können dem widerstehen, während ein Mann mit normaler Intelligenz das produzieren kann, was man von ihm erwartet. Ein Mensch dieses Typs verläßt sich für seinen Lebensunterhalt auf seine Arbeitsstelle und nicht auf irgendwelche großen neuen Ideen, die er vielleicht entwickelt. Sollte jemand eine gute Idee haben, kann er sie nebenbei entwickeln, solange er die Pflichten seiner regulären Arbeit erfüllt. Dieses Arrangement hat natürlich einen großen Vorteil: Hängt von der Entwicklung neuer Ideen ab, den Lebensunterhalt zu sichern, lebt man immer in der Angst, zu versagen; das ist bei einer regulären Arbeitsstelle nicht der Fall.

In meiner Situation gewöhnte ich mich recht schnell an meine Arbeit, und nach kurzer Zeit war ich in der Lage, die Arbeit eines ganzen Tages in nur zwei oder drei Stunden zu verrichten. Während der restlichen Zeit habe ich meine eigenen Ideen ausgearbeitet, darunter bekanntlich auch jene, die die Grundlage zur späteren Relativitätstheorie waren. Sobald jemand vorbeikam, packte ich meine Notizen in die Schreibtischschublade und tat so, als würde ich meine Büroarbeit verrichten.

BUCKY: Haben Sie die Freundschaft mit Großmann aufrechterhalten?

EINSTEIN: Ich sah ihn gelegentlich. Er machte sich nie viel aus Physik. Sein Gebiet war die Mathematik, und er wurde sehr bald Professor der Mathematik am Polytechnikum. 1912 besuchte ich ihn, und ich werde nie seine passende Bemerkung in bezug auf seine Empfindung gegenüber der Physik vergessen. Er sagte: »Ich gebe zu, das Studium der Physik hat mir geholfen, und ich habe profitiert davon.« Als Beispiel erzählte er mir folgende Geschichte: »Wenn ich mich früher auf einen Stuhl gesetzt habe, auf dem vorher jemand gesessen hatte, und ich spürte auf dem Stuhl noch die Wärme seines Körpers, war mir die Situation unangenehm. Jetzt ist in einem solchen Fall meine alte Empfindung nicht mehr vorhanden, weil die Physik mich gelehrt hat, daß Wärme oder Hitze völlig unpersönlich sind.«

BUCKY: Sie sollen einmal gesagt haben: »Mit dem Ruhm bin ich dümmer geworden, was bekanntlich ein sehr verbreitetes Phänomen ist. Es gibt ein viel zu großes Mißverhältnis zwischen dem, was man ist, dem, was man nicht ist, und dem, was andere glauben, das man ist. Bei mir wird jeder Piepser zum Trompetensolo.« Wo, glauben Sie, liegt bei Ihnen das Mißverhältnis zwischen Ihrem öffentliche Image und dem wirklichen Ego?

EINSTEIN: Ich glaube, die Menschen überschätzen mich im allgemeinen. Ich erkenne natürlich den Wert meiner Beiträge zur Wissenschaft, halte mich aber im Vergleich zu allen anderen Menschen nicht für überlegen oder anders. Ich glaube wirklich, ich hatte nur mehr Glück bei der Entwicklung bestimmter Ideen, die andere vor mir übersehen hatten.

BUCKY: Sie werden doch sicherlich der Tatsache beipflichten, daß Sie viel begabter sind als der Durchschnittsmensch, oder?

EINSTEIN: Wie kommen Sie auf etwas derart Törichtes? Ich bin nicht begabter als der Durchschnittsmensch. Da Sie etwas vertraut sind mit meiner Geschichte, wissen Sie, daß es so ist – daß mir das Studium schwergefallen ist und daß ich nicht ein Gedächtnis habe wie manche anderen Leute. Nein, das ist nicht die Antwort. Wenn Sie aber wollen, kann ich Ihnen die Antwort geben: Ich bin nicht begabter als sonst jemand. Ich bin einfach nur neugieriger als ein Durchschnittsmensch, und ich gebe bei einem Problem nicht eher auf, bis ich die richtige Lösung gefunden habe. Das ist eine meiner größten Befriedigungen im Leben – Probleme lösen. Und je schwieriger sich die Lösung eines Problems darstellt, desto mehr Befriedigung bereitet mir die Auseinandersetzung damit. Sie können mich vielleicht für etwas geduldiger halten bei der Verfolgung von Problemen als einen Durchschnittsmenschen. Wenn Sie also verstanden haben, was ich Ihnen soeben sagte, dann sehen Sie: Es ist nicht eine Frage der größeren Begabung, sondern der des größeren Neugierigseins und vielleicht der größeren Geduld bei der Lösung eines Problems.

BUCKY: Aus dem Munde des größten Wissenschaftlers unserer Zeit klingt das sehr bescheiden.

EINSTEIN: Ich glaube nur, ich verursache meinen Mitmenschen zuviel Mühe und Arbeit, und deshalb möchte ich mein Leben so einfach wie möglich führen. Immerhin tue ich ja die meisten Dinge, weil meine Natur mich dazu treibt. Warum sollten also andere Leute mir soviel Respekt und Verehrung zollen für Dinge, die ich lediglich meinem Antrieb folgend getan habe?

BUCKY: Dann sind Sie sich also gar nicht Ihrer Stellung im öffentlichen Leben bewußt?

EINSTEIN: Man ist sich seiner eigenen Existenz nicht so sehr bewußt, wie es die Leute sind, die einen beobachten. Was weiß schon ein Fisch von dem Wasser, in dem er sich sein ganzes Leben lang schwimmend fortbewegt? Er weiß auch niemals, was außerhalb seiner Sphäre geschieht. Mit dem Haß beispielsweise ist es dasselbe. Mir ist sehr wohl klar, daß es gewisse Leute gibt, die mich hassen; ich kann aber ganz ehrlich sagen, daß mich das nicht berührt, weil ich das Gefühl habe, diese Empfindung käme aus einer völlig anderen Welt, mit der ich keinen Kontakt habe. Das ist der Grund, warum ich mein Leben größtenteils einsam verbracht habe, was, wie ich zugeben muß, in frühen Jahren schmerzhaft ist, was aber in den Jahren der Reife immer angenehmer wird.

BUCKY: Was motiviert Sie also letzten Endes?

EINSTEIN: Meine wissenschaftliche Arbeit wird von einem unwiderstehlichen Verlangen motiviert, die Geheimnisse der Natur zu verstehen – von keiner anderen Empfindung sonst. Meine Liebe für soziale Gerechtigkeit und mein Bestreben, zur Verbesserung der menschlichen Lebensbedingungen beizutragen, sind völlig unabhängig von meinen wissenschaftlichen Interessen.

BUCKY: Sie wissen, daß Ihre Theorien in dem Ruf stehen, so esoterisch zu sein, daß sie für den einfachen Menschen unzugänglich bleiben . Was sagen Sie dazu?

EINSTEIN: In mancher Hinsicht war meine Relativitätstheorie elementar. Wie ich einmal einem Journalisten erklärte, kommt es auf folgendes hinaus: Wenn ein Mann eine Stunde lang mit einem hübschen Mädchen zusammen ist, so kommt ihm das wie wenige Sekunden vor; setzt er sich aber wenige Sekunden auf eine heiße Herdplatte, dann erscheint ihm das wie eine Stunde. Das ist nach meiner Meinung Relativität. Ich glaube überhaupt nicht an das allgemeine Urteil, meine Theorie sei so schwierig, daß nur wenige Menschen auf der Welt in der Lage seien, sie zu verstehen. Ich denke, jeder Student, der seine Arbeit ernsthaft verfolgt und Grundkenntnisse in Theoretischer Physik besitzt, dürfte überhaupt keine Schwierigkeit haben, die Idee hinter meiner Relativitätstheorie zu verstehen. Meiner Meinung nach begann vielmehr ein geheimnisvoller Nimbus um meine Theorie zu wachsen. Immerhin waren der Gedanke, ein Lichtstrahl könnte sich unter bestimmten Bedingungen sichtbar krümmen, waren die Vorstellungen, der Raum selbst sei gekrümmt, neue Ideen, die bei manchen beträchtliche Bestürzung auslösten, während sie andererseits dazu beitrugen, mir großen Ruhm einzubringen. Das alles hängt zusammen mit jenem angesprochenen Nimbus. Alles Geheimnisvolle im Universum ist für den Durchschnittsmenschen von großem Interesse. Wenn also jemand daherkommt und versucht, alles zu enträtseln, so wird er sofort zum Gegenstand großer Neugier, und sein Ruhm und seine Popularität breiten sich aus.

BUCKY: Was war nach Ihrer Meinung Ihr Hauptziel in Ihrem Leben?

EINSTEIN: Ohne den geringsten Zweifel kann ich sagen: Die Suche nach Wahrheit. Das ist nicht leicht gewesen, doch es war befriedigend. Ich weiß von meiner eigenen schmerzhaften Suche mit ihren vielen Sackgassen, wie schwer es ist, einen sicheren Schritt, und sei er noch so klein, in Richtung auf das Verständnis dafür zu tun, was wirklich bedeutsam ist.

BUCKY: Gibt es außer Musik irgendein anderes Hobby oder

$$\frac{dy}{dx} + \left(a + \frac{b}{x}\right) y = 0$$

$$\frac{dy}{y} + \left(a + \frac{b}{x}\right) dx = 0$$

$$lg y + a x + b \, lg x = konst$$

$$e^{ax} x^b y = konst.$$

$$y = x^{-b} e^{-ax} konst.$$

Damit im Nullpunkt keine Singularität bestehe muss $b > 0$ sein.

Dann aber ist für $x = 0$ $y = 0$.

Eine der angenehmen Beschäftigungen Einsteins war die
Auseinandersetzung mit wissenschaftlichen Problemen

$$\frac{1. - (2 - \sqrt{3})}{1 + (2 - \sqrt{3})} \quad \bigg| \quad \frac{\sqrt{3} - 1}{3 - \sqrt{3}}$$

$$\frac{(\sqrt{3} - 1)(3 + \sqrt{3})}{6} \quad \bigg| \quad \frac{- 3 + 3 + 2\sqrt{3}}{6}$$

$$\frac{1}{\sqrt{3}} \qquad \ell_o = \frac{1}{3}$$

$$1 + (2 - \sqrt{3}) \quad | \quad 3 - \sqrt{3}$$

$$(3 - \sqrt{3})^4 = (12 - 6\sqrt{3})^2 = \left[6(2 - \sqrt{3})\right]^2$$

$$36(7 - 4\sqrt{3}) \qquad \sqrt{3} = 1.73$$

$$6,92 \qquad \begin{array}{r} 200 \quad 14 \\ 189 \quad .49 \\ \hline 1100 \end{array}$$

$$2,8\,3$$

$$\begin{array}{r} 519 \\ 1211 \\ 173 \\ \hline 2.8\,929 \end{array} \qquad \begin{array}{r} 1029 \quad 34 \quad 102 \\ 7100 \tfrac{1}{5} \quad 79 \\ \hline 1029 \end{array}$$

$$ab = (1 + 6)^4 \left(\frac{1 - 6}{1 + 6}\right)^2$$

$$= (1 - 6^2)^2$$

$$(2 - \sqrt{3})^2 = 7 - 4\sqrt{3} \quad | \quad 4\sqrt{3} - 6$$

$$\left[4\left(\sqrt{3} - \frac{3}{2}\right)\right]^2 = 16 \cdot (0,23)^2$$

$$0,27 \qquad \qquad 69\,0.529 \cdot 16$$

$$(1,62)^2 \quad 324 \qquad 46 \quad 8464 \quad \boxed{2,54}$$

$$972$$

$$162 \quad 2,62 \quad 2,6$$

eine Beschäftigung, die Ihnen Freude macht, wenn Sie nicht mit Ihrer Arbeit beschäftigt sind?

EINSTEIN: Ich rekonstruiere gerne Beweise für mathematische und physikalische Theoreme, die ich schon lange kenne. Das tue ich nicht mit einer Absicht, sondern um der angenehmen Beschäftigung des Denkens zu frönen.

BUCKY: Wie möchten Sie, daß man sich an Sie erinnert?

EINSTEIN: Ich wurde einmal sehr geehrt durch eine Feststellung, die George Bernard Shaw bei einem Essen traf, an dem wir beide teilnahmen. Shaw sagte: »Es hat viele Diktatoren gegeben, die sich selbst große Imperien geschaffen haben. Ich rede aber jetzt von Leuten, die viel seltener sind, nämlich von jenen, die tatsächlich unser Universum geschaffen haben. Diese Leute haben im Gegensatz zu den Diktatoren kein Blut ihrer Mitmenschen vergossen. Dann zählte er eine Handvoll Leute aus den letzten dreitausend Jahren auf, die in diese Kategorie gehören – Galileo, Kopernikus, Ptolemäus, Pythagoras, Newton, Aristoteles und mich. Ich glaube, so möchte ich in die Geschichte eingehen.

BUCKY: Sie haben oft Ihre Meinung zu Geschehnissen geäußert, die nichts mit Ihrem Fachbereich zu tun hatten, obwohl Sie normalerweise so bescheiden sind und versuchen, die Öffentlichkeit zu meiden. Warum?

EINSTEIN: Peter, mir ist völlig klar, daß viele Leute auf mich hören, nicht weil sie mit mir übereinstimmen oder weil sie mich besonders mögen, sondern weil ich Albert Einstein bin. Wenn ein Mensch die seltene Eigenschaft besitzt, bei seinen Mitmenschen hohe Achtung zu genießen, dann ist es seine Pflicht, diese Macht zu nutzen, um Gutes für seine Mitmenschen zu tun. Aus diesem Grunde habe ich jede Gelegenheit genutzt, um Benachteiligten zu helfen, natürlich nur dann, wenn die betreffende Person im Recht ist. Das hat mir viel Freude und Befriedigung geschenkt, und ich bin froh, diese Macht zu besitzen.

BUCKY: Sie haben freundlicherweise zugestimmt, für diese Diskussion ›auf die Couch zu gehen‹.

EINSTEIN: Bitte ... Sie erinnern mich an eine Zeit, als ich bei einer Party einem Psychiater begegnete, der meinte, es wäre für ihn sehr interessant und vorteilhaft, wenn er die Ehre hätte, mich zu psychoanalysieren. Auf diesen Vorschlag erwiderte ich: »Ich bedaure, Ihrem Ansinnen nicht zustimmen zu können, weil ich sehr gern im Dunkel des Nichtanalysiertseins bleiben möchte.«

Kapitel 2

Die Jahre in Deutschland

Die Ruhe vor dem Sturm

Einstein war ein Weltbürger, das ist schon wahr. Bei großen Persönlichkeiten, besonders in Kunst und Wissenschaft, ist es häufig so, daß die nationale Herkunft von geringerer Bedeutung ist als die Leistung und das Ansehen des einzelnen.

Obwohl der in Ulm geborene Einstein schon früh sein Geburtsland verlassen hatte, um in die Schweiz zu gehen, brachte ihn sein wissenschaftlicher Ruf nach Deutschland zurück, wo er die Jahre von 1927 bis 1933 in Berlin verbrachte.

Die Ironie in Einsteins Situation: All das, was ihn beim ersten Mal zum Verlassen Deutschlands im Jahr 1901 trieb, etwa der stark ausgeprägte Militarismus und die ethnische Intoleranz – genau das war es, was ihn zum zweiten Mal in die Flucht schlug ... diesmal in die Vereinigten Staaten.

Um sich ein Bild von dem Menschen Einstein machen zu können, ist es aufschlußreich, kurz sein Leben im Deutschland der späten Weimarer Republik zu betrachten – seine Neigungen und Abneigungen, seinen Tagesablauf, sein Gesellschaftsleben, seine Arbeit und seine Freizeit.

Einsteins Berliner Zuhause war eine großzügige Sieben-Zimmer-Wohnung in der Haberlandstraße. Für jene Zeit war das Haus recht luxuriös ausgestattet – mit Fahrstuhl und einem Portier, der Besucher sorgfältig überprüfte, ähnlich einem amerikanischen Türsteher, der in jenen Tagen in europäischen Städten ein unbekanntes Wesen war.

Einsteins Wohnung lag im vierten Stock, hatte aber im fünften Stockwerk noch einen kleinen Raum, das ›Turmzimmer‹. Dort arbeitete Einstein in völliger Abgeschlossenheit; der einzige Kompromiß war ein Telephon. Eine Wand dieses Zimmers war vom Boden bis zur Decke mit Büchern zugestellt, und lediglich zwei winzige Fenster ließen Licht herein.

Neben Einsteins Schreibtisch stand ein großes Teleskop, mit dem er des öfteren den Nachthimmel von Berlin beobachtete. An der Wand hingen drei Bilder – eines zeigte den Physiker Michael Faraday, ein anderes den Philosophen Arthur Schopenhauer und das dritte den Physiker James Clark Maxwell. Um bei den Bildern zu bleiben: In diesem Turmzimmer saß Einstein auch mehrere Male Modell für sein eigenes Portrait.

In der Wohnung gab es eine Bibliothek, in der Einstein seine Bücher mit Ausnahme seiner Nachschlagewerke aufbewahrte (die befanden sich greifbar im Turmzimmer). Neben den Bücherregalen war noch eine Art Glasvitrine Bestandteil der Bibliothek, sie ebenfalls vollgepackt mit Büchern. Entsprechend Einsteins einfachem Wesen war seine Bibliothek sparsam möbliert – mit einem kleinen Tisch, wenigen Stühlen und einem bequemen Klubsessel. Außerdem stand vor dem Fenster noch ein Schreibtisch, auf dem ein großer Globus seinen Platz hatte.

Während sich vor der Bibliothek ein großer Balkon befand (den Einstein selten benutzte), lag direkt neben der Bibliothek Einsteins Schlafzimmer. Das war mit einem Bett, einem kleinen Nachttisch und einigen Stühlen ebenfalls einfach ausgestattet. Eine Absonderlichkeit in seinem Schlafzimmer stellte ein kleiner Tisch mit großen Schubladen dar, der neben der Tür stand und ein Silberbesteck für vierundzwanzig Personen enthielt.

Obwohl zu dieser Zeit das Grammophon längst erfunden und Einstein ein großer Musikliebhaber war, weigerte er sich, solch ein Gerät in seinem Heim aufzustellen. Damals hatte Einstein einen Widerwillen gegen ›Musik aus der Dose‹: Sein sehr scharfes Gehör konnte die seinerzeit üblichen Fremdgeräusche und mechanischen Töne eines Grammophons einfach nicht ertragen. Erst später, als die Technik verfeinert war und die Aufnahmen viel klarer waren, akzeptierte er einen Plattenspieler (ein Geschenk seiner Kollegen an der Princeton University).

Dennoch gab es in der Wohnung ein ›Musikgerät‹ – ein Radio. Aber auch das fand nicht die Zustimmung des Hausherrn. Margot und das Hausmädchen der Einsteins (das von Elsas Töchtern »Hertachen« gerufen wurde) liebten es dagegen sehr, vor dem Radio zu sitzen und Ratespielen zu lauschen, die damals außerordentlich beliebt waren (und bei denen Herta Margot überlegen war).

Einstein hatte viele Freunde in Berlin, doch keiner seiner Freunde besuchte ihn, ohne sich vorher nicht telephonisch mit ihm zu verabreden. Einstein hatte mehrere Nebenapparate in seiner Wohnung. Die meisten Anrufe erledigte seine Frau, mit Ausnahme bestimmter privater Angelegenheiten, während die Telephonate, die mit Einsteins Arbeit zu tun hatten, ausschließlich von ihm selbst aus seinem Turmzimmer erledigt wurden. Der Nachwelt sei sie verraten, seine legendäre Telephonnummer: CORNELIUS 2807.

Viele berühmte Besucher fanden den Weg in Einsteins Wohnung in jenen Jahren, auch Charlie Chaplin, der nach einem Besuch im Jahr 1931 von »einer sehr kleinen Wohnung mit abgenützten Teppichen« sprach. Einstein konnte sehr entschlossen sein, wenn gegen seinen Willen Geselligkeit gesucht wurde. Einmal hatte seine Frau jemanden eingeladen, den er nicht mochte. Zu der Zeit hatte er Besuch von dem russischen Physiker Joffe. Als er hörte, der unwillkommene Gast sei eingeladen worden, ging er mit Joffe in den nahe gelegenen Park und arbeitete dort mit ihm vier Stunden lang, bis der ›Eindringling‹ seine Wohnung wieder verlassen hatte. Dann setzten die beiden ihre Arbeit bis in die frühen Morgenstunden in Einsteins Turmzimmer fort.

Zu Einsteins damaligen Besuchern zählte wirklich eine ganze Reihe der bedeutendsten Wissenschaftler und Personen der Kulturszene jener Tage, unter anderen auch viele Nobelpreisträger wie Walther Hermann Nernst, Max Planck, Fritz Haber, der Dichter und Dramatiker Gerhart Hauptmann sowie der Inder Rabindranath Tagore (der Einstein jedoch nur in dessen Sommerhaus in Caputh besuchte). Sogar die exzentrische, zigarrenrauchende Schauspielerin Hedwig Wengel schaute vorbei, auch der Musikdirektor Erich Kleiber.

Als ich einmal mit dem britischen Botschafter in Berlin, Sir Horace Rumbold, sprach, erzählte er mir eine amüsante Geschichte von seinem jungen Sohn, der nach Berlin gekommen war, um seinen Vater zu besuchen. Gleich nach seiner Ankunft fragte der junge Rumbold: »Daddy, hast du Einstein schon getroffen?« Als Sir Horace ihm sagte, er habe das noch nicht geschafft, warf ihm sein Sohn einen sehr bestürzten Blick zu, als wollte er damit sagen, sein Vater habe bis dahin noch nicht seine wichtigste diplomatische Funktion erfüllt.

Wie in späteren Jahren in Amerika mußte Einstein sich auch in Deutschland mit Publizitätssüchtigen, komischen Käuzen und Schmarotzern abfinden. Seine Frau Elsa tat alles in ihrer Macht Stehende, um Einstein gegen solche Typen abzuschirmen. Gelegentlich versagte aber auch sie ...

Eines Tages standen zwei orthodoxe Juden vor der Tür, die, wie Elsa Einstein vermutete, um Geld betteln wollten. Einstein, immer ein willkommenes Opfer für echte und falsche Zukurzgekommene, ließ die beiden Männer eintreten. Nachdem sie Einstein begrüßt hatten, redeten sie auf ihn in einer Mischung aus Jiddisch und Hebräisch ein. Sie sagten ihm, sie seien Geschäftsleute, die den ganzen Weg von Warschau bis Berlin gelaufen seien. Als Einstein fragte, warum sie so weit gelaufen seien, antworteten sie seltsamerweise, sie hätten nicht im Bauch der Erde fahren wollen (womit sie die U-Bahn meinten). Es wurde sogar noch seltsamer, als sie zu Einstein sagten, es wäre ihre Mission, den ›König der Seele‹ aufzusuchen; es sei ihnen verkündet worden, wenn sie das täten, würde ihr Leben verlängert. Nachdem sie das erklärt hatten, drehten sich die beiden Männer um und gingen hinaus, anscheinend befriedigt über die Erfüllung der Mission ihres Lebens. Der ›König der Seele‹ war äußerst amüsiert über die Episode.

Bei einer anderen Gelegenheit rief die Berliner Polizei Elsa an und sagte ihr, sie hätten einen Obdachlosen festgenommen, der behauptete, er würde jeden Abend zu einer bestimmten Zeit in einer bestimmten Kneipe Einstein treffen. Elsa versuchte der Polizei zu versichern, daß Einstein kaum jemals abends das Haus verließ, sondern es vorzog, ein Buch zu lesen oder Geige zu spielen. Die Polizei bestand jedoch darauf, daß Einstein und seine Frau eine schriftliche Erklärung unterzeichneten, ehe sie den Fall als abgeschlossen betrachten würden.

Das Personal der Einsteins in Berlin bestand aus zwei Personen – einer Sekretärin, deren Position abwechselnd von mehreren Jurastudenten ausgefüllt wurde (die einzigen Studenten mit genügend freier Zeit, da sie es sich erlauben konnten, den Unterricht zu schwänzen), bis Helena Dukas auf der Szene erschien und bis zu Einsteins Tod bei ihm blieb, und einem Hausmädchen.

Einsteins Hausmädchen Herta blieb bei ihm in all den Berliner Jahren. Einstein nannte sie »die stramme Herta«, ein Zeugnis für ihre Bereitschaft, auch schwerste Arbeit auszuführen. Herta wurde für Einstein mehr als nur das Hausmädchen. So wußte sie zum Beispiel stets, wo seine verlegten Bücher zu finden waren. (Einmal, nachdem sie ein Buch aus dem Turmzimmer zutage förderte, das er lange vergeblich gesucht hatte, sagte Einstein, seine Bücher würde Herta besser als seine eigene Sekretärin kennen ... aber das war natürlich kein Zufall, denn Herta staubte jede Woche alle Bücher ab. Tatsächlich hatte Herta die Erlaubnis, jedes Buch aus Einsteins Bibliothek zu entnehmen, ein Privileg, von dem sie oft Gebrauch machte.) Herta half auch bei der Bedienung auf großen Partys, und sie brachte jeden Tag Einstein den Tee nach oben. Gelegentlich, wenn Einstein wieder einmal weich geworden war und für ein Portrait still saß, benutzte er Herta sogar als Expertin dafür, ob das entstehende Bild ihm denn auch wirklich entsprach. Und schließlich ›sortierte‹ Herta viele der für Einstein ankommenden Telephonanrufe aus.

Einmal, als Herta nach Berlin gefahren war, verpaßte sie für die Rückfahrt nach Caputh (das Sommerhaus der Einsteins) den Bus. Es war spät am Abend, und Herta ging zwei Stunden in der Dunkelheit von der Bahnstation nach Caputh. Auf dem Weg hatte sie verständlicherweise Angst – und als ob ihre Vorahnungen bestätigt werden sollten, sprang ein Hund sie auf der Straße an und erschreckte sie fast zu Tode. Als sie endlich in Caputh angekommen war, behauptete sie, die Dauerwellen in ihrem Haar wären durch den Vorfall vollständig glatt geworden. Als Einstein das hörte, lachte er und sagte: »Ich habe gehört, daß jemand durch Angst graue Haare bekommen hat, ich habe aber noch nie gehört, man könne durch Angst die Dauerwellen im Haar verlieren!«

Einstein war sehr gut zu Herta und behandelte sie wie ein Familienmitglied. Einmal zum Beispiel, als Herta aufgefallen war, daß Einstein eine Zeitschrift mit dem Titel »Das neue Rußland« abonnierte, erwähnte sie, ihr älterer Bruder wäre sehr interessiert daran, die alten Ausgaben zu lesen. Einstein sorgte sofort dafür, daß ihr Bruder sein eigenes Abonnement erhielt. Ein anderes Mal schenkte er ihm Büsten von Goethe und Schiller, weil er wußte, daß Hertas Bruder die Werke der beiden Dichter sehr schätzte.

Ein andermal, als Herta im Krankenhaus lag, schickten Einsteins sie danach zur Erholung zu ihrer Familie und zahlten ihr für die ganze Zeitspanne den vollen Lohn weiter. Als sie dann wieder zur Arbeit zurückkehrte, stellten sie eine zusätzliche Hilfe ein, damit Herta weniger Arbeit hatte.

In der Berliner Wohnung hatte Herta ihr eigenes Zimmer mit einem Bett, einem Waschtisch und einem Schrank. Wenn jedoch Einstein und seine Stieftochter Margot unterwegs waren, wurde Herta gebeten, im Gästezimmer zu schlafen, damit sie in der Nähe von Elsa war, falls diese Hilfe benötigte.

Obwohl Hertas offizielle Bezeichnung »Hilfe für die Dame des Hauses« lautete, führte sie im Grunde den Haushalt und kochte auch. Es verriet aber Einsteins Sorge um sie, daß bei Gesellschaften im Hause Einsteins gewöhnlich eine Aushilfe eingestellt wurde, die das Geschirr zu spülen hatte. Und mehrmals im Laufe des Jahres bestellten sie Fensterputzer.

Hertas Lohn betrug zunächst 45 Mark pro Woche, danach 60 Mark (zum Vergleich: ein gutes Kleid kostete damals 20 Mark). Darüber hinaus hatte Herta Kost und Logis frei, und sie erhielt Trinkgelder von den Gästen, die sie im Fahrstuhl nach unten begleiten mußte, um die Haustür auf- und zuzuschließen (gewöhnlich erhielt sie dafür eine Mark, obwohl ein großzügiger Gast – ein Herr Goldmann – ihr regelmäßig zehn Mark dafür gab!). Außerdem erlaubte Elsa, daß sich Herta jede Woche ein Viertelpfund Kaffee kaufen durfte (der Professor durfte nur koffeinfreien Kaffee trinken).

Neben ihrer guten Entlohnung hatte Herta jede Woche einen freien Nachmittag und alle zwei Wochen einen Sonntag frei (obwohl sie tatsächlich viele Sonntage frei hatte, wenn Einsteins unterwegs waren). Und zusätzlich zu ihrem Lohn erhielt Herta zwei Mark für jeden Tag, an dem die Einsteins nicht da waren, damit sie sich entweder Lebensmittel kaufen oder ins Restaurant gehen konnte. Ein weiterer Hinweis auf die Fürsorge der Einsteins: Obwohl sie Juden waren, konnte sich Herta, die Christin, an Weihnachten ihren eigenen Weihnachtsbaum aufstellen und erhielt außerdem entweder 50 Mark oder Stoff, damit sie sich Kleider oder Unterwäsche nähen konnte.

Einsteins erlaubten Herta auch, Gäste einzuladen, etwa ihren Bruder. Bei diesen Gelegenheiten überließen sie Herta und ihrem Besuch das Eßzimmer und zogen sich in andere Zimmer zurück.

Trotz dieser Vergünstigungen für Herta gab es oft heftigen Krach zwischen Hausmädchen und Hausfrau. Das erforderte gewöhnlich die ganze Diplomatie der beiden Töchter Elsas, um die Wogen wieder zu glätten. Ilse brachte meistens Geschenke für Herta mit, damit sie nicht kündigte. Da Einstein stets auf der Seite der Schwachen stand, ergriff er jedesmal, wenn Herta und seine Frau stritten, die Partei Hertas.

Eine Zeitlang unternahm Einstein zur Erholung gelegentliche Sommerreisen an die See. Oft hielt er sich auf dem Besitz von Professor Plesch in Gatow, einem Vorort von Berlin, auf. (Professor Janos Plesch, der zu jener Zeit einer von Einsteins Ärzten war und später der Leibarzt von Sir Winston Churchill wurde, sagte Herta einmal, sie sollte sich doch genaue Notizen über ihre Anstellung bei den Einsteins machen, um diese später umzuschreiben und als Buch herauszubringen, was ihr bestimmt ein Vermögen einbringen würde. Leider hat Herta den Rat von Plesch nicht befolgt.)

Der Plesch-Besitz hatte einen Nachteil: Er war von großen sumpfigen Feldern umgeben, die einen widerwärtigen Geruch ausströmten, der vor allem dann bemerkbar wurde, sobald der Wind auffrischte und aus der ›falschen‹ Richtung wehte. Als eines Tages der Bürgermeister von Berlin, Boess, Einstein bei Plesch besuchte, fragte er den Gelehrten während der Mahlzeit, ob ihn der faule Gestank nicht störe. Einstein antwortete mit dem ihm eigenen Witz: »Nein, er stört mich überhaupt nicht, weil ich es ihm manchmal heimzahle.«

Als Einstein seinen 50. Geburtstag im Jahr 1929 feierte, beschloß die Stadt Berlin, ihm ein Grundstück in Caputh nahe Potsdam zu schenken, damit er sich dort ein Sommerhaus bauen konnte. Doch da die Bürokratie ihrem Namen alle Ehre machte und der Papierkrieg immens war, verzögerte sich die ganze Sache erheblich, und Einstein wurde sehr ärgerlich. Schließlich kaufte er noch ein kleines Stück Land hinzu, damit das Grundstück wenigstens einen Anschluß an den Hauptteil der Waldstraße hatte.

Das Sommerhaus wurde aus Holz gebaut, behielt seine natürliche Farbe und bekam ein hellrotes Dach und weiß gestrichene Fensterrahmen. Der Grundriß wies sechs Zimmer auf, wozu noch eine offene Terrasse und ein verglastes Eßzimmer kamen. Einstein hatte sein Arbeitszimmer direkt neben seinem Schlafzimmer, und das Wohnzimmer öffnete sich auf eine große Veranda, auf der viele behagliche Sessel standen. Wohnzimmer und Terrasse trennten riesige Glastüren, die immer offen blieben, und von der Terrasse aus führten drei oder vier Stufen hinab in den Garten, der in mehreren Stufen angelegt war. Durch die Mitte dieses Grundstücks führte ein Fußweg.

Die Einsteins bearbeiteten den Garten in Caputh nicht selbst, sondern hatten für diese Arbeit einen Mann eingestellt. Dieser Mann namens Meyer, von Beruf Schriftsetzer, war wegen seiner politischen Einstellung – er war Sozialdemokrat – arbeitslos geworden, und Einstein, der von dieser Tragödie erfahren hatte, stellte ihn als Gärtner ein, damit er seine Familie ernähren konnte. (Das war typisch für Einsteins Sorge um die Not anderer. Obwohl er es beispielsweise haßte, für Portraits zu sitzen oder photographiert zu werden, gab er doch gelegentlich einem Maler die Gelegenheit, seine Karriere zu fördern, indem er sich malen ließ.)

Wenn auch das Haus eine Sommerwohnung war, dehnte Einstein die Saison manchmal von Ende März bis Anfang November aus. Er liebte diesen Ort sehr, und deshalb spielte er schon einmal mit dem Gedanken, das ganze Jahr über dort zu leben. Ein Grund für seine Liebe zu Caputh war, daß das Grundstück nahe am Wald gelegen war und eine wunderbare Aussicht auf die Havel bot, auf der er oft mit seinem Boot »Der Tümmler« segelte, das einige seiner wohlhabenden Freunde zu seinem 50. Geburtstag hatten bauen lassen.

Einmal gab es einen netten Zwischenfall, als Einstein mit seinem Boot auf dem Templiner See segelte. An einer Stelle geriet das Boot eines anderen Physikers, den Einstein kannte und der seinen kleinen Sohn zum Segeln mitgenommen hatte, recht nahe an das des Professors heran. Der Physiker zeigte auf Einstein und sagte zu seinem Sohn: »Schau, da ist das Boot von Onkel Einstein!« Der kleine Junge blickte hinüber, und als er den lockigen Haarschopf Einsteins wild im Wind flattern sah, fragte er verwunderlich: »Papa, warum ist Onkel Einstein eine Tante?«

Einsteins Mahlzeiten in Caputh waren sehr einfach, wenn keine Gäste da waren. Zum Frühstück aß er gern Spiegeleier und Honig, den er sich im Ort bei Leuten besorgte, die Bienen hielten. Dazu aß er gewöhnlich knusprige Brötchen. Seinen koffeinfreien Kaffee bereitete er sich selbst am Tisch auf einer kleinen Kochplatte zu. Seine Hauptmahlzeit am Mittag bestand nicht selten aus grünen Bohnen und Hering mit Sahnesauce. Neue Kartoffeln waren auch etwas Besonderes, serviert mit saurer Sahne und Butter. Spargel, örtlich reichlich vorhanden, war in der Saison immer auf dem Tisch. Am Nachmittag, zum Tee, aß Einstein Kleingebäck und Kuchen, aber nur, wenn Gäste da waren. Abendbrot gab es gewöhnlich zwischen 18 und 19 Uhr – es bestand hauptsächlich aus Aufschnitt, Käse und noch mehr Eiern. Einstein liebte Eier und wäre wohl mit den heutigen Einschränkungen wegen des Cholesterins nicht einverstanden gewesen, denn normalerweise aß er wenigstens deren drei am Tag. Er hatte einen jüdischen Freund, der ihm immer frische Eier mitbrachte, wenn er in Berlin war. Einstein hätte sich leicht von Pilzen und Eiern ernähren können – und wär's zufrieden gewesen.

Der Professor mochte auch gern Salate, Reis und Spaghetti, während er Rindfleisch nur aß, wenn es durchgebraten war. Falls ihm Fleisch serviert wurde, das noch Spuren von Blut aufwies, brummte er: »Warum bekomme ich das? Ich bin doch kein Tiger!«

Einsteins Freunde, die Tichmanns, hatten einen Hund namens Purzel, den sie über den Sommer in Caputh ließen. Einstein liebte diesen Hund sehr. Purzel begleitete ihn oft auf langen Spaziergängen durch den Wald und verbrachte, auf der Terrasse

84

liegend, oft Stunden neben Einstein. Der Hund vertrug sich auch gut mit Einsteins Kater Peter, der in Hertas Schlafzimmer sein Reich eingerichtet hatte.

Einstein lebte absolut spontan. Wie später in Princeton und am Institute for Advanced Studies nahm er auch am Kaiser-Wilhelm-Institut eine gewisse Freiheit für sich in Anspruch, indem er einen Tag dort, einen Tag zu Hause arbeitete und einen anderen Tag überhaupt nicht.

An manchen Tagen blieb er in seinem Schlafzimmer, und an anderen wiederum ging er in die Bibliothek oder spielte einige Stunden Geige oder Klavier. Nicht selten standen auch Reisen an. Dann konnte er immer auf das Angebot eines Freundes zurückgreifen, wie auf das des Professors Katenstein oder auf das von Toni Mendel, ihren Wagen mit Fahrer geliehen zu haben. Einstein ging auch gern in einen guten Film – er fuhr oft nach Potsdam ins Kino.

Das gesellschaftliche Leben Einsteins während der Zeit in Deutschland war recht aktiv. Er und seine Frau gaben durchschnittlich zwei Partys im Monat, bei denen Persönlichkeiten wie Planck, Hauptmann, Mann, Chaplin und Tagore erschienen. Auf diesen Veranstaltungen war Einsteins Lieblingsgetränk ein Selleriepunsch; es gab aber auch Mokka und Cognac. Im übrigen rührte er kaum harte Getränke an, und Elsa hielt allen Alkohol unter Verschluß (wie sie es auch mit seiner Nobelpreis-Urkunde tat, an der der Gelehrte völlig desinteressiert war).

Dreimal im Jahr gaben die Einsteins eine größere Gesellschaft. Das waren »Pflicht-Partys«, mit denen sie alle Einladungen erwiderten, die sie im Laufe des Jahres erhalten hatten. Das Menü, das auf diesen Partys serviert wurde, wiederholte sich fast immer. Es begann mit einer Eierstichsuppe; dann gab es Räuchersalm mit Eimayonnaise; zum Hauptgang wurde gewöhnlich Schweinefilet gereicht; schließlich gab es das Dessert: Stachelbeeren mit Schlagsahne, etwas, das Einstein pfundweise essen konnte.

Die angenehmen Tage wurden bald überschattet von der bedrohlichen Wolke des Nationalsozialismus. Als dann noch der Antisemitismus zur offiziell sanktionierten Theorie des Staates zu werden begann, war kein Jude – ganz gleich welcher internationalen Reputation – vor dem Staat und der vom Staat geförderten Bedrohung sicher. Etwa Mitte April 1933 flohen Einsteins Tochter Margot und ihr Mann, Dr. Marianoff, nach Frankreich. Kurz danach – es war eines Morgens etwa um 6 Uhr – erschien die Polizei in Einsteins Berliner Wohnung. Sie durchsuchten alle Zimmer und stellten eine Fülle von Fragen über Dr. Marianoff. Ein Polizist blieb während der Durchsuchung bei Herta, wahrscheinlich um sie daran zu hindern, zum Telephon zu greifen.

Wenige Monate später gab es eine weitere Durchsuchung der Wohnung. Gegen 18 Uhr klingelten uniformierte Leute, drangen ein, schauten in jeden Schrank und sammelten dann alle Schlüssel für die verschiedenen Zimmer, Wandschränke und Schränke ein. Das Hausmädchen und Ilse Kaiser wurden in die Bibliothek geführt und erhielten den strikten Befehl, den Raum nicht zu verlassen. Nach einer langen Weile wagten sich die Damen dennoch vor – und mußten feststellen, daß die Wohnung geplündert worden war und die Plünderer verschwunden waren. Teppiche, Bilder, ein Pelzmantel und Tafelsilber waren weggeschleppt worden. Noch am selben Abend meldete Herta den Diebstahl bei der Berliner Polizei, um dann ihrerseits festzustellen, daß sie von dort keinerlei Hilfe erwarten konnte.

Allmählich wurde es Einstein klar: Für ihn und seine Familie blieb keine andere Möglichkeit, als aus Deutschland zu fliehen. Sie verließen das Land kurz vor Hitlers Machtübernahme und gaben ihre deutsche Staatsangehörigkeit auf. Das trieb die Nazis in eine regelrechte Vergeltungsraserei. Indem sie seinen Verzicht auf die Staatsbürgerschaft nicht akzeptierten, erklärten sie ihrerseits die Absicht, diese aufzuheben, was Einstein später amüsiert mit dem Hängen Mussolinis verglich, nachdem er vorher erschossen worden war.

Die Nazis machten weiter und konfiszierten Einsteins Bankkonto, plünderten sein Sommerhaus in Caputh und stellten alle seine Schriften, Bücher und Papiere sicher, um sie dann später, am 10. Mai 1933, bei der Bücherverbrennung auf dem Berliner Opernplatz, neben anderen ›Schriften undeutschen Geistes‹, den Flammen zu übergeben. Schließlich wurden die Nazianhänger unter den Professoren verpflichtet, einen Angriff auf seine Relativitätstheorie zu eröffnen, indem sie Einstein als den Erzschurken jener jüdischen Verschwörung hinstellten, die die Wissenschaft verderben und damit die Zivilisation auslöschen wollte.

Verfolgung und Diskriminierung Einsteins, seiner Familie und Freunde gingen auch dann noch weiter, nachdem der Professor Deutschland schon lange verlassen hatte. So trugen die Briefe, die Herta, das Hausmädchen, noch Jahre später von den Einsteins, besonders von Margot, erhielt, stets die Spuren des Zensors. Und einmal, als Margot aus Paris ein Schmuckstück an Herta schickte, kam dies total beschädigt an – eindeutig ein Akt von Vandalismus.

Mehrere Monate nachdem Einstein und seine Frau endgültig in die Vereinigten Staaten ausgewandert waren, nahm die Polizei mit Hertas Eltern Kontakt auf, um von ihnen Hertas neue Anschrift zu erfahren. Bald darauf wurde Herta in das Polizeipräsidium vorgeladen. Auf dem Schreibtisch des verhörenden Beamten bemerkte sie einen Stoß Papiere mit der Bezeichnung ›Einstein‹ – und dann wurde sie eine halbe Stunde lang über die Einsteins befragt: Waren die Einsteins gut zu ihr? Erhielt sie noch immer Zahlungen von den Einsteins? – Es war die offensichtliche Absicht des Befragers, belastende Hinweise bezüglich ihres früheren Arbeitgebers von Herta zu erhalten. Herta blieb jedoch unerschütterlich und konnte mit Belastungen nicht dienen.

Einstein sah also seine schon in der Jugend gefaßte Meinung

über sein Heimatland als Bastion von Militarismus und Antisemitismus durch die Ereignisse der frühen dreißiger Jahre bestätigt. Dieses Mal aber, anders als bei seiner früheren Abreise in die Schweiz, sollte er sein Geburtsland für immer verlassen.

Kurz nach seiner Auswanderung setzten die Nazis einen Preis auf Einsteins Kopf aus – den Gegenwert von 50 000 US-Dollar. Daß dieser Beschluß in den deutschen Tageszeitungen abgedruckt wurde, zeigt den moralischen Tiefstand, auf den die Führer des Landes gesunken waren. Einstein soll in seiner charakteristischen Bescheidenheit und in seinem Humor dazu bemerkt haben: »Ich wußte gar nicht, daß ich soviel wert bin. «

Die erklärte Absicht der Nazis, Einstein zu eliminieren, machte seine Sicherheit zu einer heiklen Sache. Ehe er sich in den Vereinigten Staaten niederließ, floh er über Holland nach Belgien. Doch selbst dort – immerhin zählte König Albert zu seinen engsten Freunden – gab es keine Garantie für seine Sicherheit.

Einstein brach durch seine Flucht jedoch nicht alle Brücken zu seinem Heimatland ab. Vor allem machte er sich Sorgen um die Sicherheit der Juden, die noch in Deutschland lebten und dort der Naziwillkür ausgesetzt waren. Seine Besorgnis ist beispielsweise aus dem Brief herauszulesen, den er an meinen Vater aus Le Coq-sur-Mer, Belgien, schrieb. Er ist vom 15. Juli 1933 und an unsere damalige Anschrift in der 45 East 85th Street in New York City gerichtet:

Lieber Mr. Bucky!

Ich danke Ihnen für Ihre wirklich herzlichen und mitfühlenden Worte. Die Zeitungsartikel und Aktionen, die Feindschaft gegen mich offenbaren, beeindrucken mich überhaupt nicht. Ich bin jedoch tief betroffen von dem allgemeinen Niedergang und dem niedrigen Stand von Kultur, der am schärfsten in Deutschland fühlbar ist, der aber auch in allen Teilen der Welt beobachtet werden kann.

Mir gefällt Ihr Plan zur Organisation eines mobilen Ärzteteams, und ich glaube, es ist absolut machbar. Ich hoffe, Ihre Idee wird erfolgreich sein.

Sie irren mit der Annahme, ich sei im Mittelpunkt der Bemühungen, die sich um die Organisierten Rettungsoperationen drehen. Ich lebe in einem abgelegenen Ort und besitze weder Organisations-talent, noch habe ich Verbindungen zu entsprechen-den Kreisen. Dank des Vertrauens, das die Men-schen in mich setzen, bin ich lediglich in der Lage, in wenigen drastischen Ausnahmefällen zu interve-nieren.

Ich habe ernsthaft über Ihren Plan bezüglich eines Auskunftzentrums im Ausland nachgedacht. Wür-de die deutsche Regierung mit offenen Karten spie-len, könnte man an einen solchen Plan denken, obwohl auch dann noch die Gefahr der Korruption riesig wäre. Wir haben es aber mit Bandenmetho-den zu tun, und diese Banden gehen noch straffrei aus, selbst wenn sie Menschen quälen und alles zer-schlagen und Zuflucht zu allem erdenklichen Druck nehmen, der mit Terrormitteln geheimge-halten wird. Ich glaube wirklich, daß jede Aktion, die darauf abzielt, Juden in Deutschland zu halten, lediglich die Wirkung hätte, ihre Vernichtung zu beschleunigen. Sie sind vermutlich in der Lage, die-sen Schluß selbst zu ziehen mit Hilfe von Informa-tionen, die jetzt dank der besseren Nachrichtenlage leichter zu beschaffen sind. In diesem Zusammen-hang lenke ich Ihre Aufmerksamkeit besonders auf die Presseagentur IMPRESS in Paris, Rue Monde-tour 1. Die Verbreitung dieser Publikation in andere Länder wäre höchst wünschenswert (Informierung

der amerikanischen Öffentlichkeit und Unterstützung von Unternehmen, die um das Überleben rin-
gen).

Herzlich Ihr
Albert Einstein

Einsteins letztes Aufenthaltsland vor seiner Übersiedlung nach
Amerika war England. Während dieses Abschnitts seines Exils
befaßte er sich bei einem Treffen mit Lord Stanley Baldwin sehr
ausführlich mit der wachsenden Gefahr durch Hitler. Er sagte
Baldwin sogar voraus, daß Hitler, in dem Bestreben nach Welt-
eroberung, nicht davor zurückschrecken würde, einen neuen
Weltkrieg zu erzwingen. Lord Baldwin antwortete darauf,
lächelnd und Einstein auf die Schulter klopfend: »Keine Sorge,
Professor, wir haben unsere Verbündeten.«

Eine Unterhaltung über Hitler
und Totalitarismus

BUCKY: Nachdem Sie Deutschland verlassen hatten, muß es noch eine schwierige Zeit für Sie gewesen sein, Professor, mit der Bedrohung Ihres Lebens durch die Nazis, die doch in ganz Europa gegenwärtig war.

EINSTEIN: Ja, schon. Ich kann mich nicht erinnern, daß in dieser Zeit irgend jemand bewaffneten Schutz erhalten hätte – Politiker natürlich ausgenommen. Ich mochte all den Wirbel wirklich nicht, aber alle sagten, es sei ein Preis auf meinen Kopf ausgesetzt. Es war wirklich recht schwierig. Wissen Sie, daß die Polizei während meines Aufenthalts in Belgien – und erinnern Sie sich, der König von Belgien, Albert, war ein sehr enger Freund von mir – an mich herantrat mit dem Rat, ich sollte das Land verlassen, weil sie mich vor den Nazis nicht schützen könnten?

BUCKY: Waren Sie selbst in dieser Zeit bewaffnet?

EINSTEIN: Ich nicht, nein, aber . . . die Leute um mich herum waren es. Es war keine leichte Zeit, ganz gleich, wohin wir gingen. Deshalb kann ich Ihnen versichern, daß ich froh war, schließlich in die Vereinigten Staaten auswandern zu können, die wenigstens frei von dieser Art Wahnsinn waren.

BUCKY: Wie weit, glauben Sie, haben alle Deutschen Anteil an dem Naziregime? Oder halten Sie Hitler für einen ›einsamen Wolf‹, der sozusagen die unschuldigen Deutschen in die Geisteskrankheit führte?

EINSTEIN: Ich habe da gemischte Gefühle. Man kann niemals sagen, das deutsche Volk sei nicht dafür verantwortlich zu machen, daß Hitler an die Macht kam, weil es in diesem Fall eine ungewöhnliche Tatsache gab – Hitlers vollständiges Programm war bereits in seinem ›Mein Kampf‹ veröffentlicht worden. Was kann ein Diktator mehr tun, als sein Programm in Druck zu geben, ehe er es durchführt? Und außerdem: Das Volk hat Hitler nicht nur an die Macht gebracht, sondern ihn dann zwölf Jahre lang geduldet! Andererseits bin ich wieder der Meinung, daß sich ein Mann wie Hitler normalerweise nicht lange halten kann, daß er aber die Menschen mit seiner ungeheuren Macht der Rede hypnotisiert hat. Und er war in der Lage, die Jugend Deutschlands durch die verschiedenen Jugendorganisationen der Nazis überall im Land zu manipulieren.

BUCKY: Ich muß daran denken, wie Sie mir zu Beginn des Krieges sagten, es würde Sie nicht im geringsten überraschen, wenn das deutsche Volk, nachdem die Deutschen besiegt worden sind, behaupten würde, es wäre eigentlich nicht für Hitler gewesen, sondern wäre gezwungen worden, ihn zu unterstützen, weil er die Armee kontrollierte. Ich bezweifelte das damals, doch es stellte sich wirklich als wahr heraus. Während meiner Tätigkeit im Krieg beim Office of Strategic Services [Büro für Strategische Dienste] leitete ich die Rundfunkstation Atlantik in England, und meine Haupttätigkeit war die Befragung von deutschen Kriegsgefangenen. Und was soll ich sagen: Fünfundsiebzig Prozent von ihnen behaupteten, genau wie Sie sagten, sie wären eigentlich nicht für Hitler und stimmten mit ihm überhaupt nicht überein! Es erscheint unfaßbar, daß intelligente Leute so etwas aussprechen konnten, nachdem ihre Handlungen von Menschen auf der ganzen Welt mit Abscheu beobachtet worden waren.

EINSTEIN: Genau das war für mich aber voraussehbar.

BUCKY: Natürlich war Hitler nur ein Beispiel für totalitäre Politik in diesem Jahrhundert. In weiteren Jahrhunderten wird das zwanzigste sicher als ›das Zeitalter der Diktatoren‹ bekannt sein – Hitler, Mussolini, Stalin, Franco, Salazar, um nur einige zu nennen. Wie denken Sie über dieses Phänomen?

EINSTEIN: Ich verabscheue Dirigismus. Das soll aber nicht heißen, ich sei gegen eine Organisation, in der ein Mann das Gehirn und den Führer darstellt. Manchmal ist das die einzige Möglichkeit für eine Organisation, ihre Aufgabe zu erfüllen. Eine derartige Organisation muß aber in der Lage sein, einen solchen Mann zu wählen und ihn auch durch Wahl abzulehnen. Leider birgt aber jede Organisation oder politische Gruppierung die Gefahr, daß die Mitglieder oder die Wählerschaft ihrer Verantwortung zu denken entsagen und diese Last ihren Führern überlassen. Das ist gut und schön, solange der Führer rechtschaffen ist und sich nur um das Wohl der Gruppe sorgt. Weicht der Führer jedoch von diesem Ideal ab, entwickelt sich die Gefahr, daß er zum Diktator wird, wie es in Rußland, Deutschland und Italien geschehen ist. Nicht immer ist die Philosophie falsch, sondern die Menschen begraben eine gute Idee, sobald sie durch eine einmal entstandene Machtfülle verdorben werden. So weist beispielsweise die Philosophie hinter dem Kommunismus eine Menge Vorzüge auf; Beendigung der Ausnützung des einfachen Volkes und Aufteilung von Gütern und Arbeit entsprechend den Bedürfnissen und Fähigkeiten. Der Kommunismus als *politische* Theorie ist ein gewaltiges Experiment, doch leider ist es in Rußland ein Experiment, das in einem dürftig ausgestatteten Laboratorium durchgeführt wird.

BUCKY: Ist die Reglementierung der Schlüssel zu Ihrem Haß gegen den Totalitarismus? Oder gibt es noch andere Faktoren von gleichem Gewicht in Ihrer Bewertung?

EINSTEIN: Reglementierung ist eine Wirkung, nicht eine Ursache des Totalitarismus. Eine der *Ursachen,* die nach meiner Meinung dahin führt, ist folgende: Im allgemeinen sind die Funktionäre, die die Reglementierung erzwingen, Menschen mit niedrigen moralischen Normen, die vor ihrer neuen Rolle niemals im Leben irgend etwas Brauchbares erreicht haben. Plötzlich läßt sie ihre neue Position glauben, sie seien ›Jemand‹, und sie weiden sich daran, auf ihre Mitbürger Druck ausüben zu können. Das war besonders deutlich im Hitlerregime zu spüren, als sogar fünfzehn oder sechzehn Jahre alte Jugendliche prahlerische Posen einnahmen, weil es ihnen als Hitlerjugend erlaubt wurde, leichte Waffen zu tragen.

BUCKY: Wir haben gesehen, wie ein Irrer wie Hitler eine Nation mit seiner flammenden Redekunst verführt hat. Aber wie erklären Sie sich den Einfluß von Totalitarismus in Ländern, wo die Führer weniger, sagen wir, charismatisch waren – zum Beispiel Franco in Spanien?

EINSTEIN: Ich glaube, die stärkste Waffe der totalitären Staaten ist die Unterdrückung des Individuums mit wirtschaftlichen Mitteln. Auf diese Art werden die Menschen gezwungen, ganz allgemein die Prinzipien der Regierung zu übernehmen.

BUCKY: Bei allem, was wir bisher erlebt haben – wie beurteilen Sie die Zukunft der Welt und besonders die der unterjochten Nationen?

EINSTEIN: Das ist sehr schwer zu sagen. Ich denke, die Pfeiler der zivilisierten menschlichen Existenz sind in den letzten dreißig Jahren enorm geschwächt worden. Was am meisten beunruhigt: Länder, die vorher einen hohen Moralstandard besaßen und immer die Menschenrechte anerkannten, haben indirekt zugegeben, daß die Wahrheit um ihrer selbst willen keine Berechtigung hat, daß sie tatsächlich nicht einmal toleriert werden muß. Plötzlich werden willkürliche Regeln, Unterdrückung und sogar religiöse Verfolgung und Greueltaten als entschuldbar und unvermeidlich akzeptiert. Ich verstehe wirklich nicht, wie Menschen, die für diese Regime arbeiten und sie stützen, mit ihrem eigenen Gewissen leben können. Sicherlich wissen sie, daß ihre Handlungen nicht nur ein Unrecht darstellen, sondern kriminell gegenüber dem Individuum und der Menschheit insgesamt sind. Wie die Natur, die unempfindlich ist gegen die Zerstörung, die sie manchmal hervorruft, gewöhnen sich die Menschen an alles im Leben, indem sie die Augen vor dem Bösen um sie herum schließen. Was die Zukunft betrifft, so kann man nur hoffen, daß das von Individuen und Führern praktizierte Streben nach Gerechtigkeit und Wahrheit für die Menschen mehr getan hat als alle Handlungen der schlauen, unruhestiftenden Politiker. Immerhin war Moses ein besserer Mensch als Machiavelli. Vielleicht ist es dieses Streben, das am Ende über die Mächte der Dunkelheit triumphiert.

Kapitel 3

Einstein in Amerika

Die Jahre in Princeton

Die Übersiedlung aus der Alten Welt in die Neue war für die meisten kultivierten Europäer gewöhnlich ein Schock. Das freche, harte, lärmende und tatkräftige Leben in den Vereinigten Staaten war sehr weit von dem geordneten, gelassenen und traditionalistischen kontentinentalen Stil entfernt. Sensiblen europäischen Geistern mußte alles völlig fremd erscheinen. Das war so in den Tagen vor dem Zweiten Weltkrieg und ist auch heute noch gültig.

Wählte ein Einwanderer eines der kosmopolitischen Zentren, betrat er eine Welt voller Jugendstil-Wolkenkratzer, geriet er in einen ethnischen Schmelztiegel, in eine Welt, die von seinen heimatlichen Erinnerungen an mittelalterliche homogene Städte weit entfernt war. Wenn er sich statt dessen in den Außenbezirken niederließ, mochte die Szenerie für das Auge zwar angenehmer sein, er befand sich aber dann, kulturell gesehen, eher in einer Wüste. (Oder, wie Gertrude Stein es lässig-hintergründig ausdrückte: »In den Vereinigten Staaten von heute gibt es mehr Raum, wo niemand ist, als dort, wo irgend jemand ist. Das macht Amerika zu dem, was es ist.« Steins Rivalin für schneidenden Witz, Dorothy Parker, charakterisierte beispielsweise Oakland, California, auf ähnliche Weise: »Das Schlimme an Oakland ist, daß es dort kein Dort gibt.«)

Also, wohin sollte man gehen? Konnte ein Europäer, der in die Vereinigten Staaten auswanderte, hoffen, hier ein Stückchen

Heimat nachzugestalten? (In den siebziger Jahren löste Alexander Solschenizyn, ausgebürgert aus der Sowjetunion, das Problem, indem er sich innerhalb eines mehrere hundert Morgen großen Grundstücks im schönen Vermont einschloß, das ihn an die Weite seines heimatlichen Rußland erinnerte.) Glücklicherweise für Albert Einstein half das Schicksal nach, als es den vielleicht passendsten Ort für einen Mann seiner sanften Natur auswählte. Und dieser Ort – der unwahrscheinlichste von allen! – fand sich in New Jersey. Von New Jersey gibt es zwei zementierte Vorstellungen – eine ist die der Einheimischen, die andere die der Fremden. Für die meisten Amerikaner wird New Jersey – oder ›New Joisey‹, wie viele von ihnen den etwas groben New-Jersey-Akzent nachmachen – durch den ›Turnpike-Belt‹ charakterisiert, jenen schmalen Korridor mit qualmenden, erstickenden Essen, Ölraffinierien und Industriehalden, der sich von New York City nach Trenton herauswindet – fünfzig Meilen, die unwiderruflich New Jerseys offizielle Bezeichnung als ›Gartenstaat‹ Lügen zu strafen scheinen.

Für die meisten Fremden, für jene, die von alldem schon gehört haben, beschwört New Jersey hingegen Bilder von einer gewaltigen Vorstadt herauf – einer Zwischenstation, gelegen auf dem Weg von New York nach Philadelphia.

Beide Bilder sind auf ihre Weise wahr, doch gleichzeitig sind sie sehr unvollständig. Denn indem man sich auf das Offensichtliche konzentriert, übersieht man die vielen Feinheiten dieses kleinen, aber bevölkerungsreichen Staates.

Man übersieht die malerischen Hügel rings um das Gladston-Peapack-Gebiet, welche die ›Pferdenarren‹ zum Reiten im englischen Stil und zur Pferdezucht reizen. Man übersieht die anheimelnden alten Städte wie Morristown, Mt. Bethel, Chatham – geschichtsträchtig und einer ruhelosen, hektischen, modernen Welt mit stiller Würde begegnend. Man übersieht die geschwungene Meeresküste, die sich einige hundert Meilen nach Süden erstreckt und an der Städte liegen, die total verschieden sind: Seaside Park, jenes grelle Mekka der Spielsalonsüchtigen; Spring Lake, dieser würdige Hafen für jene, die ihren Ozean mit einem Quentchen Frieden genießen wollen, oder Harvey Gardens, Erholungsort der Neureichen – alle übrigens jeweils nicht mehr als zwanzig Meilen voneinander entfernt. Und man übersieht die vielen vornehmen Universitätsstädte, die über den Staat verstreut sind: Convent Station, Glassboro, New Brunswick, Madison – und Princeton.

Princeton... von allen Städten in New Jersey ist dies die eine, die am meisten ansprechend ist für europäische Empfindsamkeit. Von ihren beiden Geschäftsstraßen über die prächtige Architektur im englischen Stil der älteren Campusgebäude, die auf dem Universitätsgelände stehen, bis zu den hügeligen, gewundenen Straßen, die privilegierte Enklaven verbergen, bis zu den kulturellen Reizen der französischen Restaurants, die den meisten anderen Vorstadtgemeinden so fremd sind – Princeton trägt auf seinen Schultern eine europäische Atmosphäre, ein Flair, das nur in wenigen anderen amerikanischen Städten anzutreffen ist, so als wäre Oxford aus der Zeit herausgehoben und als Ganzes über den Ozean verfrachtet worden.

Geht man die ruhigen Straßen von Princeton entlang, spürt man, wie einem die Geister und Legenden der Vergangenheit auf dem Fuße folgen. Da geht hinter dir Woodrow Wilson, einst Präsident nicht nur der Vereinigten Staaten, sondern auch der Universität Princeton. Auf der anderen Straßenseite betrachtet Swetlana Allilujewa – Stalins Tochter – die Schaufenster. Etwas weiter vorn in der Straße, mit einem Freund plaudernd, ist der berühmte Anthropologe Ashley Montagu zu sehen. Ach ja – und vor dir, in einen alten abgerissenen Mantel gehüllt, das Haar im Wind flatternd, tief in Gedanken den Kopf gebeugt, geht der Geist von Albert Einstein.

Es war aber nicht immer ein Geist. Fast zweiundzwanzig Jahre war der Mensch Einstein lebendige Gegenwart in dieser Universitätsstadt. Er kam im Herbst 1933 nach Princeton und tauschte die intellektuelle Trostlosigkeit und physischen Gefah-

Eine der ersten Personen, mit der die Einsteins kurz nach ihrer Ankunft in Princeton Kontakt aufnahmen, war meine Mutter, die unmittelbar nach ihrer Landung ein Begrüßungstelegramm an sie geschickt hatte. Die folgenden (in Faksimile wiedergegebenen) zwei Briefe (den zweiten finden Sie auf den Seiten 108 und 109), von Elsa Einstein an meine Mutter geschrieben, bieten einen Einblick in die Gemütsverfassung der Einsteins, nachdem sie den großen Schritt der Auswanderung nach Amerika unternommen hatten.

17.Oktober

Diebe Frau Bucky,

ich danke Ihnen von Herzen für
Ihr Begrüssungstelegramm. Wir sind heute in
Princeton angelangt. Bei der Landung hat man
alle List angewandt,um den Reportern zu entkommen. Ich glaube am Kai standen gar viele
Leute, die meinen Mann begrüssen wollten. Es
war vorzuziehen, dass er in der Stille ankommt,
denn bei diesen aufgeregten Zeiten muss er
jede Ansammlung von Menschen tunlichst meiden.
Dies ist unbedingt erforderlich zu seiner
Sicherheit.

Wir wohnen in einem Hotel bis zum
1.November und ziehen dann in ein möbliertes
Haus, das wir gemietet haben. Ich freue mich,
Sie bald wiederzusehen, lassen Sie es mich
bitte wissen, wann Sie einmal kommen.

Seien Sie von Herzen gegrüsst

Ihre

Elsa Einstein

*Princeton ist ein entzückender
Platz, ganz ins Grüne gebettet,
Colleges u. alles drunn u. drall
in englischem Stil, Copie von
Oxford.*

ren des Deutschlands der Nazis gegen ein Leben in Sicherheit ein in einem Land, das in der Seele für viele Europäer so andersartig ist.

Wie war das für Albert Einstein, im Alter von vierundfünfzig Jahren in einem fremden Land Wurzeln zu schlagen? Zunächst einmal war es kein armes Leben – wenn das auch nicht an Einsteins Geschäftssinn lag. Dr. Abraham Flexner, Direktor des Institute for Advanced Studies, hatte Einstein eine Position an seinem Institut angeboten und gab ihm praktisch einen Blankoscheck, auf dem der Gelehrte sein Gehalt selbst einsetzen sollte. Einstein überlegte sorgfältig, wieviel Geld er benötigen würde, um in dem neuen Land bescheiden leben zu können. Schließlich rechnete er die deutsche Währung in US-Dollar um und kam zu dem Ergebnis, daß er 3000 Dollar pro Jahr brauchen würde. Diesen Betrag teilte er Dr. Flexner mit.

Zum Glück für Einstein nahm das Institut diesen Vorschlag nicht an. Einstein, überrascht ob der Weigerung und in der Annahme, er hätte zuviel verlangt, fragte Dr. Flexner gleich: »Könnte ich mit weniger auskommen?« Flexner, der die Sachlage richtig erkannte, schlug vor, die Sache mit Mrs. Einstein zu erörtern, die in geschäftlichen Dingen doch besser bewandert war. Damals verbrachte Samuel D. Leidesdorf, Einsteins Berater und Buchprüfer, wenigstens eine Stunde damit, dem Professor den Unterschied in der Kaufkraft und in den größeren Ausgaben bei einem Leben in den Vereinigten Staaten im Vergleich zu Deutschland zu erklären. Einstein jedoch, trotz Nicken und Zustimmung, war nicht völlig überzeugt.

Schließlich bot das Institut 17 000 Dollar. Das war fast sechsmal mehr, als Einstein ursprünglich gefordert hatte. Aber noch immer konnte er einfach nicht verstehen, wie er soviel Geld in einem Jahr ausgeben sollte, und nach vielen weiteren Diskussion zwischen ihm und dem Institut um die Reduzierung des Gehalts wurde es schließlich auf etwa 16 000 Dollar festgesetzt, tatsächlich eine ansehnliche Summe vor einem halben Jahrhundert, als das durchschnittliche Einkommen pro Kopf in diesem Gebiet um die 1500 Dollar betrug.

Wenn er auch in den größeren Biographien über Einstein nicht erwähnt wird, so war Samuel D. Leidesdorf doch eine wichtige Figur in Einsteins Leben ...

Leidesdorf war in den Jahren, als Einstein in Amerika lebte, einer der angesehensten Buchprüfer in Manhattan. Er besaß mehrere Gebäude in der 42. Straße und war verantwortlich für die Erhebung aller Geldmittel für das Medical Center der Universität von New York. (Wenn man die First Avenue und die 33. Straße hinuntergeht, kann man heute noch auf einer Tafel, die den Leidesdorf Park ziert, von seinen Leistungen lesen.)

Bei Einsteins Ankunft in den Vereinigten Staaten hatte mein Vater mit Leidesdorf, einem engen persönlichen Freund, im Namen des Physikers Kontakt aufgenommen, um seinen Rat und seine Fachkenntnisse für Einsteins Finanzen zu nutzen (was auch notwendig war hinsichtlich der Naivität des Wissenschaftlers in finanziellen Dingen). Anscheinend hatte Einstein schnell Vertrauen zu dem Finanzfachmann gefaßt, denn noch 1933 übergab er ihm die damals fürstliche Summe von 15 000 Dollar mit der Bitte, sie für ihn zu investieren. Leidesdorf enttäuschte seinen Auftraggeber nicht: Beim Tode des Wissenschaftlers erhielt seine Stieftochter Margot aus dieser Investition 250 000 Dollar. Unter Leidesdorfs wachsamem Auge hatte sich also Einsteins ursprüngliche Investition in nur zweiundzwanzig Jahren verzehnfacht.

Natürlich war Leidesdorf als wohlhabender Buchprüfer stereotyp konservativ – im Gegensatz zu Einsteins liberaler Einstellung, was zu einigen amüsanten Meinungsäußerungen in der Korrespondenz zwischen den beiden führte. So hatte sich beispielsweise Einstein ein Jahr vor seinem Tode von Leidesdorf wegen einer kontroversen öffentlichen Verlautbarung – weil man das ja von Einstein gewohnt war – hänseln lassen müssen. In Erwiderung schrieb Einstein an Leidesdorf:

Zitternd greife ich zur Feder in dem Wissen, daß ich in meiner jugendlichen Unverantwortlichkeit wieder einmal SCHWIERIGKEITEN verursacht habe, wie unser guter Oppenheimer und mein Freund [Otto] Nathan mich deutlich, aber freundlich haben wissen lassen. Ich tröste mich mit der Hoffnung, daß meine neuen Sünden mir bald von unseren Heiligen vergeben und durch den Stempel KOSCHER rein gemacht werden. Bis jetzt ist es nicht geschehen.

Ihr wundervolles Blumengeschenk hat mir versichert, daß Ihre freundlichen Gefühle für mich von diesem Mißverständnis nicht abgekühlt wurden...

Sogar noch zwei Wochen vor Einsteins Tod verspotteten der Physiker und sein Buchprüfer sich gegenseitig in Briefen. Nach dem Empfang einer Pflanze, die Leidesdorf als Geburtstagsgeschenk geschickt hatte, schrieb Einstein am 26. März 1955 folgenden ›Dankesbrief‹:

Lieber Mr. Leidesdorf!
Sie haben mir zum Geburtstag eine höchst aristokratische und empfindliche Pflanze geschickt, deren Pflege nicht wenig Verantwortung verlangt. Es ist auch eine ernsthafte Konkurrenz für die Wasserpflanze, die Sie mir zu meinem 70. Geburtstag gegeben haben und die ich gerade vor mir sehe. Ich könnte dieses Unternehmen kaum am Leben erhalten ohne die dauernde Pflege durch meine Tochter, die es wissenschaftlich tut.
Ich danke Ihnen für diesen erneuten Beweis Ihrer Güte mir gegenüber trotz all der ›subversiven Eskapaden‹, die ich in den Jahren ausführte...

Leidesdorf versprach, eine ›weniger aristokratische‹ Pflanze bei seinem nächsten Besuch mitzubringen, und bestätigte am 1. April 1955 in einem Brief an Einstein, er habe

> ... eine Kaktuspflanze geliefert, die weniger aristokratisch und empfindlich ist als die, die ich Ihnen zum Geburtstag geschickt habe.
> Ich beeile mich damit, weil ich glaube, Sie sollten Ihre Zeit nicht mit dem Gießen von Pflanzen vertun, wenn Sie diese so viel nutzbringender mit ›subversiven‹ Aktivitäten verbringen könnten. «

Zurück zum Institute for Advanced Studies. Von Verpflichtungen Einsteins dem Institut gegenüber konnte im eigentlichen Sinne nicht die Rede sein. Er war lediglich gehalten, zwischen Oktober und April anwesend zu sein – lehren mußte er nicht. Seine Hauptaufgabe war die Forschung und Entwicklung seiner Theorien und Ideen. Ideale Arbeitsbedingungen also für Einstein, wenn auch ein kleiner Wermutstropfen für ihn blieb: Er vermißte den täglichen Kontakt mit den Studenten und den regelmäßigen Austausch mit den jüngeren Dozenten. Aus diesem Grund ließ er wissen, daß jeder Student zu jeder Zeit mit seinen Problemen zu ihm kommen konnte. Womit wir bei einer der erstaunlichsten Eigenschaften sind, die Einstein an den Tag legte: Er konnte es zulassen, daß man ihn während eines abstrakten Denkprozesses unterbrach, da er fähig war, den einmal gesponnenen Gedankenfaden jederzeit wieder aufzunehmen.

In seinem neuen Land fand Einstein während der ersten zwei Jahre keine rechte Ruhe. Zunächst erhielt er Quartier auf dem Campus von Princeton, bis seine Frau und er in ein gemietetes Haus am Library Place No. 2 umzogen – nur einige hundert Meter vom Campus entfernt. Von dort konnte Einstein zu Fuß die Institutsverwaltung an der Alexander Street erreichen, die

den 21.Oktober 1933

Liebe Frau Bucky!

     Sie entgehn doch Ihrem Schicksal gewiss
nicht. In Berlin, da haben Sie stets für uns gesorgt.
Wir hatten Ihren Wagen benützt und wir haben Sie aus-
genützt in dieser Beziehung, so wie man nur gütige
Menschen ausnützt, die sich missbrauchen lassen. Und
nun fängt das Unglück hier für Sie wieder an. Das ist
doch merkwürdig, dass es sich so fügt. Ich nehme so
gerne Ihr liebes Angebot an, dass Herr Peter mich mal
abholt. Und zwar möchte ich es schon in den allernäch-
sten Tagen, Montag oder Dienstag. Es wäre mir sogar
eine ganz besondere Gefälligkeit, wenn Herr Peter
mich dahin bringen würde. Ich würde dann mit der Bahn
nach New York fahren und würde Herrn Peter benachrichtigen,mit welchem Zuge ich dort ankäme. Dann würde
er viellicht so gut sein und mich am Bahnhof, den ich
ihm dann näher bezeichnen werde, abholen und zu dem
Zahnarzt bringen. Dann würde ich,nachdem ich beim
Zahnarzt fertig bin,rasch zu Ihnen hinflitzen, ein
halbes Stündchen bei Ihnen bleiben und dann zurückfahren nach Princeton. Ich würde in New York niemanden sonst besuchen und sehen wollen. Ich habe zu viele
Bekannte und zu viele Einladungen von fort, so dass
ich nicht damit beginnen kann. Aber Sie möchte ich
sehen und darauf freue ich mich aus ganzem Herzen.
Später kommt mein Mann auch einmal mit mir zu Ihnen
und dann werden wir gerne, wenn Sie es gestatten,
einen Nachmittag oder einen Abend mit Ihnen verbringen.

     Heissen Dank dafür, dass Sie mir helfen wollen.
Wir haben ein kleines Häuschen gemietet, das zauber-
haft schön gelegen ist, landschaftlich so schön, wie
wenn man es sich extra dafür ausgesucht hätte.
Ich benötige keine Hilfe, da ich mir eigens aus Berlin das junge Mädchen mitgenommen habe, das seit vielen Jahren zweimal wöchentlich zu meinem Mann kam,um
seine Sekretärin zu sein. Das Haus ist möbliert und
ich übernehme es mit dem ganzen Inventar, das darin

ist. Silber,Wäsche und dergl. konnte ich mir
nicht aus Deutschland kommen lassen. Ich war ja
nicht mehr in der Lage, an meine Sachen heranzu-
kommen. Ich muss eben mit den einfachen Dingen
vorlieb nehmen, wie sie sich in dem Hause befin-
den. Aber das ist ja auch nicht sehr wesentlich.
Die Lage des Hauses ist so isoliert und so einzig
schön, dass wir uns dort sicher wohlfühlen werden.

Margotchen wird um Weihnachten herum nachkommen und einige Monate mit uns hier zusammen
sein. Wenn alles seinen normalen Gang geht,dann
bleiben wir hier bis Ende März und gehen dann
nach Spanien und Frankreich, woselbst mein Mann
auch Professuren angenommen hat.

Nun darf ich Sie also benachrichtigen, wenn
mich der Zahnarzt ruft. Sollte Herr Peter an diesen Tagen es nicht einrichten können, dann nehme
ich mir ein Taxi,fahre zum Zahnarzt und nachher
zu Ihnen. Aber einmal kommen Sie auch einen Tag
zu mir zu Besuch nach Princeton, darum bitte ich
Sie von Herzen. Sie müssen das tun, sobald wir
ein bischen eingerichtet sind.

              Viele herzliche Grüsse und auf
baldiges Wiedersehn
              Ihre

              Elsa Einstein

von der Nassau Street, der Hauptstraße Princetons, abzweigt. Schließlich kauften die Einsteins im August 1935 das Haus Mercer Street No. 112, ein einfaches, mit Schindeln verkleidetes Haus im Kolonialstil, das an einer ruhigen Straße in ländlicher Umgebung lag, wo Einstein die letzten zwanzig Jahre seines Lebens verbringen sollte.

Fährt man heute die Mercer Street entlang, so ist es schwer, sich vorzustellen, daß hier einer der größten Wissenschaftler des 20. Jahrhunderts gelebt hat. Das Haus Mercer Street No. 112, wo Einsteins Stieftochter Margot bis zu ihrem Tod (1988) wohnte, ist außergewöhnlich malerisch, bescheiden und altmodisch – was sehr gut zu Einsteins Geringschätzung für Luxus jeder Art paßte. Vor allem gab jedoch dieses unscheinbare Haus Einstein das, wonach er sich stets so sehr sehnte – die Zurückgezogenheit, die er für die Fortsetzung seiner Arbeiten benötigte.

Einstein hatte darauf bestanden, sein Haus nach seinem Tod nicht zu einem Museum zu machen. Das ist auch nicht geschehen – es diente weiter als Wohnhaus. Auch Helena Dukas, Einsteins Privatsekretärin, lebte hier bis zu ihrem Tod (1982). Seitdem hat sich dort sehr wenig geändert.

Wie war es wirklich in jenen aufregenden Tagen, als Einstein noch das Haus mit seinen Ideen erfüllte, mit seiner Heiterkeit, seiner Musik? Kommen Sie mit mir auf einen Streifzug durch Haus und Eigentum des großen Wissenschaftlers . . .

Um zum Haus zu gelangen, müssen wir über ein breites Rasenstück gehen und die fünf Stufen zur Veranda hochsteigen. Es ist ratsam, die Hausnummer (112) zu kontrollieren, denn Einsteins Haus unterscheidet sich gar nicht sehr von den anderen in dieser Straße.

Wir betreten das Haus durch den Vordereingang, wenden uns nach links und kommen in das bescheidene Wohnzimmer von fünfundzwanzig Quadratmetern, in dem wir fast das geisterhafte Echo von vielen lebhaften Diskussionen zwischen Einstein und seinen Freunden zu hören glauben. Zwei Fenster hat dieser Raum, die den Blick freigeben auf die Mercer Street und

Einsteins Haus in Princeton

die Nachbarhäuser. Die Möbel in diesem Zimmer sind, wie alle anderen im Haus, schwer, antik und sehr deutsch. Es sind die Möbel, die sich Einstein aus seinem Heim in der Berliner Haberlandstraße hatte schicken lassen; sie standen in krassem Gegensatz zu dem Stil, der in den meisten anderen Häusern der Nachbarschaft in Princeton vorherrschte. Eigentlich war man geneigt zu glauben, Einstein lehnte diese Möbel ab, doch Elsa mochte sie sehr gern und hatte von der Naziregierung verlangt, sie zur Verschickung freizugeben.

An dieses Wohnzimmer anschließend, an der Rückseite des Hauses, liegt das Eßzimmer – der größte Raum des Hauses, etwa fünf mal sieben Meter groß. Hier steht ein langer antiker Eßtisch, und an einer Wand befindet sich ein (funktionierender) altmodischer Kamin. In diesem Zimmer bekommt man das richtige Gefühl für das Alter des Hauses, weil sich die Decke gegen die Rückseite des Hauses hin allmählich senkt und die breiten Holzdielen des Fußbodens nachgeben. Auf den ersten Blick erwartet man einen hellen Raum, weil hier vier Fenster vorhanden sind. Doch Dämmerlicht scheint in dem Zimmer zu hängen, wie zäher Nebel. Schuld daran haben die üppigen Grünpflanzen, die draußen das Sonnenlicht herausfiltern.

An einem alten Schrank vorbeigehend, der angefüllt ist mit Geschirr, stoßen wir eine schmale Flügeltür auf, die in eine recht moderne Küche führt, die etwa vier mal fünf Meter groß ist. Zwei Fenster spenden dieser Küche das Licht – durch das eine schaut man auf den langen schmalen Garten hinter dem Haus, durch das andere auf ein Nachbarhaus.

Neben der Küche liegt eine kleine Toilette mit einem kleinen Waschbecken. Bei ihrer Betrachtung fragt man sich unwillkürlich, wie ein Mensch von Einsteins kräftiger Gestalt diese Toilette überhaupt benutzen konnte – um die Tür zu schließen, muß man sich an die gegenüberliegende Wand drücken. Nach den gleichen Verrenkungen beim Verlassen dieses winzigen Raumes kommen wir in die Hauptdiele, die sich bis zur vorderen Eingangstür erstreckt. Wir gehen zurück bis zur Eingangstür und wenden uns der anderen Seite des Hauses zu.

Hier betreten wir ein weiteres kleines Wohnzimmer, das das Arbeitszimmer von Helena Dukas war. Es sieht schon eher wie ein Zimmer aus, das man in dem Heim eines großen Physikers zu finden erwartet – Bücherregale an den Wänden, vom Boden bis zur Decke. In diesem Raum steht auch das einzige Telephon des Hauses – der Anschluß: ›Princeton 1606‹.

Wir gehen durch das Arbeitszimmer und betreten Einsteins Zufluchtsstätte der Entspannung – sein Musikzimmer mit dem großen Flügel. Das kleine Panoramafenster sorgt für ein angenehmes Licht – genau richtig für die vielen Abende, die durch Streichquartette und andere Kammermusik ›vertont‹ wurden.

Wir kehren zur Vorderseite des Hauses zurück und steigen eine breite Treppe zum ersten Stock hinauf. Als Einstein in dieses Haus einzog, wurden einige Änderungen vorgenommen – so wurde beispielsweise das Arbeitszimmer auf der Rückseite des ersten Stocks eingerichtet. Die hintere Wand erhielt ein riesiges Panoramafenster, das praktisch den Garten in das Studierzimmer hereinließ. Einstein sagte einmal von diesem Zimmer: »Ich habe eigentlich nicht das Gefühl, mich in einem Gebäude aufzuhalten.«

Das ist das Zimmer, in das Einstein sich zurückzog, um seine Theorien weiterzuentwickeln. Zwei Wände waren verdeckt von Bücherregalen, in der Mitte stand ein großer Tisch, übersät mit Bleistiften, Papier und einer Reihe von Tabakpfeifen. Einsteins Arbeitszimmer teilte sich auf zwischen diesem Tisch, seinem Schreibtisch, von wo aus er den Garten überblicken konnte, und seinem geliebten Lehnstuhl. Wenn der Professor an einen schwierigen Teil seiner Arbeit kam, zog er es vor, sich in diesen Lehnstuhl zu setzen, mit den Papieren, an denen er gerade arbeitete, auf den Knien. Die einzigen Bilder in Einsteins Arbeitszimmer waren Portraits von Maxwell, Faraday und Gandhi sowie ein Zertifikat, das ihn als Ehrenmitglied der

Naturforschungsvereinigung der Stadt Bern auswies. Es war sicherlich ein sehr funktioneller Raum, ganz in Übereinstimmung mit Einsteins Abneigung gegenüber Luxus.

Auf beiden Seiten des Arbeitszimmers liegen je ein Schlafzimmer; eines gehörte Einstein, das andere Helena Dukas. Zur Mitte des Obergeschosses kommen wir an einem Badezimmer vorbei, recht modern ausgestattet, durch das man entweder Einsteins Schlafzimmer betreten kann oder, durch eine zweite Tür, das kleine Arbeitszimmer seiner Stieftochter Margot. Dieses Arbeitszimmer, drei mal fünf Meter groß, führte wiederum in Margots Schlafzimmer, dessen Fenster zur Mercer Street hin angebracht waren. Schließlich gehörte ein weiteres Schlafzimmer auf der Seite zur Mercer Street Einsteins Schwester Maja.

Wenn wir die Treppe hinuntergehen, kommen wir wieder in die Diele, durch die wir in die Küche zurückgehen. Die rückwärtige Tür führt hinaus auf eine schöne Veranda, die zum Schutz vor dem Wetter überdacht ist. Von der Veranda aus gelangt man in einen angenehmen, von Bäumen beschatteten Garten. Dieser ist nur etwas größer als die anderen Gärten in der Umgebung, die gewöhnlich sechzehn mal vierunddreißig Meter groß sind, aber seine fünfundzwanzig mal zweiundvierzig Meter lassen glauben, hier handele es sich um ein ländliches Anwesen. Begrenzt wird der Garten zu beiden Seiten durch hohe Hecken, die Blicke von außen fernhalten.

Zahlreiche Bäume – Ulmen, Ahorn und Trauerweiden – stehen verstreut auf dem Rasen, während auf einer Seite eine kleine Weinlaube mit Lilien um die Aufmerksamkeit des Blickes wetteifert. Im Hintergrund des Gartens bietet ein Blumengarten szenische Ablenkung, da er seine Beete mit einem winzigen Gemüseland teilt, auf das Einstein besonders stolz war.

Man kann sich wohl die heitere Ruhe vorstellen, die dieses einfache Heim mit dem Garten Einstein bot. Tatsächlich hat er seine meiste Zeit hier in der Mercer Street verbracht. Da seine Verpflichtung am Institut für ihn keine Lehrtätigkeit einschloß,

Aus den unbeschwerten Tagen in Princeton.
Einstein mit Gästen im Garten des Hauses

konnte er sich seine Zeit so einteilen, wie es ihm genehm war. Gewöhnlich arbeitete er nur am Morgen in der Verwaltung des Instituts; danach, um die Mittagszeit, gingen er und seine Mitarbeiter zusammen zur Mercer Street zurück. Die meisten Kollegen Einsteins wohnten in seiner Nähe. So auch Dr. Alan Schenstone, Vorsitzender der Physikalischen Abteilung in Princeton, der ebenfalls in der Mercer Street wohnte, direkt gegenüber dem Einsteinschen Haus.

Einmal beschrieb Schenstone eine typische Szene auf der Straße, wie sie sich oft um die Mittagszeit abspielte. Einstein und mehrere Kollegen kommen die Mercer Street herauf, vertieft in eine intensive Unterhaltung. Vor Einsteins Haus angekommen, reden sie weiter, mit Händen und Armen gestikulierend; nur Gott weiß, welche bedeutsamen Themen oder Theorien sie besprechen. Plötzlich ist die Diskussion beendet, die Gruppe löst sich auf, jeder geht seines Weges – und Einstein, noch immer tief versunken in seiner Konzentration, dreht sich, seine Umgebung vergessend, herum und macht sich auf den Weg zum Institut zurück. Glücklicherweise läuft Helena Dukas, die die ganze Szene vom Fenster aus verfolgt hat, hinaus und zerrt den Professor ins Haus zurück zum Essen.

Das Mittagessen in Princeton war – wie schon in Deutschland – für Einstein die Hauptmahlzeit des Tages, bei der er sich gewöhnlich italienischer Speisen erfreute, eine Gewohnheit aus den Kindertagen, die er mit seinen Eltern in Mailand verbracht hatte. Spaghetti und Makkaroni genügten oft, um seine kulinarischen Wünsche zu befriedigen.

Nach dem Essen ging Einstein nach oben in sein Arbeitszimmer, wo er entweder ein Nickerchen machte oder wieder zu arbeiten begann. Am Abend nahm er ein leichtes Nachtessen zu sich, das meist aus Sandwiches bestand. Danach hatte er entweder Gäste zur Unterhaltung oder zum Musizieren, oder er begab sich wieder in sein Arbeitszimmer, in dem er sich manchmal bis weit in die Nacht hinein aufhielt.

Einstein war natürlich in seiner Gemeinde berühmt, obwohl es hier nicht die ständige Aufregung über das Berühmtsein gab, wie das heute oft der Fall ist. So hatte Einstein es gerade gern. Er liebte die ruhige Stadt, weil er das Gefühl hatte, hier sein Leben leben und – was am wichtigsten war – seine Arbeit tun zu können, ohne Hast, ohne Hektik.

In der Anfangszeit begegnete Einstein eine gewisse Kälte. Princeton, eine Schule der Ivy League, war eine Enklave von weißen angelsächsischen Protestanten, und Einstein war Jude, dazu noch ein exzentrischer Jude, mit langen weißen Haaren und einem mangelnden Interesse für Fragen der Kleidung. Mit der Zeit waren jedoch die Einheimischen von Princeton davon überzeugt, daß Einstein das Ansehen ihrer Gemeinde hob.

So hatte sich also der Mann, der so viele Jahre zwischen Italien, Deutschland und der Schweiz hin und her gezogen war, in diesem winzigen östlichen Winkel der Vereinigten Staaten niedergelassen – und hatte hier zum ersten Mal wirklich Wurzeln geschlagen. Hier konnte er in Ruhe arbeiten – und von hier aus beobachtete er sein neues Heimatland und versuchte, eine Gesellschaft zu verstehen, die so viele Millionen von Europäern, genau wie ihn selbst, so viele Jahre lang angezogen hatte. Die Beurteilungen, die er von seinen Beobachtungen her ableitete, waren in ihrer Aussage nicht immer jedermanns Sache, doch jedermann konnte überzeugt sein: Sie rühren aus seiner ewigen Suche nach Wahrheit und Logik her.

Unterhaltung:
Gedanken über Amerika

BUCKY: Professor, Sie verbrachten mehr als die ersten fünfzig Jahre Ihres Lebens in Europa. So plötzlich in die Vereinigten Staaten auszuwandern muß ein traumatisches Erlebnis gewesen sein. Wie waren Ihre ersten Eindrücke?

EINSTEIN: Eigentlich habe ich mich immer sehr glücklich gefühlt, in Amerika zu leben, weil ich glaube, es ist ein wunderbares Land. Ich habe mich immer glücklich geschätzt, hier zu sein, und war dankbar für das Privileg der amerikanischen Staatsbürgerschaft. Mein wahrscheinlich stärkster Eindruck bei meiner Ankunft hier war der von Dankbarkeit, als ich sah, daß hier so viel Geld für wissenschaftliche Forschung zur Verfügung gestellt wurde. Für mich war das ein Zeichen, daß die Vereinigten Staaten nicht nur damit zufrieden waren, das Land als Ganzes zu entwickeln, sondern den ehrlichen und aufrechten Wunsch hatten, die Naturwissenschaften zu fördern. Tatsächlich, je länger ich hier lebe, desto mehr glaube ich, dies ist einer der größten Werte, die wir besitzen – den Willen zu lernen und die natürlichen Wunder dieser Welt zu begreifen.

BUCKY: Sie sagen: »Einer der größten Werte.« Gibt es für Sie, auf Amerika bezogen, auf sein Land, seine Menschen, noch andere große Werte?

EINSTEIN: Oh, natürlich gibt es noch viele andere. Als einzelner fühlt sich beispielsweise jeder seines Wertes als Individuum sicher, ganz gleich, ob reich oder arm. Keiner in Amerika unterwirft sich einer anderen Person oder Klasse. Sicherlich gibt es große Unterschiede im Vermögen, wie in anderen Ländern auch, und diese Vermögen bedeuten überlegene Macht für die, die sie besitzen. Doch irgendwie untergräbt das in Amerika das gesunde Selbstbewußtsein und den natürlichen Respekt vor der Würde jedes einzelnen nicht. Und trotzdem ist diese starke individualistische Strömung durch das Bedürfnis nach Gemeinsamkeit gut ausgeglichen. Tatsächlich ist es mein Eindruck, daß in den Vereinigten Staaten das ›Wir‹ stärker betont wird als das ›Ich‹, was genau das Gegenteil von Europa darstellt. Das ist eine grundlegende amerikanische Stärke, glaube ich. Allgemein gesprochen: Amerikaner sind freundlicher miteinander als die Durchschnittseuropäer – und sie denken stärker als Einheit.

BUCKY: Sie müssen doch aber sicherlich an Amerika und den Amerikanern etwas zu kritisieren haben?

EINSTEIN: Nun ja, natürlich sehe ich Dinge, aus denen ich mir nichts mache, aber alles kann ja nicht perfekt sein. Ich finde es eigentlich schwierig, in Amerika etwas öffentlich zu kritisieren, weil ich immerhin Gast dieses Landes bin und aus diesem Grund meine Kritik nicht gern mißverstanden wissen möchte. Natürlich gibt es Unvollkommenheiten, die ich sehe. Zum Beispiel glaube ich, die Vereinigten Staaten sind beträchtlich materialistischer als europäische Länder. Dieser Materialismus fördert eine bestimmte Mentalität, die ich sorgfältig gemieden habe. Da ist beispielsweise eine gewisse Oberflächlichkeit, die in den Vereinigten Staaten vorherrscht. Dieses äußerliche Verlangen nach materieller Bequemlichkeit und wirtschaftlicher Sicherheit trägt zu dieser Oberflächlichkeit im Denken und Fühlen bei. Ein Fremder muß einen starken Willen haben, um zu vermeiden, in diesen Mahlstrom hineingezogen zu werden. Eine weitere Schwäche dieses Landes ist die Neigung, Moralprinzipien gesetzlich zu regeln. Zum Beispiel glaube ich, daß die Prohibition definitiv eine schlechte Sache für dieses Land war.

BUCKY: Sie glauben also nicht, es wäre eine gute Sache für die Gesundheit des Volkes oder für die Familien im allgemeinen gewesen?

EINSTEIN: Darum geht es eigentlich nicht, ob es ein gutes oder ein schlechtes Gesetz war. Es geht um das allgemeine Prinzip, wonach jedes Gesetz, das nicht durchgesetzt werden kann, ein wertloses Gesetz ist. Außerdem führten die Prohibitionsgesetze direkt zu einer Zunahme von Verbrechen und zum Wachstum des organisierten Verbrechens. Ich glaube auch, diese Gesetze hatten eine hemmende Wirkung auf die öffentliche Unterhaltung, weil die Leute sich nicht mehr soviel an öffentlichen Orten versammelten. Ich denke, unterschiedliche Gedanken und Ansichten über öffentliche Vorgänge können von einzelnen nirgends so frei und gründlich ausgetauscht werden wie an einem öffentlichen Ort.

BUCKY: Demnach haben Sie alles in allem das Gefühl, in Amerika gibt es mehr, was Ihnen gefällt, als was Ihr Mißfallen erregt?

EINSTEIN: O ja, mein Lieber. Schauen Sie, der Europäer ist im allgemeinen mehr Pessimist als der Amerikaner. Der Durchschnittseuropäer ist nicht besonders hilfreich und ist sicherlich viel weniger gutherzig als der Amerikaner. Der Durchschnittsamerikaner hat eine stärkere soziale Einstellung als der Durchschnittseuropäer. Damit will ich sagen: Er ist viel hilfswilliger und freundlicher seinen Mitmenschen gegenüber.

BUCKY: Ist das in gewissem Sinne nicht ein Widerspruch? Worauf ich hinaus will, ist folgendes: Wenn Amerikaner einen derart individualistischen Zug haben, wie können sie gleichzeitig eine kooperative soziale Haltung einnehmen?

EINSTEIN: Es scheint ein Widerspruch zu sein, ist es aber tatsächlich nicht. Amerikaner sind in dem Sinne Individualisten, weil sie die persönliche Würde und den Wert jedes Menschen anerkennen, ohne Rücksicht auf seine soziale Stellung. Aber die Amerikaner – und, ich sollte hinzufügen, auch die Asiaten – sind nicht individualistisch im exzentrischen Sinne. Sie finden viel mehr Exzentriker – und damit wahre Individualisten – unter den Europäern. Aber gerade diese Anerkennung persönlicher Würde ist es, die unter der amerikanischen Bevölkerung den Wunsch erweckt, jedermann möge fair behandelt werden.

BUCKY: Und trotzdem: Wir haben die beunruhigende Situation der Farbigen und wie sie in diesem Land behandelt worden sind.

EINSTEIN: Ja, das stimmt schon. Das ist einer der unglücklichen Widersprüche Amerikas. Je länger ich in Amerika lebe, desto trauriger stimmt mich diese Situation. Ich habe mit vielen Leuten gesprochen, die mir gesagt haben, sie empfänden Unwillen gegenüber den Farbigen, weil sie im Zusammenleben mit ihnen ungünstige Erfahrungen gemacht hätten. Mir ist auch gesagt worden, die Farbigen hätten nicht die gleiche Intelligenz oder das Gefühl für Zuverlässigkeit und sie seien verantwortungslos. Ich denke aber, in dieser Einstellung ist ein gewisser Grad von Egoismus enthalten. Damit meine ich, daß amerikanische Vorfahren diese schwarzen Menschen mit Gewalt aus ihrer Heimat wegholten, damit der weiße Mann leichter reich werden konnte. Durch Unterdrückung und Ausnutzung und Erniedrigung der schwarzen Menschen in der Sklaverei war es dem weißen Mann möglich, ein leichteres Leben zu führen. Ich glaube wirklich, die heutigen Vorurteile entstammen dem Wunsch, diesen Zustand zu erhalten.

BUCKY: Gibt es irgendeine Beziehung zwischen diesem ›Antinegerempfinden‹ und dem Antisemitismus?

EINSTEIN: Nur daß es Teil der Fortsetzungsgeschichte von der Unmenschlichkeit des Menschen ist. Sehen Sie: Seit der Zeit der Griechen haben Menschen Sklaven gehalten. Der einzige Unterschied damals war, daß die Sklaven weiße Menschen waren – Menschen wurden also nicht immer wegen rassischer Unterschiede erniedrigt. Trotzdem erklärten die griechischen Philosophen jene Sklaven für minderwertig, obwohl diese Menschen ihrer Freiheit beraubt worden waren. Ich selbst als

Jude kann vielleicht verstehen und mitfühlen, wie schwarze Menschen sich als Opfer von Diskriminierung fühlen mögen.

BUCKY: Was könnte nach Ihrer Meinung schließlich getan werden, um dieses Problem zu lösen?

EINSTEIN: Nun, es gibt keine Zauberlösung. Ich möchte nur hoffen, daß es einen Weg gibt, wo der Wille (aus Überwindung der Kluft) vorhanden ist. Ich glaube, die Amerikaner werden wahrscheinlich erkennen müssen, wie töricht diese Haltung ist und auch wie schädlich für die Stellung der Vereinigten Staaten. Immerhin sollen ja alle Länder zu diesem Land aufschauen. Ich denke aber doch, die Menschen werden, wenn sie wirklich sich selbst gegenüber ehrlich sind, ohne Zweifel erkennen, wie falsch diese Neigung ist.

BUCKY: Sie erwähnten vorher, es sei viel Geld für die Forschung in Amerika verfügbar. Wie steht es mit der Qualität der Wissenschaft hier?

EINSTEIN: Nun, ich denke, in den Vereinigten Staaten gibt es eine enorme Überlegenheit auf technischen Gebieten. Ich glaube, die vorhandenen Geldmittel könnten eine Erklärung dafür sein, aber auch die Kunst der Organisation ist in den Vereinigten Staaten in höchstem Maße entwickelt worden.

BUCKY: Glauben Sie, diese Überlegenheit herrscht auch auf anderen Gebieten?

EINSTEIN: Ja, natürlich. Sehen Sie, der Amerikaner ist im allgemeinen in den meisten Dingen des täglichen Lebens viel praktischer als der Europäer. Die meisten Häuser in Amerika sind viel praktischer ausgelegt als in Europa.

BUCKY: Sehen Sie das nicht mehr als eine Frage des wirtschaftlichen Zwangs an als eine Frage des praktischen Sinns?

EINSTEIN: Sie haben insoweit recht, als die Arbeitskosten hier sehr viel höher sind, die Amerikaner also die Bauzeit geringhalten müssen. Aber trotzdem, das praktische Element muß vorhanden sein, um dieses Problem zu lösen. Auf jeden Fall glaube ich, daß dieser Trend richtig ist. Ich begrüße die Idee, wonach die Arbeitszeit für alltägliche Bedürfnisse und Wünsche verkürzt wird, damit der einzelne mehr Zeit für sich selbst zur Verfügung hat. Ja, Sie hatten ganz recht, als Sie einmal sagten, die hohen Arbeitskosten hätten zu technischen Verbesserungen geführt. Vergleichen wir das mit einigen asiatischen Ländern, die weit überbevölkert sind. Weil die Arbeitskosten dort verhältnismäßig niedrig sind, wurden Maschinen nicht sehr weit entwickelt. Europa, andererseits, liegt hier etwa zwischen den Vereinigten Staaten und Asien.

BUCKY: Die Deutschen sind ja wohl auch auf wissenschaftlichen und technischen Gebieten höchst erfahren, und sie haben eine fast mystische Verehrung für den Führer. Ich selbst befürchte, das bedeutet eine Bedrohung für die Vereinigten Staaten, besonders weil es hier einen starken isolationistischen Zug gibt.

EINSTEIN: Ach, lieber Mr. Peter, Sie vergessen aber eine wichtige Sache, die dieses Land besitzt, die von äußerster Wichtigkeit für das Gewinnen eines Krieges ist und die ich immer bewundert habe.

BUCKY: Und was ist das, Professor?

EINSTEIN: Die Fähigkeit in diesem Land, die Friedensindustrie in kürzester Zeit in eine Kriegswirtschaft umzustellen. Ich vermute, Sie können sich an den letzten Krieg [Erster Weltkrieg] nicht erinnern, weil sie zu der Zeit noch ein kleines Kind waren. Sie sind zu Recht besorgt um den Isolationismus hier. Er ist sehr gefährlich. Die Amerikaner müssen erkennen, daß in der modernen Welt keine Barrieren mehr vorhanden sind. Der Ozean ist in einer Welt der Flugzeuge kein Schutz mehr. Die Amerikaner müssen sich damit abfinden und erkennen, daß Amerika als eines der größten und mächtigsten Länder der Welt eine viel größere Verantwortung für internationale Ereignisse trägt als alle anderen Länder.

BUCKY: Sie befürchten also nichts für Amerika angesichts der Bedrohung durch Hitler?

EINSTEIN: Natürlich ist in so einem Fall Furcht vorhanden. Was ich jedoch sagen will: Amerika kann mit seinen großen praktischen Fähigkeiten und dem organisatorischen Geschick eine eigene starke militärische Macht entwickeln. Außerdem besitzen die Amerikaner einen ungeheuren Optimismus, der sie große Schwierigkeiten überwinden läßt. Das ist eine Eigenschaft, die mich hier wie zu Hause fühlen läßt. Ich denke oft, Amerikaner sind wie große Kinder, Kinder, die immer fröhlich sind. Sie haben die typische optimistische Einstellung wie alle Kinder, sie sind nett und freundlich. Wenn ihnen vielleicht noch etwas fehlt, dann ist es Selbstvertrauen. Wie gesagt, am wichtigsten ist die natürliche optimistische Einstellung. Außerdem zeigen sie keinen Neid gegenüber anderen. Man muß nur Zeitungsbilder in den Vereinigten Staaten betrachten – und man entdeckt: Fast alle Gesichter lächeln, im Gegensatz zu den mürrischen Gesichtern, die man auf europäischen Zeitungsphotos sieht.

BUCKY: Nun, natürlich werden die meisten Leute aufgefordert zu lächeln, wenn diese Photos gemacht werden.

EINSTEIN: Sicher, aber ich kann mir nicht vorstellen, daß jemand für ein Zeitungsbild lächelt, wenn er in schlechter Stimmung ist, nur weil er dazu aufgefordert wird.

BUCKY: Was ist Ihrer Meinung nach der Grund für die scheinbare wirtschaftliche Überlegenheit der Vereinigten Staaten?

EINSTEIN: Ich denke noch immer, die Organisation und das Management der Arbeit sind in den Vereinigten Staaten praktischer ausgelegt, sicherlich auch mit viel weniger Störungen und Reibungen, als das in Europa der Fall ist. Das trifft sogar für Universitäten und private Organisationen wie Wohlfahrtseinrichtungen zu. Privates Unternehmertum scheint auch direkt verantwortlich zu sein für einige unserer wichtigsten kulturellen Entwicklungen, im Gegensatz zu Europa, wo diese Dinge mehr von der Regierung beeinflußt werden. In Amerika sind zum Beispiel Telephon, Eisenbahnen, Rundfunk und Fernsehen und sogar viele Schulen überwiegend in privater Hand. Ich glaube auch, ein starker Faktor, der dazu beiträgt, ist die öffentliche Meinung, die in diesem Land so hoch bewertet wird. Dadurch sind wohlhabende Leute mehr oder weniger genötigt, wenn sie in ihren Gemeinden erfolgreich sein wollen, nicht nur einen beträchtlichen Teil ihres Reichtums für das öffentliche Wohl zu spenden, sondern etwas von ihrer eigenen Zeit für öffentliche Probleme zu opfern, besonders für jene Probleme, die sich in den Gemeinden ergeben, in denen sie leben.

Kapitel 4

Der widerstrebende Vater der Bombe

Verschwiegener Sommer
in Peconic Bay

Ironie der Geschichte: Einer der weichsten und sanftesten Menschen, Albert Einstein, war behilflich bei der Entwicklung der größten zerstörenden Kraft, die jemals auf die Menschheit losgelassen wurde, der Atombombe. Diese Ironie ist vor allem deshalb ungewöhnlich, weil Einstein einer der bekanntesten Pazifisten unseres Jahrhunderts war.

Seine Friedfertigkeit schloß sogar die Tierwelt ein. Wenn er auch kein Vegetarier war, so war er doch ein unnachgiebiger Gegner des Tötens von Tieren, wenn es nicht der Nahrungsbeschaffung diente. Freilich kann ich mich an viele schwüle Sommerabende erinnern, wo Einstein drohend eine Fliegenklatsche schwang. Doch anders als wir benutzte er sie niemals, um die Fliegen, die seine Sommerruhe störten, zu töten, sondern schwang das Gerät nur durch die Luft, um die Eindringlinge zu verjagen. Von ihm konnte man wirklich sagen: »Er konnte keiner Fliege etwas antun.«

Wenn Einstein etwas noch mehr haßte als physische Gewalt, so war es der deutsche Militarismus. Sein Leben war ein dauernder Kampf gegen die preußische Mentalität, die so häufig die deutsche Geschichte nachteilig beeinflußt hat. Zweimal hatte er ihretwegen Deutschland verlassen: einmal, um seine Karriere in der Schweiz fortzusetzen; das zweite Mal auf der Flucht vor den Nazis, die auf seinen Kopf einen Preis ausgesetzt hatten, weil er Jude war.

Einstein erkannte, daß Deutschland mit Hitler den Höhepunkt seiner Aggressivität erreicht hatte. Und aus diesem Grund – und nur aus diesem Grund – geschah es, daß dieser große Pazifist vorübergehend seine Philosophie aufgab, um sicherzustellen, daß die Alliierten die Atombombe erhielten, ehe es den Deutschen gelang, sie zu bauen.

So kam es, daß im Sommer 1939, als die Einsteins und unsere Familie einen unserer idyllischen Sommer in Peconic Bay auf dem östlichen Long Island erlebten, Einstein in einen Strudel von Konferenzen und geheimer Korrespondenztätigkeit gerissen wurde, der unvermeidlich im ›Manhattan-Projekt‹ endete.

Peconic Bay (das heute ›Cutchogue‹ genannt wird und am Nassau Point liegt) war einer von Einsteins Lieblingsorten. Wir verbrachten sogar zwei Sommer dort, 1938 und 1939, dank Einsteins Liebe zum Segeln (er nannte einmal Little Peconic Bay »den schönsten Segelplatz, den ich je erlebt habe«).

Wie gewöhnlich in unseren Sommerferien blieb Einstein sehr viel für sich und entschied, soviel Zeit wie möglich mit Segeln zu verbringen. Den Rest seiner Zeit reservierte er für Spaziergänge im Wald mit unserer Familie, fand darüber hinaus auch die Zeit, um seinen Gedanken nachzuhängen.

Ein Freund Einsteins in Peconic Bay, an den ich mich gut erinnere, war David Rothman, der ein Kaufhaus im nahe gelegenen Southold besaß. Diese Freundschaft entstand durch einen Besuch von Einsteins Stieftochter Margot, die einen Bildhauermeißel in Rothmans Geschäft erstehen wollte. Als Margot während der Unterhaltung entdeckte, daß Rothman Amateurgeiger war, arrangierte sie ein Treffen mit Einstein, und die beiden wurden bald Freunde.

Ich erinnere mich, daß sie Duette auf der Geige spielten und Einstein offensichtlich den Kaufhausbesitzer an Virtuosität übertraf. Rothman, der das erkannte, brachte Einstein mit mehreren besseren Saitenspielern zusammen, so daß die Gruppe der zweiten Freizeitbeschäftigung des Professors frönen konnte: Streichquartette spielen. Übrigens gibt es noch das erwähnte Kaufhaus: In Southold wurde es von Rothmans Sohn Robert geleitet.

Unsere Anschrift in Peconic Bay war Old Cove Road (mit dem Wechsel des Namens der Stadt wurde auch der Name dieser Straße in West Cove Road geändert). Interessanterweise hat Einstein, als er den berühmten Brief an Präsident Roosevelt nach den Besuchen der Professoren Szilard, Wigner und Teller in Peconic schrieb, im Absender geistesabwesend »Old Grove Raod« geschrieben.

Als wir mit Rücksicht auf Einsteins Stieftochter Margot, die trockenere Luft brauchte, entschieden, 1940 unseren Urlaub am Saranac Lake in den Adirondacks zu verbringen, blieb Einstein nur mit Bedauern von Peconic Bay fern. In einem Brief aus Saranac schrieb er an David Rothman: »Ich bin ganz unglücklich, daß ich dieses Jahr den Sommer nicht in der Nähe Ihres wunderschönen Ortes auf Long Island verbringen kann. Die Gesundheit meiner Tochter zwingt mich, in die Adirondacks zu gehen... in der Zwischenzeit werden große Entscheidungen auf der anderen Seite des großen Teiches gefällt. Man schwankt immer zwischen Hoffnung und Furcht hin und her, doch in meinem Fall ist die Hoffnung vorherrschend. «

Später im Sommer schrieb er wieder an Rothman: »Ich gehe täglich mit meiner Schwester segeln, und ich habe Heimweh, wenn ich an die wunderbaren Musikabende denke. «

Wir kehrten auch im Sommer 1941 nach Saranac Lake zurück, und Einstein schrieb wieder an Rothman in Peconic, der soeben dem Physiker ein Paar Sandalen als Geschenk geschickt hatte: »Es war sehr freundlich von Ihnen, mir dieses Jahr wieder ein Paar meiner Lieblingssandalen zu schicken. Ich kann sie noch nicht tragen, weil die, die Sie mir im letzten Jahr geschenkt haben, noch immer von königlicher Eleganz sind. Ich trage sie ständig, im Segelboot und auch draußen. «

Doch zurück zum Sommer 1939, als der Frieden und die Stille von Einsteins Segeltouren in der Peconic Bay bald gestört werden sollten durch die Anrufe der berühmten Physiker Leo Szilard und Eugene Wigner, die ein dringendes Treffen mit ihm verlangten.

Das erste dieser Treffen fand Mitte Juli 1939 statt – Historiker geben das Datum 15. Juli an –, als beide Physiker nach Long Island fuhren (wobei sie sich verirrten – man erzählt sich, dieses berühmte Treffen wäre fast gescheitert, hätten die beiden Männer nicht einen kleinen Jungen getroffen, der sie zu unserem Häuschen geführt hat). Es ist Einsteins Integrität zuzuschreiben, daß er, obwohl unsere Familie und er die engsten Freunde waren und den ganzen Sommer miteinander verbrachten, niemals den Grund für dieses und die folgenden Treffen preisgab. Wir ahnten jedoch, wie bedeutend die hier getroffenen Entscheidungen sein mußten, weil Einstein für den Rest des Sommers seltsam bedrückt wirkte.

Rückblickend ist es verständlich, daß Einstein nach den Besuchen von Szilard und Wigner – und später noch Edward Teller – so nachdenklich und trübsinnig wurde. Sie waren gekommen, um Einstein die Nachricht zu überbringen, die ausgebürgerte deutsche Physikerin Lise Meitner habe westlichen Wissenschaftlern von der erfolgreichen atomaren Kettenreaktion, die Otto Hahn in Deutschland am Kaiser-Wilhelm-Institut gelungen war, Mitteilung gemacht. Für alle eingeweihten Physiker signalisierte dieses Schlüsselereignis den Anbruch eines neuen und gefährlichen Zeitalters für die ganze Menschheit. Aber viel dringender war die unmittelbare Gefahr, daß diese Entdeckung ausgerechnet in Hitler-Deutschland gemacht worden war.

Leider hatten die zivilen Regierungsführer nicht die Sachkenntnis, um zur gleichen Schlußfolgerung zu kommen. Hahns epochale Leistung blieb von nichtwissenschaftlichen Kreisen unbemerkt, wodurch Hitler freie Bahn gegeben war, die Arbeit seines Physikers auszunutzen, um so einen entsetzlichen Vorteil in seinem wahnsinnigen Streben nach Macht und ›Lebensraum‹ zu gewinnen.

Folglich nutzte das Physiker-Quartett die Besuche in Peconic Bay, um ihre Beschlüsse auszuarbeiten. Dazu gehörten unter anderen: Die US-Regierung sollte umgangen werden, weil man den bürokratischen Papierkrieg als Hindernis für eine beschleunigte Forschung ansah; Einstein sollte überdies an eine Kontaktperson schreiben, einen Freund im belgischen Kabinett (dies wurde jedoch wieder verworfen, weil es weder geschickt noch protokollarisch korrekt war, eine fremde Regierung ohne die Genehmigung des Außenministeriums anzusprechen). Schließlich wollte man die Regierung ersuchen, für ein privates Forschungsprojekt auf diesem Gebiet an der Columbia University, wo Szilard arbeitete, Gelder zur Verfügung zu stellen.

Schließlich, dank einer zufälligen Bekanntschaft mit einem Wirtschaftler und Bankier, der ein Freund und Berater von Präsident Roosevelt war, entschied man sich, einen Brief aufzusetzen, unterzeichnet von Einstein, und Sachs sollte ihn persönlich beim Präsidenten abliefern. Der Brief wurde mehrmals überarbeitet, mit Beiträgen von Einstein, Szilard und Sachs selbst. Die endgültige Version unterzeichnete Einstein am 2. August 1939. Sachs kam aber erst mehr als zwei Monate später dazu, was sich im nachhinein als gut erwies, denn so wurde seine Dringlichkeit durch Hitlers Einmarsch in Polen im September und den beginnenden Krieg noch hervorgehoben.

Gewöhnlich konnte sich Einstein auf seinen Instinkt für den Lauf der Geschichte verlassen. Anfang der dreißiger Jahre, als es noch nicht den geringsten Hinweis auf eine Atombombe gab, hatte Einstein mit mir über seine Befürchtung gesprochen, daß die völlige Vernichtung vieler Nationen vorhersehbar sei, käme es nicht bald zu einer weitgehenden Abrüstung. Er begründete das mit der zunehmenden Leistungsfähigkeit der Flugzeuge seit dem Ersten Weltkrieg und der immer größeren Genauigkeit beim Bombenabwurf – etwa durch die Erfindung des Bombenzielgeräts von Nordsen, das Einstein für höchst effizient hielt.

Später, nachdem die Atombombe entwickelt worden war und zunächst nur die Vereinigten Staaten und Großbritannien im Besitz des Geheimnisses waren, wies Einstein darauf hin, es würde ganz sicher nicht lange ein Geheimnis bleiben. Die Geschichte hat ihm recht gegeben, als die Sowjetunion schon bald darauf der nuklearen Gemeinschaft beitrat.

Einsteins Einfluß auf die Atombombenforschung war eher sekundärer Natur. Er unterstützte durch seinen berühmten Brief an Roosevelt die Entscheidung des Präsidenten, das Briggs Advisory Committee on Uranium (Briggs Berater-kommission über Uran) einzusetzen, das sich aus mehreren amerikanischen Spitzenwissenschaftlern zusammensetzte. Etwa fünf Monate später schrieb Einstein einen zweiten Brief (zwar an Sachs gerichtet, doch für die Augen von FDR – Roosevelt – bestimmt), in dem er umriß, was über den aktuellen Stand der deutschen Forschung bekannt war. Danach wurde Einstein etwa zwei Jahre lang in Ruhe gelassen. Zu dieser Zeit hatte er es mit einer völlig neuen Riege politischer Funktionäre zu tun, die nichts von seiner früheren Rolle in der Atomfrage wußte. Diese Leute entschieden ironischerweise, daß Einstein seiner pazifistischen Vergangenheit wegen ein zu großes Sicherheitsrisiko darstellte, als daß er mit Einzelheiten der laufenden Forschung betraut werden könnte.

Und so wurde Einstein für die Dauer des ›Manhattan-Projekts‹ im ungewissen gelassen. Nur der US-Navy assistierte er bei Versuchen über die Gesetzmäßigkeiten von Detonationswellen. Ich begleitete Einstein oft zu seinen Treffen mit Marineoffizieren in meiner Eigenschaft als Beamter im Office of Strategic Services: Einmal sagte ich zu ihm im Scherz: »Also, Sie sind jetzt so bei der Marine engagiert, daß Sie auch gleich eine Marineuniform tragen könnten!« Einstein, ein Mann, für den Uniformen ein Greuel waren, brach in eines seiner lauten Stakkato-gelächter aus. Einstein erfuhr tatsächlich, wie viele andere Amerikaner auch, erst am Tag des Atombombenabwurfs auf Hiroshima, wohin die Forschung geführt hatte. Als er zu Hause zum Nachmittagsimbiß herunterkam und Helena Dukas, seine Sekretärin, ihm von der Explosion berichtete, murmelte er traurig: »O weh.«

Vor der tatsächlichen Entwicklung der Bombe war Einstein der festen Überzeugung gewesen, es könne für die Alliierten geradezu selbstmörderisch sein, das Potential nuklearer Kettenreaktionen zu ignorieren. Alle bekannten Informationen schienen auf die Tatsache hinauszulaufen, daß die deutschen Wissenschaftler, die am Kaiser-Wilhelm-Institut und an anderen Orten wie Peenemünde mit hohem Tempo daran arbeiteten, die Geheimnisse der Kettenreaktion für den praktischen Kriegseinsatz nutzbar zu machen. Begründet wurde dieser Verdacht vor allem durch die Tatsache, daß Deutschland dem Export von Uran aus den vom Deutschen Reich besetzten Ländern ein Moratorium auferlegt hatte und krampfhaft versuchte, im eben erst eroberten Norwegen schweres Wasser herzustellen.

Die Fakten brachten Einstein zu der Überzeugung, die Alliierten müßten, wenn sie überleben wollten, das Rennen um diese tödliche Entdeckung gewinnen.

Im nachhinein ist es tragisch, daß sich durch die späteren Ereignisse diese Einschätzung, es gäbe ein Rennen um die Atombombe, als falsch und unnötig erwies. Die deutschen Forschungsbemühungen waren von vielen Problemen behindert und kamen schließlich zum Stillstand, nachdem sie 1942 zunächst einen Stand erreicht hatten, der den Alliierten überlegen war.

Es hat viele Theorien darüber gegeben, warum die deutsche Forschung stockte. Vielleicht war die Tatsache von Bedeutung, daß in Deutschland die Erforschung der Atomspaltung und ihrer Umwandlung in eine zerstörende Kraft unter die Leitung von Wissenschaftlern gestellt wurde, während im Gegensatz dazu Amerikas ›Manhattan-Projekt‹ vom Militär unter General Groves geleitet wurde. Wissenschaftler sind von Natur aus eine langsame, schwerfällige Gesellschaft, die sehr sorgfältig und pedantisch experimentiert. Mit diesen Eigenschaften lassen sich aber keine Zeitpläne einhalten. Im Gegensatz dazu mag Groves vielleicht vielen Wissenschaftlern durch seine militaristische Art gegen den Strich gegangen sein, aber er verlangte Ergebnisse in bestimmten Zeitabschnitten und duldete keine Entschuldigungen. Wie ein Autor es ausgedrückt hat: »Kurz, das Verhalten der deutschen wissenschaftlichen Leiter demonstrierte, daß im Krieg die Wissenschaft in den Händen der Wissenschaftler nicht sicher ist.«

Ein anderer Grund, warum es den Deutschen nicht gelang, eine Atombombe herzustellen, lag wohl auch in der Person des Projektleiters Dr. Walter Gerlach. Gerlach war als träge bekannt, und einige seiner Entscheidungen waren im Rückblick geheimnisvoll fragwürdig, wie etwa die, zwei verschiedenen Forschungsgruppen zu erlauben, miteinander bei der Suche nach dem notwendigen Material für den Bau von Uranmeilern zu konkurrieren.

Noch ein anderer Grund, der häufig für dieses Versagen genannt wird, war: Weder Hitler noch seine Henker hatten eine ideelle Beziehung zur Atombombe. Zum Teil lag das an Hitlers Übermut nach den leichten Märschen durch Polen, Belgien, Frankreich, die Niederlande und Osteuropa. Bei solchen leicht errungenen konventionellen militärischen Erfolgen – wer brauchte da noch eine teure Superwaffe?

Ich selber habe jedoch aus dem, was ich über das Thema gelesen habe, und aus den vielen Unterhaltungen, die ich zu dieser Zeit mit Einstein führte, eine andere, vielleicht überraschende Theorie darüber aufgestellt, warum Deutschland keine Atombombe bauen konnte. Und interessanterweise wurde diese Annahme vor einigen Jahren gestützt, als ich auf einer wissenschaftlichen Ausstellung in New Orleans Dr. Kurt Sauerwein traf und mit ihm eine bedeutsame Unterhaltung führte. (Sauerwein war zu der Zeit Vorsitzender des Vorstands von Isotopen-Technik, einer Firma in der Bundesrepublik Deutschland, die einer der größten Hersteller von Isotopen in Deutschland ist.) Vor dem Zweiten Weltkrieg war Dr. Sauerwein Forscher am

Kaiser-Wilhelm-Institut, wo Otto Hahn seine Forschungen durchführte.

Er erzählte mir: Als Hahn seinerzeit eine Konferenz mit Physikerkollegen einberufen hatte, um sie über seine erfolgreichen Versuche mit dem Ergebnis der Kettenreaktion zu informieren, bestand er darauf, daß jeder Teilnehmer eine Erklärung unterzeichnete, in der er versprach, alles zu tun, um diese neue und erschreckende Information nicht in die Hände des »tollwütigen Hundes Hitler« fallen zu lassen. Sauerwein berichtete, die meisten der eingeweihten Wissenschaftler am Institut hätten sich angesichts der drohenden Gefahr zusammengetan, um dies zu verhindern.

Von diesem Zeitpunkt an verlangsamten die Wissenschaftler ihr Tempo und, so Sauerwein, engagierten sich in einer »Konspiration für den Frieden«, während sie nach außen hin weiter für die angegebenen Ziele der Umwandlung der nuklearen Kenntnisse in eine militärische Megawaffe arbeiteten.

Ein solcher Grund für Deutschlands Zurückbleiben in diesem Wettlauf mit den Alliierten war in der Vergangenheit bereits vermutet worden. So stellten zum Beispiel die Alliierten 1945 in einer Analyse der deutschen Forschung fest: »Die deutsche Wissenschaft war nicht ohne Licht und nutzte das fehlende Verständnis der Führung für ihre Forschung, um sich unter dem Vorwand der Kriegsarbeit in Projekten zu engagieren, die unmöglich für die Kriegsbemühung nützlich sein konnte.«

Einer der Bombenforscher, Werner Heisenberg, schrieb in einem Brief an den ausgebürgerten Physiker Bethe: »Deutsche Physiker hatten kein Verlangen, Atombomben herzustellen, und waren froh, der Entscheidung durch den Zwang äußerer Umstände enthoben worden zu sein...«

Das stimmt auch mit dem Verhalten des Projektleiters Walter Gerlach überein, der keine Bedenken hatte, Gelder, die für die Nuklearforschung bestimmt waren, für die Förderung anderer wissenschaftlicher Projekte abzuzweigen. Der Historiker David Irving: Gerlach hat den Slogan »Deutsche Wissenschaft zum Wohle des Krieges« vermutlich in »Der Krieg zum Wohle der deutschen Wissenschaft« umgemünzt.

Dr. Sauerweins Beobachtungen werden von Kommentaren wie dem von C. F. von Weizsäcker unterstützt, einem der Leiter der Forschungsarbeiten, der nach dem Krieg in Gefangenschaft sagte: »Ich glaube, der Grund, warum wir es nicht getan haben, ist, daß alle Physiker es aus Prinzip nicht tun wollten.«

Da ich bei vielen Unterhaltungen Einsteins über diese entscheidende Frage anwesend war, ist mir heute klar, daß es tatsächlich so gewesen sein muß, und es gibt genügend Beweise, die das erhärten. So ist beispielsweise aktenkundig, daß einer der Forscher, Professor Esau, dem Verbindungsoffizier der Deutschen Admiralität, Professor Haxel, riet, man sollte Hitler nicht über die Möglichkeiten einer Uranbombe informieren, weil er sonst alle Wissenschaftler internieren würde, bis das Projekt abgeschlossen wäre. Esau schlug vor, Haxel sollte das Forschungsprojekt als einen Versuch beschreiben, eine »Uranmaschine« zu schaffen.

Ein weiteres seltsames Streiflicht war der »Vorfall mit den irrtümlichen Einladungen«. Auf einer Konferenz des Reichsforschungsrates, geplant für den 26. Februar 1942, war vorgesehen, daß die Forscher in acht kurzen nichttechnischen Reden einiges von der bis dahin geheimen Arbeit – und zwar das, was inzwischen schon durchgesickert war – enthüllen sollten. Ein Sekretär sollte Einladungen an bestimmte Mitglieder der Reichsführung schicken – Speer, Göring, Himmler, Keitel, Bormann, Raeder und viele andere – und sie mit der Aussicht auf Verständlichkeit und Vereinfachung der höchst komplexen Themen in die Konferenz locken. Aber aus einem unerklärlichen Grund verschickte dieser Sekretär die Einladungen mit dem Tagungsplan einer anderen Konferenz mit sehr technisch-wissenschaftlichen Abhandlungen. So erwiesen sich diese Einladungen als abschreckend, und die Reichsführung fand einhellig Entschuldigungen, um der Konferenz zu entgehen. Dieser obskure Sekretär hat – irrtümlich oder nicht – vielleicht einen schlimmeren Verlauf des Krieges verhindert, indem er diese wichtigen Leute im dunkeln ließ.

Man unterschätze niemals die Fähigkeit des menschlichen Geistes, die Tyrannei und das Böse zu bekämpfen, ganz gleich, wie stark sie auch miteinander verkettet sein mögen. Ich bin davon überzeugt, mehr noch – vor allem nach zufälligen Zusammentreffen mit Dr. Sauerwein, der inzwischen verstorben ist –, daß deutsche Physiker absichtlich die Hände in den Schoß legten bei ihren erzwungenen Bemühungen, die Superbombe zu schaffen, mit der Hitler seine Feinde hätte vernichten können. Einstein selbst deutete mir gegenüber so etwas an und sagte, Szilard hätte ihn über die Haltung der Physiker informiert.

Das verstärkte sicher Einsteins Depression, die er wegen seiner Empfehlung an Roosevelt empfand, den Deutschen mit einem Atomschlag zuvorzukommen. Besonders bedrückten ihn die Angriffe auf Hiroshima und Nagasaki.

Im Gespräch mit Linus Pauling sagte Einstein später: »Ich habe vielleicht einen einzigen großen Fehler in meinem Leben gemacht, als ich den Brief an Präsident Roosevelt unterschrieb.« Das war natürlich in später Einsicht leicht zu sagen. Aber trotzdem: Einstein war recht deprimiert und betonte oft seinen Freunden gegenüber, daß er niemals an der Entwicklung der Bombe für die Vereinigten Staaten aktiv geworden wäre, hätte er gewußt, daß die Deutschen scheitern würden.

Eine Unterhaltung
über den Krieg und die Atombombe

BUCKY: Dr. Einstein, in den Geschichtsbüchern ist Ihr Ruf als Pazifist festgeschrieben. Wenn Sie aber ein solch standhafter Pazifist waren, wie können Sie, wenn Sie ehrlich sind, Ihr Interesse an der Entwicklung der Atombombe erklären?

EINSTEIN: Von dem Augenblick an, als ich bei meiner Emigration den Fuß auf den Boden der Vereinigten Staaten setzte, begann ich, meine Meinung zu ändern. Eines wußte ich bald: Es wäre reiner Selbstmord für die Menschheit, bliebe man bei einem Diktator wie Hitler absolut passiv. Dieser Standpunkt war wohlüberlegt. Erst nachdem ich mich ausreichend vergewissert hatte, daß die Experimente in Deutschland bereits eine zufriedenstellende Atomspaltung erreicht hatten, entschloß ich mich, hier bei dieser Arbeit mitzuhelfen. Was mir wirklich Sorgen machte, war ein authentischer Bericht, wonach in dem Augenblick, als Deutschland die Tschechoslowakei übernahm, es sofort den Verkauf von Uran aus den tschechischen Gruben stoppte.

BUCKY: Haben Sie jemals ein schlechtes Gewissen gehabt wegen Ihrer Tätigkeit zur Förderung der Bombe, auf Grund des großen Leids, das so viele Menschen in Japan erdulden mußten?

EINSTEIN: Nein, ich habe keinen Grund, deswegen ein schlechtes Gewissen zu haben, denn als ich an diesen Dingen arbeitete, war es meine ehrliche Überzeugung und Absicht, es für das

141

Wohl der Menschheit und nicht für ihre Zerstörung zu tun. Das heißt aber nicht, ich wäre nicht traurig, daß die Arbeit, die ich geleistet habe, für die Zerstörung und nicht zum Besten der Menschheit benutzt worden ist.

BUCKY: Natürlich hat Ihre Pionierarbeit, die zur Bombe führte, auch einige interessante Nebengewinne auf dem Gebiet der Medizin gebracht.

EINSTEIN: Das ist wahr und freut mich auch. Zunächst wünschte ich, dieser Gewinn könnte zuerst eingesetzt werden, um den Tausenden von Japanern zu helfen, die unter der schrecklichen Wirkung der Radioaktivität leiden. Doch es gibt natürlich auch noch andere Vorteile. Ich glaube, die Atomkraft wird einmal viele Anwendungen in der Industrie finden, und ich denke, in einer nicht so fernen Zukunft wird die Atomenergie die üblichen Treibstoffe für Motoren, zum Beispiel in Schiffen und Flugzeugen, ersetzen. Der Hauptvorteil dabei wäre, daß das benötigte Treibstoffvolumen im Gegensatz zu den heutigen Standards eine viel längere Betriebsdauer für die Motoren garantierte.

BUCKY: Als die deutsche Bedrohung vorüber und die Alliierten restlos erfolgreich waren, kehrten Sie zu Ihrem Pazifismus zurück. Wie gelangten Sie zu Ihrer pazifistischen Philosophie?

EINSTEIN: Das war völlig instinktiv, einfach weil ich die Ermordung von Menschen abstoßend finde. Und lassen Sie mich unzweideutig feststellen, daß ich absolut keinen Unterschied darin sehe, ob man einen Mord im Zivilleben oder während eines Krieges verübt. Meine Einstellung zum Pazifismus entstammt also nicht irgendeiner intellektuellen Theorie, sondern basiert auf meiner Antipathie gegen jede Form von Grausamkeit und Haß. Ich glaube fest, daß einer der Hauptfaktoren für den moralischen Verfall der Menschheit Kriege sind. Sogar höchst angesehene Länder werden sich in Kriegszeiten offen Tyrannen unterwerfen, und zwar unter dem Deckmantel des alten Sprichworts »Gewalt schafft Recht«. Das ist das wirkliche Übel der Menschheit, das wir alle erkennen und mit aller Energie bekämpfen müssen.

BUCKY: In Anbetracht der natürlichen Machtinstinkte von Politikern und Regierungen – glauben Sie wirklich, es wäre möglich, Ihren Traum von einer Welt ohne Krieg zu erreichen?

EINSTEIN: Zunächst lassen Sie mich feststellen, daß die Durchführbarkeit oder Nichtdurchführbarkeit unseres Zieles das Ideal nicht schmälert. Kriege haben einzig und allein den Zweck, materielle Vorteile zu erringen. In keinem Krieg gibt es auch nur das kleinste bißchen Moral. Um aber Ihre Frage zu beantworten: Ich glaube, es sind einige Alternativen vorhanden, von denen sich die meisten um ›Umerziehung‹ drehen. Wenn die Einstellung der Menschen richtig vorbereitet wird, glaube ich schon, daß eine zufriedenstellende Lösung gefunden werden könnte. Wir müssen den guten Willen zwischen den Völkern fördern. Verträge sind nicht die Antwort. Sie können zu leicht gebrochen werden. Ein weiteres wichtiges Element, eine friedliche Welt zu schaffen, ist die Erziehung aller Menschen auf der Welt in Kunst und Kultur. Sind die Menschen erst einmal künstlerisch bewußter, nimmt die Bedeutung des Nationalismus schnell ab. Es ist unmöglich, einen Künstler aus einem anderen Land abzulehnen, nur weil die Regierung jenes Landes eine andere politische Meinung vertritt.

BUCKY: Glauben Sie, es sei wichtig, den Nationalismus vollkommen auszumerzen, um den Krieg abzuschaffen?

EINSTEIN: Absolut. Das erste, was zu tun wäre, ist die Beseitigung von Import- und Exportzöllen auf Handelswaren zwischen den Ländern. Das ist eines der größten Hindernisse auf dem Weg zum Frieden. Diese Maßnahme könnte viel dazu beitragen, die Selbstsucht in den internationalen Beziehungen zu beseitigen. Ich erinnere mich an einen Vorfall vor vielen Jahren, der diesen Gedanken beleuchtet. Es war während der Amtszeit Roosevelts, als ich mit einem amerikanischen Diplomaten über das Japanproblem sprach. Ich frage ihn, warum die amerikanische Regierung nicht einfach Japan boykottiere, um den unsauberen Handel mit Kriegsmaterial abzuwehren. Der Diplomat winkte ab und sagte, es gäbe so viele amerikanische Interessen in Japan, die Aktionen dieser Art unmöglich machten.

BUCKY: Würde aber die Abschaffung der Zölle nicht den Egoismus nur verstärken, wenn etwa unbeschränkte Importe Menschen arbeitslos machten?

EINSTEIN: Das ist natürlich nur ein Teil der Lösung. In Verbindung damit müßten wir auf ein ›Weltregierungssystem‹ hinarbeiten. Auf diese Weise würde die Abschaffung von Zöllen funktionieren wie das föderative System der Vereinigten Staaten. Immerhin hat New York nicht das Gefühl, es müsse mit New Jersey Krieg führen. Warum sollte dann Deutschland Krieg gegen Frankreich führen, wenn sie alle Teil desselben Systems sind?

BUCKY: Das klingt alles recht gut, aber eine Weltregierung ist unmöglich. Es scheint, als sei der Selbsterhaltungstrieb des Menschen, mit seiner natürlichen Eifersucht und seinem Verlangen nach individueller Macht, eine Kraft, die niemals in der Welt ausgelöscht werden kann.

EINSTEIN: Es ist schwierig, das gebe ich zu, aber nicht unmöglich. Diese Übel, von denen Sie sprechen, würden von einer regelrechten Weltregierung überwunden, die zweifellos die Menschen dazu erziehen würde, von einer solchen Einrichtung zu profitieren. Ich kann eine solche Einrichtung nur mit dem Grundkonzept einer glücklichen Ehe vergleichen, deren primäre Funktion ein beiderseitiges Verstehen der jeweiligen Probleme des anderen ist und der Fähigkeit, mit Anstand zu geben und zu nehmen. Am Ende kommen beide Partner in einer glücklichen Ehe zu größerem Nutzen, als sie ihn jemals als Individuen hätten erreichen können. Nun, der Gedanke einer Weltregierung ist nichts weiter als eine passende Ehe von Regierungen untereinander – wenn sie so wollen, eine Volksehe.

BUCKY: Es gibt aber Scheidungen! Glauben Sie nicht, daß es ›Scheidungen‹ zwischen Ländern geben könnte, die zu mehr Kriegen führen würden?

EINSTEIN: Das Schlüsselwort bei diesem Thema ist ›passende Ehen‹. Passende Ehen führen nicht zu Scheidungen. Jene, die die Weltregierung ausüben, müßten das mit sehr viel Weisheit und Voraussicht tun. Was die Kriege angeht, so führt diese Frage zum dritten Aspekt für die Erringung dauerhaften Friedens. Zuerst haben wir die Zölle abgeschafft; zum zweiten setzten wir eine Weltregierung ein. Zum Schluß müssen wir daran arbeiten, eine totale Abrüstung zu erreichen. Das könnte in zwei Schritten getan werden. Zunächst könnten alle Nationen ihre gesamte Kriegsausrüstung einer unparteiischen internationalen Organisation übergeben, die sie dann ›in Treuhänderschaft‹ verwalten würde. Während dieser Zeit würden von den Vertretern der Völker ehrliche und ernsthafte Verhandlungen eingeleitet. Es wäre wichtig, daß alle Menschen ihre Auffassung des Problems darlegten. Einer der Hauptfehler der Menschen ist es, daß keiner den Mut hat, offen zu reden, aus Furcht, es würde zu Repressalien kommen, zum Beispiel vom jeweiligen Dienstherrn. Aber der gemeine Mann hat eigentlich nichts zu fürchten, weil die Mehrheit seiner Mitmenschen mit ihm über das, was Recht und Unrecht ist, übereinstimmt. Es wäre also wichtig, eine besondere Organisation zu gründen, die sich aus angesehenen Führern aus unterschiedlichen Gebieten zusammensetzt und die Massen über die Übel des Krieges aufklärt. Diese Führer müßten auch alle religiösen Mittel einsetzen, um diese Ideen für die breite Masse so verständlich wie möglich zu machen. Wären die Menschen erst einmal richtig geschult, könnten ihre Vertreter leicht einen Abrüstungsplan verhandeln – und die in Treuhänderschaft gehaltenen Waffen könnten dann vernichtet werden.

BUCKY: Mir scheint, als müßte eine solche Abrüstung, um erfolgreich zu sein, viel langsamer erfolgen, als Sie aufzeigen.

EINSTEIN: Ich denke nicht. Was mich betrifft, so ist ein allmählicher Abrüstungsplan ein unehrlicher Plan. Immerhin, wenn die Menschen entschlossen sind, Kriege durch Abrüstung abzuschaffen, warum sollten sie dann nicht vollständig und sofort abrüsten? Der einzige Grund, den die Menschen haben könnten, dies allmählich zu tun, wäre, daß sie den Verdacht hegen, die Abschaffung von Waffen würde nicht als Lösung für den Frieden funktionieren. Sie wollen sich also absichern, falls die Kommunikation zwischen Ländern zusammenbricht. Ich möchte nicht den Eindruck erwecken, als sähe ich die Realitäten nicht. Es wäre für eine friedliche Nation Selbstmord, abzurüsten in dem Bewußtsein, ihre Feinde hätten nicht die geringste Absicht, es auch zu tun. Der einzige Weg zum Erfolg ist, daß sich *alle* Nationen an die Grundprinzipien einer vollständigen Abrüstung und Kooperation halten.

BUCKY: Glauben Sie nicht, daß vielleicht mit dem Aufkommen von Atomwaffen das Konzept eines ›Gleichgewichts des Schreckens‹ wirksam werden könnte? Ich habe es nie vergessen: Als ich nach dem Zweiten Weltkrieg beim Office of Strategic Services in England diente, konnte ich zusehen, wie alle Giftgasbehälter, die die Alliierten besaßen, im Ozean versenkt wurden, ohne jemals eingesetzt worden zu sein. Beide Seiten hatten diese Waffen, aber beide erkannten auch ihre Gefahr für die Menschheit allgemein, so daß sie nie benutzt wurden.

EINSTEIN: Ich glaube nicht, daß man sich auf den Abschreckungseffekt verlassen kann. Jede Aufrüstung ist eine potentielle Gefahr, und wenn sie oft nun darin liegt, daß die Menschen, die diese Macht kontrollieren, zu selbstsicher werden und Aktionen beginnen, die direkt oder indirekt zu einem Krieg führen können. Ich stimme mit Ihnen überein, daß die Atombombe in dem Sinne, den Sie ansprechen, ein ›Friedensstifter‹ unter den Nationen sein könnte. Wir dürfen aber die Lehre, die wir aus Hitlers Greueltaten ziehen müssen, nicht vergessen. Man weiß nie, wann ein Narr eine Explosion auslösen könnte.

BUCKY: Nun, in dem Fall wären die sogenannten ›roten Telefone‹ zwischen den Ländern in der Lage, dieses Problem zu lösen.

EINSTEIN: Das könnte logisch sein. Wir können nur hoffen, daß die Menschen zur Einsicht kommen, ehe es zu spät ist. Der Erfolg dieses Abrüstungsprogramms hängt von der Kooperation bei gemeinsamen Interessen zwischen den Ländern ab. Das ist der elementare und größte Aktivposten für einen dauerhaften Frieden. Nur wenn die Länder gemeinsam Ideale und Verständnis füreinander haben, kann eine Harmonie dieser Art geschaffen und erhalten werden.

Kapitel 5

Einstein und die Religion

Konflikte
in der Religion

Einer der maßgebenden Widersprüche in Einsteins Leben auf zwei Kontinenten war, daß sein ganzes Leben hindurch seine jüdische Herkunft immer wieder im Mittelpunkt seiner Erfahrungen stand – sowohl negativ wie auch positiv. Und doch betrachtete Einstein sich selbst nie als Jude im konventionellen Sinne.

Überschauen wir sein fünfundsiebzigjähriges Leben, so sehen wir, wie seine Religion ihn in vielen unterschiedlichen Lebenslagen beeinflußt hat. So war zum Beispiel sein erster Abschied von Deutschland zu Anfang des Jahrhunderts zum Teil auf den wachsenden Antisemitismus in diesem Land zurückzuführen. Da waren auch seine laufenden Verbindungen mit den Führern der zionistischen Bewegung mit dem Ziel, ein jüdisches Heimatland zu schaffen. Und schließlich seine endgültige Flucht aus Nazideutschland – wieder, weil er ein Jude war. Am Schluß wurde ihm sogar noch das Amt des Premierministers von Israel angetragen – nicht einmal, sondern zweimal. Alle diese Fakten könnten leicht zu der Vorstellung führen, einen Mann von starker religiöser Überzeugung und Disziplin vor sich zu haben.

All jene aber, die ihn gut genug kannten, wußten, daß dies wahrlich nicht der Fall war. Denn Einstein spielte sein Judesein ständig herunter, nicht aus Sicherheitsgründen, wie es im Klima der Furcht im Deutschland von 1930 sehr verständlich gewesen wäre, sondern aus einer echten Universalität heraus, einer allgemeinen Bindung.

Alle zwanglosen Gespräche Einsteins mit mir zeugten von dieser Universalität. Er empfand sehr stark, daß alle Religionen im Grunde aus derselben Quelle entsprangen und daß von diesen Religionen der Antrieb zur Schaffung menschlicher Kultur, der Künste und Wissenschaften ausging.

Was war diese Quelle? Nun, Einstein glaubte fest, der ursprüngliche Grund für Religion bei dem primitiven Menschen sei die Unterdrückung der Angst – Angst vor Hunger, wilden Tieren, den Elementen, Angst vor Krankheit und Tod. Einstein nannte es »die Religion der Angst«.

Doch seine Anschauungen umfaßten eigentlich ein größeres Gebiet und sind in der Vergangenheit unter dem Schlagwort ›Kosmische Religion‹ schon hinlänglich publiziert worden. Dieses religiöse Konzept ist verbunden mit den Wundern der Natur und des Universums und postuliert einen Menschen, der ein integrierender Teil des gesamten Kosmos ist. Man kann erkennen, daß sich dies sehr unterscheidet von den traditionellen Konzepten jüdisch-christlichen Erbes, die das Weltliche dem Geistlichen gegenüberstellen. Einstein hielt viele Jahre an dieser religiösen Philosophie fest, und sein Eintreten dafür wurde immerhin für bedeutsam genug gehalten, um eine Widerlegung durch den katholischen Polemiker und Redner Bischof Fulton J. Sheen herauszufordern, der bei einer Diskussion von Einsteins ›Kosmischer Religion‹ spöttelte: »Wer möchte schon für die Milchstraße sterben?«

Auf einer sachlicheren Ebene könnte Einsteins Philosophie dem gleichgestellt werden, was man heute ›Ethischen Humanismus‹ nennt. Mit anderen Worten, er glaubte, die Art und Weise, wie sich ein Mensch im täglichen Leben verhält, sollte auf Logik, Wahrheit, einem ausgereiften Sinn für Ethik, Sympathie und allgemeinen sozialen Bedürfnissen basieren. Um also ethisch handeln zu können, muß man ein religiöses Leben führen. Das war, gekoppelt mit einem kosmischen religiösen

Empfinden, in Einsteins Augen das stärkste und edelste Motiv für jede Art wissenschaftlicher Forschung.

Das ist folglich etwas weit entfernt von Einsteins offiziellem Status als Jude. Viele Male hat mein Vater mir gesagt, daß Einstein tatsächlich keine sehr religiöse Person im traditionellen Sinne war. Und er ging sogar noch weiter. Er behauptete, Einstein glaube nicht an Gott. Das stimmt allerdings nicht genau mit meinen eigenen Erkenntnissen über Einsteins Anschauungen überein. Der Professor hatte mir gegenüber gesagt, sein eigener Vater sei nicht sehr religiös gewesen – und so war vielleicht der ursprüngliche Anstoß gegeben, der Einstein zu einem weitergefaßten, universaleren Konzept trieb. Aber selbst wenn es so war, komponierte er doch eine Reihe von Liedern zum Lobe Gottes, die ich ihn viele Male vor sich hinsummen hörte. Und ich hörte ihn auch sagen, daß jeder, der die Natur liebe, auch Gott lieben müsse. Er sagte mir auch einmal, Ideen als solche stammten von Gott. Diese Abweichungen von seinen früheren Aussagen meinem Vater gegenüber hatten möglicherweise mit der Tatsache zu tun, daß er schon älter war, als ich die Gelegenheit hatte, tiefschürfende Unterhaltungen mit ihm zu führen. Seine Auffassungen waren zu dieser Zeit vielleicht schon etwas ›milder‹ geworden.

Was den allgegenwärtigen Konflikt zwischen Wissenschaft und Religion betrifft, so konnte Einstein kein Problem in ihrer Koexistenz erkennen. Seiner Meinung nach war das Universum eine Schöpfung Gottes, und innerhalb dieser Schöpfung gab es das Wunder des menschlichen Geistes. Dieser Geist war geschaffen worden mit der Fähigkeit, sich alle Arten neuer Konzepte und Entdeckungen vorzustellen und sie auszuarbeiten. Was immer dieser Geist die Jahrhunderte hindurch hervorbringen konnte – es geschah alles in Übereinstimmung mit dem Gesetz des Universums, denn Einstein konnte sich keinen Gott vorstellen, der absichtlich durch Paradoxa Verwirrung stiftete.

Ebenfalls im Widerspruch zur jüdischen Tradition stand

Einsteins Gottesvorstellung. In der jüdischen wie in der christlichen Tradition, die daraus hervorging, stellt ›Gott‹ einen singulären Begriff dar, sogar innerhalb der katholischen Dreieinigkeit.

Aber viele Male erzählte mir Einstein, er glaube nicht an einen einzelnen Gott. Er behauptete, sich nicht vorstellen zu können, wie Gott sich in irgendeiner menschlichen Gestalt manifestieren könnte. Er glaubte vielmehr, daß es eine kosmische Kraft gäbe, welche Dinge zu einem noch höheren Grad entwickeln konnte, als es ein sterblicher Mensch erfassen konnte. Von diesem höheren kosmischen Bewußtsein stammten nach Einsteins Auffassung alle Wunder des Universums.

So wich alles in allem Einsteins religiöses Leben bedeutsam von dem gewöhnlicher Anhänger jüdischen Glaubens ab. Aber Einstein war ja auch keine gewöhnliche Persönlichkeit. Ich erinnere mich, wie er mir einmal erzählte, er habe in seinen frühen Jahren, als er sich um verschiedene Positionen bewarb, in der Spalte, wo nach der Religion gefragt wurde, immer »Dissident« hingeschrieben, um sein Desinteresse an jeglichem konventionellen Glauben zu demonstrieren.

Er sagte einmal zu Dr. Vive Douglas, daß er, wäre er nicht Jude, wahrscheinlich Quäker geworden wäre. Das hätte ich mir gut vorstellen können, denn Einstein bekundete in seinem täglichen Leben stets jene besondere Form von Sanftheit, die schon immer für die ›Society of Friends‹, die Quäker, typisch gewesen ist.

Bei einem Interview mit Professor William Hermanns sagte Einstein einmal, er könnte niemals eine begriffliche Vorstellung von Gott akzeptieren, die auf Furcht basierte (entweder vor dem Leben oder dem Tod), oder eine Vorstellung, die blinden Glauben verlangte, völlig entrückt von jeder Logik. Er personifizierte Gott auch nicht. In dieser Hinsicht meinte er, er würde sich als Lügner betrachten, sollte er über einen personifizierten Gott sprechen.

Er war aber kein Quäker. Und trotz all seiner intellektuellen

Haarspaltereien in bezug auf religiöse Prinzipien blieb Einstein mit seinem jüdischen Erbe verbunden. Wenn die Bindung auch nicht stark war, so fühlte er sich doch verpflichtet, die zionistische Sache zu unterstützen, vielleicht als Wall gegen das rücksichtslose Gemetzel, das so vielen seiner Mitmenschen in Europa während des Zweiten Weltkriegs das Leben kostete.

Was die alltäglichen Befolgungen der Regeln seiner Religion betraf, so gab es sie für Einstein praktisch nicht. Wenn ihm in seiner Berliner Zeit orthodoxe Juden besuchten, nahmen sie nur Tee, weil sie wußten, daß sie in seinem Haushalt keine koscheren Lebensmittel bekommen würden. Hierzu gibt es eine Anekdote: Ein Fremder hielt einmal Einstein auf der Straße an und fragte ihn, wo er ein koscheres Restaurant finden könnte. Einstein nannte ihm eines und beschrieb den Weg dorthin. Noch nicht ganz zufrieden, bohrte der Mann nach und fragte Einstein wieder: »Sind Sie sicher, daß dies ein koscheres Restaurant ist?« Darauf lachte Einstein und antwortete: »Ja, das ist es. Aber nur der Bulle ist koscher, weil der nur Gras frißt.«

Obwohl also Einstein kein buchstabengetreuer Jude war, glaube ich doch, daß die traurigen Ereignisse in der ersten Hälfte des Jahrhunderts ihn dazu brachten, die Verbindung mit seinen Mitjuden stärker zu empfinden, als er älter wurde.

Antisemitismus bekam Einstein schon früh zu spüren. Am Luitpold-Gymnasium merkte er bald, was es hieß, zu einer Minderheit zu gehören. Er erinnerte sich oft an die Religionsstunden in dieser Schule, die überwiegend von Katholiken besucht wurde und in der sich der Lehrer der überflüssigen Mühe unterzog, mit einem Nagel zu demonstrieren, wie Christus – von den Juden – gekreuzigt wurde. Natürlich litt Einstein als einer der wenigen Juden in diesen Klassen unter der Voreingenommenheit und der Wut seiner Mitschüler – er hatte die Last jener Schuld zu tragen, die das Christentum den Juden aufgezwungen hatte. Erst das Zweite Vatikanische Konzil verwarf die Doktrin der Kollektivschuld offiziell.

Doch der Antisemitismus wuchs weiter, besonders in Einsteins Geburtsland, und nicht einmal ein Mann von seinem Ruf konnte seinen Folgen entkommen. In Einsteins Heimatstadt wurde eine Straße nach ihm benannt, deren Namen die Nazis dann wieder änderten – was Einstein als persönliche Kränkung empfand. Nach Kriegsende wurde das zu seinen Ehren wieder rückgängig gemacht. (Als Einstein starb, wurde diese Straße in Ulm um zwölf Meter verbreitert, um sie zu einer Hauptdurchgangsstraße zu machen.) Die Verletzung saß aber zu tief. Auch als Ulm ihn nach dem Krieg zum Ehrenbürger machen wollte, konnte er seine Verbitterung nicht unterdrücken und verweigerte die Annahme der Ehrung.

Nach Einsteins Ansicht war aber all das Leiden nicht umsonst gewesen. Er fand, daß alle Juden, die durch Hitlers Pogrome gestorben waren, das Band zwischen den Juden in der Welt gestärkt hätten. Und er glaubte weiter, diese Opfer müßten die Juden und auch alle anderen dazu bringen, auf eine bessere und humanere Gesellschaft hinzuarbeiten.

Einsteins Arbeit hinter den Kulissen für die zionistische Sache darf nicht vergessen werden. Im Jahr 1948 läutete eines Tages das Telephon in seinem Heim in Princeton. Als Helena Dukas abnahm und die Ansage hörte, Washington sei in der Leitung, rief sie den Professor und fragte ihn: »Was ist jetzt los?« Es war der israelische Botschafter in den Vereinigten Staaten, Abba Eban, der Einstein inoffiziell fragte, ob er das Amt des Premierministers von Israel annehmen würde.

Vielleicht fühlte sich Einstein wie Paderewski, der große Konzertpianist und Premier von Polen, der, als er 1919 in Versailles vom britischen Premierminister Lloyd George mit den Worten begrüßt wurde: »Ah, Paderewski, der größte Pianist der Welt! Paderewski, der Premier von Polen! Mon Dieu, was für ein Niedergang!« – Nun, Einstein, der große Wissenschaftler, war zwar beeindruckt von dem Angebot, seine Weigerung stand aber fest. Lächelnd sagte er zu Abba Eban: »Ich weiß ein wenig über die Natur, doch kaum etwas über Menschen.«

Israel war jedoch hartnäckig. 1952 wurde Einstein wieder, diesmal etwas formeller, von Chaim Weizmann gebeten, das Amt des Premiers anzunehmen. Einstein kleidete seine Weigerung in einfache, aber deutliche Worte: »Mein ganzes Leben hindurch habe ich mich mit objektiven Dingen befaßt, daher fehlen mir sowohl die natürliche Begabung als auch die Erfahrung, um mit Menschen richtig umzugehen und offizielle Funktionen auszuüben. Allein aus diesen Gründen wäre ich schon ungeeignet für die Pflichten dieses hohen Amtes, selbst wenn das fortschreitende Alter meine Kräfte nicht zunehmend beeinträchtigen würde. «

So war also Einsteins Leben im Hinblick auf die Religion – ein ständiges Balancieren zwischen der Wißbegierde, die seine ureigenste Natur war, und der Bindung, die vielleicht sein Erbe war. Vielleicht wird seine religiöse Philosophie am besten zusammengefaßt in den Worten, die er einmal einem Interviewer gab auf dessen Frage, was man in dieser Welt glauben könne. »Ich glaube, « sagte er, »an die Brüderlichkeit der Menschheit und den Individualismus der einzelnen Person. Wenn Sie aber Beweise für diesen Glauben von mir verlangen, dann kann ich Ihnen keine liefern. «

Ein Dialog
über Religion und Antisemitismus

BUCKY: Es ist eine Ironie: Obwohl Ihr Name gewissermaßen mit der Wissenschaft im 20. Jahrhundert gleichgesetzt wird, hat es um Sie doch immer Kontroversen in bezug auf Religion gegeben. Wie erklären Sie diesen Umstand, da man doch gewöhnlich annimmt, Wissenschaft und Religion seien uneins?

EINSTEIN: Nun, ich glaube nicht, daß Wissenschaft und Religion notwendigerweise Gegensätze sind. Ich denke vielmehr, es gibt zwischen den beiden eine sehr enge Verbindung. Außerdem glaube ich, Wissenschaft ohne Religion ist lahm und Religion ohne Wissenschaft blind. Beide sind wichtig und sollten Hand in Hand arbeiten. Mir scheint, jeder, der sich nicht über die Wahrheit in Religion und in der Wissenschaft Gedanken macht, könnte ebensogut tot sein.

BUCKY: Also halten Sie sich für einen religiösen Menschen?

EINSTEIN: Ich glaube an das Rätselhafte, und, offen gesagt, ich begegne diesem Rätselhaften manchmal mit großer Furcht. Mit anderen Worten, ich glaube, es gibt im Universum viele Dinge, die wir nicht wahrnehmen oder durchschauen können, und wir erleben einige der schönsten Dinge im Leben nur in einer sehr primitiven Form. Nur in bezug auf diese Rätsel halte ich mich für einen religiösen Menschen. Ich spüre aber diese Dinge zutiefst. Was ich nicht verstehen kann, ist, wie es überhaupt einen Gott geben kann, der seine Subjekte belohnen oder bestrafen will und der uns dazu bringen kann, unseren eigenen Willen in unserem täglichen Leben zu entwickeln.

BUCKY: Demnach glauben Sie nicht an Gott?

EINSTEIN: Ah, das ist, was ich meine mit: Religion und Wissenschaft gehen Hand in Hand. Jedes hat seinen Platz, muß aber jeweils seiner eigenen Sphäre zugeschrieben werden. Nehmen wir an, wir hätten es mit einem theoretischen Physiker oder Wissenschaftler zu tun, der sehr vertraut ist mit den verschiedenen Gesetzen des Universums, beispielsweise wie die Planeten die Sonne umkreisen und die Satelliten ihre jeweiligen Planeten. Nun, dieser Mann, der diese verschiedenen Gesetze studiert hat und sie versteht – wie sollte der an einen Gott glauben können, der in der Lage wäre, die Bahnen dieser großen kreisenden Massen zu stören? Nein, die natürlichen Gesetze der Wissenschaft sind nicht nur theoretisch ausgearbeitet, sondern auch in der Praxis bewiesen worden. Ich kann also nicht an diese Vorstellung von einem menschenähnlichen Gott glauben, der die Macht besitzt, die Naturgesetze zu durchbrechen. Wie ich schon sagte, die schönste und tiefste religiöse Empfindung, die wir erleben können, ist das Gefühl des Mystischen. Und diese Mystik ist die Stärke aller wahren Wissenschaft. Wenn es überhaupt einen solchen Begriff ›Gott‹ gibt, dann ist es ein subtiler Geist, nicht das Abbild eines Menschen, das so viele in ihrem Verstand fixiert haben. Im wesentlichen besteht meine Religion aus einer demütigen Bewunderung für diesen unermeßlichen erhabenen Geist, der sich in den geringen Einzelheiten offenbart, die wahrzunehmen wir mit unserem hinfälligen und schwachen Verstand in der Lage sind.

BUCKY: Glauben Sie vielleicht, die meisten Menschen brauchten Religion, um sozusagen unter Kontrolle zu bleiben?

EINSTEIN: Nein, ganz klar nein. Ich glaube nicht, daß ein Mensch in seinen täglichen Aktionen beschränkt sein sollte durch die Furcht vor Strafe nach seinem Tode oder daß er Dinge tun sollte, nur weil er dann belohnt würde, wenn er gestorben ist. Die richtige Leitschnur im Leben des Menschen sollte der

Rang sein, den er der Ethik beimißt, und der Grad der Rücksichtnahme, die er anderen gegenüber walten läßt. In dieser Hinsicht spielt Erziehung eine große Rolle. Religion sollte nichts mit Angst vor dem Leben oder Angst vor dem Tode zu tun haben, sondern sollte vielmehr ein Streben nach rationaler Erkenntnis sein.

BUCKY: Und doch, trotz all dieser Gedanken werden Sie noch immer in der öffentlichen Meinung nachdrücklich als definitiv jüdisch identifiziert, und das ist sicherlich eine sehr traditionsreiche Religion.

EINSTEIN: Eigentlich erhielt ich meine erste religiöse Schulung aus dem katholischen Katechismus. Ein glücklicher Zufall, natürlich, weil die Volksschule, in die ich zunächst ging, katholisch war. Ich war tatsächlich das einzige jüdische Kind in der Schule. Das wirkte sich zu meinem Vorteil aus, denn es machte es mir leichter, mich vom Rest der Klasse zu isolieren und Trost in der Einsamkeit zu finden, die ich so schätze.

BUCKY: Finden Sie aber nicht einen Widerspruch zwischen Ihren früheren, etwas antireligiösen Aussagen und Ihrer Bereitschaft, öffentlich mit den Judentum identifiziert zu werden?

EINSTEIN: Nicht unbedingt. Eigentlich ist es eine sehr schwierige Sache, einen Juden zu definieren. Am besten kann ich es beschreiben, indem ich Sie auffordere, sich eine Schnecke vorzustellen. Eine Schnecke, die Sie im Meer sehen, besteht aus dem Körper, der sich in dem Haus befindet, das sie immer mit sich herumträgt. Jetzt stellen Sie sich vor, was geschehen würde, wenn wir der Schnecke das Haus wegnähmen. Würden Sie nicht auch den ungeschützten Körper noch als Schnecke bezeichnen? Genauso bleibt ein Jude, der seinen Glauben aufgibt oder sogar einen anderen annimmt, immer noch ein Jude.

BUCKY: Sie waren das Ziel so mancher Attacke seitens der Nazis in Deutschland, weil Sie Jude sind. Welche Erklärung haben Sie gefunden dafür, daß die Juden durch die Geschichte hindurch so sehr gehaßt worden sind?

EINSTEIN: Es ist für mich offensichtlich, daß Juden ideale Sündenböcke sind für jedes Land, das soziale, wirtschaftliche oder politische Schwierigkeiten hat. Dafür gibt es zwei Gründe. Zunächst einmal gibt es kaum ein Land auf der Welt, das kein jüdisches Segment in der Bevölkerung aufweist. Zweitens: Wo immer Juden leben, sind sie eine Minderheit in der Bevölkerung, und zwar eine so kleine Minderheit, daß sie nicht stark genug sind, sich gegen einen massierten Angriff zu wehren. Es ist sehr leicht für Regierungen, die Aufmerksamkeit von ihren eigenen Fehlern abzulenken, indem sie Juden für diese oder jene politische Theorie, wie Kommunismus oder Sozialismus, verantwortlich machen. Zum Beispiel beschuldigten nach dem Ersten Weltkrieg viele Deutsche die Juden zunächst, den Krieg begonnen zu haben, und später, ihn verloren zu haben. Das ist natürlich nichts Neues. In der Geschichte sind durchweg Juden jeder Art von Verrat angeklagt worden – da gibt es die Brunnenvergiftung, da gibt es die Ermordung von Kindern, angeblich wegen religiöser Motive. Vieles davon kann man dem Neid zusprechen, denn trotz der Tatsache, daß in den verschiedenen Ländern die jüdische Population immer dünn war, gab es bei ihnen immer eine unverhältnismäßig große Anzahl von hervorragenden Persönlichkeiten.

BUCKY: Da dieses Problem schon so lange existiert: Glauben Sie, es wird jemals gelöst werden?

EINSTEIN: Vielleicht . . . doch nur durch Beharrlichkeit. Alle, Juden und Nichtjuden, müssen dabei einsichtig und klug sein. Ich denke, jüdische Studenten beispielsweise sollten ihren eigenen Weg gehen. Sie sollten immer höflich sein, aber in ihren Ansichten konsequent bleiben und die Nichtjuden nicht bekämpfen. Ein Weg, auf dem jüdische Menschen eine Lösung sicher nicht erreichen, ist die Übernahme christlicher Bräuche und Sitten. Sie müssen entsprechend ihren eigenen Neigungen und Gewohnheiten leben. Auf diese Weise ist es sehr gut möglich, ein wohlerzogener Mensch, ein guter Staatsbürger und gleichzeitig ein gläubiger Jude zu sein, der seine Rasse liebt und seine Väter ehrt. Wenn diese Richtlinien befolgt würden, glaube ich, es würde genügen, um den Antisemitismus auf der ganzen Welt beträchtlich zu reduzieren.

BUCKY: Ich erinnere mich, daß Sie einmal von der französischen Regierung eingeladen wurden, an einer Demonstration gegen Antisemitismus teilzunehmen. Damals weigerten Sie sich. Warum?

EINSTEIN: Das war ein rein formales Problem. Zu jener Zeit war ich ja noch deutscher Staatsangehöriger, wenn ich auch nicht mehr in Deutschland lebte. Ich hatte erkannt, daß diese Demonstration gegen die deutsche Regierung gerichtet war und nicht gegen Antisemitismus als Prinzip. Deshalb hätte meine Teilnahme formaljuristisch als landesverräterisch ausgelegt werden können. Außerdem hatte ich das Gefühl, die Wirksamkeit einer solchen Kampagne wäre weit stärker, wenn Nichtjuden in der ersten Reihe stünden und nicht Juden wie ich selbst.

BUCKY: Glauben Sie, es gibt so etwas wie einen ›jüdischen Standpunkt‹?

EINSTEIN: Nein. Ich glaube, es gibt ihn vielleicht nur in der Philosophie. Ich halte das Judentum nicht einmal für ein Glaubensbekenntnis. Ich glaube, der sogenannte jüdische Gott ist tatsächlich nur eine Negation von Aberglauben.

BUCKY: Da scheint es in Ihrer allgemeinen Philosophie einen größeren Widerspruch zu geben, Professor, und der liegt in Ihrer offenen Unterstützung des Zionismus. In Ihren meisten anderen Aussagen und Ihren zwanglosen Unterhaltungen mit mir haben Sie immer behauptet, der Nationalismus sei in der modernen Welt eine der Wurzeln des Bösen. Und trotzdem unterstützen Sie sehr stark die Rechte der Juden auf einen Nationalstaat. Wie rechtfertigen Sie das?

EINSTEIN: Ich denke, in diesem speziellen Fall ist es berechtigt, weil die Welt die Juden mit der permanenten Existenz von Antisemitismus gezwungen hat, sich an einem bestimmten Ort niederzulassen.

BUCKY: Sie sind sich aber sicher einiger praktischer Probleme bewußt, denen sich Israel gegenübersieht. Ich selbst habe Israel nie als eine ideale Lösung für die Juden betrachten können, und zwar aus mehreren Gründen. Erstens, weil Israels Anspruch auf palästinensisches Land viele bedeutende moralische und rechtliche Probleme aufwirft. Zweitens glaube ich, England hat sich so einfach jeglicher Verantwortung in diesem Gebiet entledigt. Drittens denke ich nicht, daß die Juden all ihre Hoffnungen und Träume in Israel restlos verwirklichen können, weil es geographisch so begrenzt ist. Und viertens sehe ich nichts als Streit zwischen den Juden und den sie umgebenden arabischen Ländern.

EINSTEIN: Das Problem ist schwierig, aber nicht unüberwindbar. Ich denke, es könnte wahrscheinlich auf folgende Art und Weise gelöst werden. Ich glaube, aus den beiden Gruppen sollte ein Komitee gebildet werden, in dem Juden und Araber ohne politische Neigungen oder Bindungen gleich stark vertreten sind. Jede Seite sollte von einem Anwalt, einer Persönlichkeit mit medizinischer Ausbildung und einer Person aus dem Volk, vielleicht einem von den Gewerkschaften jedes Landes gewählten Arbeiter, vertreten werden. Eine weitere Person in jeder Gruppe müßte vertraut sein mit gut funktionierender Organisation, so daß die Gruppen wirksam zusammenarbeiten können. Diese beiden Gruppen sollten regelmäßig zusammenkommen, um gemeinsame Probleme zu besprechen, und sie sollten ihre Zusammenkünfte heimlich abhalten und sie nicht einmal privat diskutieren.

BUCKY: Wie sollten sie jemals diesen Grad von Geheimhaltung erreichen? Für den Menschen ist das schwierig, besonders im Kreis seiner Familie.

EINSTEIN: Nun, es gäbe keine totale Geheimhaltung. Sobald eine Entscheidung erreicht wäre, der mindestens drei Mitglieder jeder Seite zustimmten, könnte diese Entscheidung veröffentlicht werden – nicht als die eines einzelnen, sondern als Entscheidung des Komitees. Doch eine gewisse Geheimhaltung wäre schon erforderlich, damit die Mitglieder nicht unter Druck von außen geraten könnten.

BUCKY: Diese Idee erinnert sehr an die Vereinten Nationen.

EINSTEIN: Ja, das stimmt, besonders da das Komitee keine eigentliche Macht besitzen würde. Es hätte lediglich die Funktion, Probleme zwischen Israel und den arabischen Staaten auszugleichen.

Kapitel 6

Einstein und Erziehung

Einstein der Lehrer

Einstein war als Lehrer so liebenswürdig wie ganz allgemein als Mensch. Wie aus der folgenden Unterhaltung ersichtlich, hatte er eine heftige Aversion gegen übertriebenen Zwang im Klassenzimmer wie auch gegen Einschränkungen von Forschungsdrang und natürlicher Wißbegierde. Solche negativen Einflüsse zerstörten seiner Meinung nach die ursprüngliche Lernfreude und das Interesse, das die meisten Studierenden für ihre Fächer mitbringen. Deshalb sollte man ihnen genug Zeit geben, diese Interessen in der Schule zu entwickeln.

Einstein erläuterte dies einmal mit folgendem Beispiel: Wenn man ein wildes Tier, dessen natürliche Neigung es wäre, rohes Fleisch zu fressen, immer dann schlüge, wenn es hungrig wäre und versuchte, rohes Fleisch zu fressen, dann könnte man so das Tier schließlich davon abbringen, seinem natürlichen Hang zu folgen.

So entwickelte Einstein eine sehr persönliche Philosophie des Lehrens. Er fand, die größte Schwäche der meisten Lehrer wäre, daß sie sich nicht in ihre Schüler und deren Denkweise hineinversetzen könnten, es nicht einmal versuchten. Die Lehrer wären wie Eltern, die von ihren Kindern erwarteten, wie Erwachsene zu handeln, zu denken und zu reagieren. Einstein glaube, ein guter Lehrer müsse so denken wie seine Schüler.

Um zu verstehen, was für ein Lehrer Einstein in den wenigen kurzen Episoden seiner tatsächlichen Lehrtätigkeit war, wäre es vielleicht aufschlußreich, den Lehrer zu betrachten, der Einstein in dessen eigenen Schultagen am meisten beeinflußte, denn in der akademischen Welt richten sich die Lehrer meist nach selbstgewählten Vorbildern.

In dieser Hinsicht scheint ein Professor Muehlberg der richtige zu sein. Er lehrte Chemie und Naturwissenschaften an der Kantonsschule von Aarau. Einstein war angetan von seiner Bildungsphilosophie, nach der er geistige Fähigkeit, Wille und Begeisterung für die Entdeckung neuer Dinge für wichtiger hielt als das Aneignen vorübergehender flüchtiger Kenntnisse.

Einstein war von Professor Muehlberg auch deshalb beeindruckt, weil dieser als Konservator des Museums für Naturgeschichte seine Schüler immer mit hinaus nahm, um ihnen die Wunder der Natur zu zeigen. Einstein erzählte mir einmal, wie der Professor ihn auf einem dieser Ausflüge fragte: »Albert, glaubst du, daß sich die verschiedenen Gesteinsschichten auf dem Berg von unten nach oben oder von oben nach unten aufgebaut haben?« Einstein antwortete: »Herr Professor, für mich gibt es so oder so keinen Unterschied.«

Einstein dachte zum ersten Mal daran, Lehrer zu werden, als er etwa sechzehn Jahre alt war. Zu jener Zeit, erzählte er mir, war das Geschäft seiner Eltern gescheitert, und das Geld wurde knapp, was sein weiteres Studium gefährdete. Voller Sorge drängten ihn seine Eltern, einen praktischen Beruf zu erlernen und vielleicht sogar etwas zur finanziellen Unterstützung der Familie beizutragen.

Von nun an setzte sich Einstein immer mehr mit dem Gedanken auseinander, Lehrer zu werden – aber ein ganz besonderer Lehrer, einer von jenen, von denen er selbst liebend gern unterrichtet worden wäre. Doch schließlich ließ er diesen Gedanken wieder fallen und entschied sich für die Ausbildung, die ihn am Ende zu dem machte, was er in aller Augen war. Er sagte mir aber oft, er wäre sehr glücklich gewesen, hätte er nach seiner Idee unterrichten können – die Kinder froh zu machen und sie auf eine Art und Weise zu leiten, die ihm selbst seiner Meinung nach gefehlt hatte.

Bis zu seinem neunundzwanzigsten Lebensjahr hatte Einstein niemals die Gelegenheit gehabt zu unterrichten. Ronald Clark in seiner Biographie *Einstein: The Life and Times:* »Der Einstein der 1900er Jahre war nicht nur ein Wissenschaftler von geringer akademischer Qualifikation, der eine obskure Theorie auf die Welt losgelassen hat. Er war auch ein Mann, der sich nicht einfügen oder anpassen konnte, er mißachtete den hohen Professorenstand, er war jemand, der, obwohl er sich dem Alter von dreißig näherte, noch immer die Gesellschaft von Studenten vorzuziehen schien.«

Einsteins erstes Gesuch, Vorlesungen an der Universität von Bern halten zu können, wurde abgelehnt. Doch ein Jahr später, auf Geheiß des Physikers Kleiner, wurde die Entscheidung der Universität widerrufen. So begann er im Alter von neunundzwanzig vor nur vier Studenten die ›Theorie der Strahlung‹ zu lehren. Im nächsten Semester war es nur noch ein Student, so daß Einstein (was ihm sehr entgegenkam), den Unterricht in seine eigenen Räume verlegte. Sein erster Einsatz als Dozent war also nicht sehr ›ruhmreich‹.

Zwei Jahre später wurde Einstein zum Ordinarius an der Universität von Prag ernannt. Doch diese Berufung sollte nur kurze achtzehn Monate dauern. Seine Freude wich schnell der Ernüchterung, denn nun mußte er seine Vorlesungen zu festgesetzten Zeiten an bestimmten Tagen halten. So bemühte er sich bald um eine Rückkehr in die Schweiz.

Im Jahr darauf (nachdem er eine Vorlesungsreihe an der Columbia University in New York abgelehnt hatte) folgte Einstein einem Ruf, der ihn für zehn Jahre an die Schweizer Polytechnische Hochschule (bekannt als ETH) brachte. Seine Lehrtätigkeit bestand hier in wöchentlicher Nachmittagskolloquia, in denen neue Arbeiten diskutiert wurden. Anders als bei seinen früheren Vorlesungen an der Universität waren diese Nachmittagsstunden überlaufen von Studenten und anderen Professoren. Nach Vorlesungsschluß lud Einstein die Studenten häufig ein, die Diskussionen in einem Café fortzusetzen.

Von dieser Zeit an beschränkten sich Einsteins Verbindungen zur Lehre auf offizielle Vorlesungsreihen an verschiedenen Universitäten in der ganzen Welt. Als Folge des Nobelpreises, der ihm im Jahr 1919 verliehen worden war, war sein Name ständig gefragt.

Es gab noch eine andere Seite von Einsteins ›Lehrtätigkeit‹ – Hunderte von Physikern und Mathematikstudenten, die ihm aus der ganzen Welt schrieben und Antworten auf verwirrende Fragen suchten, wollten ›bedient‹ werden. Ich werde nie begreifen, wie Einstein die Zeit fand, seine ganze Post persönlich zu beantworten, doch irgendwie schaffte er es. In dieser Hinsicht spielte er auch eine wichtige Rolle als Lehrer. Denn es gelang ihm immer, die Antworten so zu formulieren, daß die Wißbegierde der Fragesteller nie erstickt und ihre Fähigkeit, die Probleme selbst zu lösen, entscheidend gefördert wurde.

Wie der Professor das anging, geht aus einem Brief Einsteins an meinen Vater hervor.

»Ich habe soeben den Brief eines jungen Wissenschaftlers erhalten, der mir ein sehr interessantes mathematisches Problem unterbreitet. Er leitet einen mathematischen Lehrsatz ab, der zweifelsohne richtig und originell ist, und bemüht sich auch, die Richtigkeit seiner Annahme mathematisch zu beweisen. Leider sind in seiner Berechnung zwei fehlerhafte Anordnungen enthalten. Trotzdem kam er zum richtigen Ergebnis. Er erfaßte den Lehrsatz emotional, erbrachte aber nicht seinen mathematischen Beweis. Ich habe die Berechnungen korrigiert. Um aber nicht mit dem jungen Mann hinsichtlich der Priorität der richtigen Berechnung zu

konkurrieren und so in ihm ein Gefühl der Abhängigkeit zu erzeugen, schrieb ich ihm, der Lehrsatz sei zwar richtig, doch die Berechnung fehlerhaft – meine Korrektur stünde ihm jederzeit auf Wunsch zur Verfügung. Auf diese Weise behält er die uneingeschränkte Priorität der Idee und kann die richtige Lösung selbst finden, ohne von mir abhängig zu werden.«

Wie aus der folgenden Unterhaltung hervorgeht, bedauerte Einstein zutiefst, daß er niemals Kinder unterrichten durfte. Das ist wirklich bedauerlich, denn Einsteins große Hingabe an sein Fachgebiet hätte es ihm leicht gemacht, vieles an junge Leute weiterzugeben. Und seine Fähigkeit zur stark vereinfachten Darstellung technischer Probleme wäre für die Aufgabe, Jugendliche zu unterrichten, die ideale Basis gewesen.
Ich werde nie zwei Gelegenheiten vergessen, die mir dieses besondere Geschick für Vereinfachung nahebrachten. Die erste Demonstration gab er mir in einer Diskussion über die Lichtgeschwindigkeit, die, wie er mir sagte, immer gleich bleibt, egal welche Geschwindigkeit das lichterzeugende Objekt auch haben mag. Ich konnte diesen Gedanken einfach nicht verstehen, bis der Professor es mir so erklärte: »Wenn Sie mit einer bestimmten Geschwindigkeit in einem Ruderboot fahren und mit einem Ruder in das Wasser stechen, erzeugen Sie Wellen. Diese Wellen wandern immer mit gleicher Geschwindigkeit, egal ob das Boot stillsteht oder sich vorwärtsbewegt.«
Die zweite Gelegenheit ergab sich auf einem Spaziergang in Watch Hill, Rhode Island. Es hatte mich immer verblüfft, warum das Gewicht des eigenen Körpers, wenn man am Strand auf trockenem Sand steht, die Füße bis zu einer bestimmten Tiefe einsinken läßt, während andererseits die Oberfläche den Körper trägt, sobald man nahe am Wasser läuft, wo der Sand feucht ist. Als ich Einstein danach fragte, lächelte er und erklärte das Problem in einem einfachen Satz: »Die Oberflächenspannung,

die von den kleinen Wasserpartikeln zwischen allen Sandkörnern erzeugt wird, ist das Geheimnis, wie sie zusammengehalten werden, und zwar mit einer Kraft, die ausreicht, das Gewicht eines durchschnittlichen menschlichen Körpers zu tragen.«

Mit dieser angeborenen Fähigkeit, komplizierte Theorien so einfach zu erklären, ist es wirklich ein Jammer, daß nicht mehr Schüler in der Lage gewesen sind, von seiner direkten Lehrmethode zu profitieren. Doch wir dürfen nicht vergessen, daß es der Verzicht auf ausgedehnte Lehrtätigkeit war, der Einstein die Freiheit und die Zeit gab, seine bahnbrechenden Theorien zu entwickeln.

Eine Unterhaltung
über Erziehung

BUCKY: Professor Einstein, was ist nach Ihrer Meinung die wichtigste Aufgabe der Erziehung in der modernen Welt?

EINSTEIN: Ich denke, der Mensch wird am besten bewertet nach dem, was er gibt, und nicht nach dem, was er erhält. Die Menschen müssen also zu dieser Einstellung des Gebens an ihre Mitmenschen erzogen werden. Wenn die Menschheit von jedem ihrer Mitglieder profitieren soll, muß jeder einzelne von Jugend an darauf vorbereitet werden. Gleichzeitig muß die Schule eine angenehme Erfahrung sein, so daß die Schüler, wenn sie gegen die Schule zu rebellieren beginnen, nicht gleichzeitig auch die humanistische Philosophie ablehnen, die die Schule ihnen vielleicht zu vermitteln sucht. Nur dann werden die Menschen im späteren Leben bereitwillig zum Nutzen der Gemeinschaft als Ganzes beitragen. Ich glaube, genau das ist die primäre Aufgabe einer guten Schule. Es ist bedauerlich, daß so viele Schüler allein schon den Gedanken, in die Schule zu müssen, nicht mögen. Doch häufig ist es der Fehler der Schule, weil sie übermäßigen Zwang und Druck auf die Schüler ausübt.

BUCKY: Was genau meinen Sie mit Zwang und Druck?

EINSTEIN: Nun, allein schon die Existenz von Prüfungen. Ich erinnere mich gut: Sobald in meiner Schulzeit Prüfungstermine angesetzt wurde, geriet ich in einen solchen Druck, daß ich das Gefühl hatte, ich ginge nicht in eine Prüfung, sondern auf die Guillotine. Ich bin wirklich überrascht, daß der Wunsch nach Bildung unter der heutigen Jugend nicht noch zurückhaltender ist.

BUCKY: Gibt es da noch mehr Dinge, die Schüler unter Druck setzen?

EINSTEIN: Lassen Sie mich nachdenken . . . Nun, ja, ich glaube, es ist absolut lächerlich, Kinder zu zwingen, Geschichtszahlen auswendig zu lernen. Wenn diese Daten jemals gebraucht werden sollten, ist jeder an der Geschichte Interessierte in der Lage, sie nachzuschlagen.

BUCKY: Aber vielleicht wollen die Lehrer dadurch nur das Gedächtnis ihrer Schüler trainieren und entwickeln.

EINSTEIN: Wenn das der Fall ist, dann sollten sie Inhalte wählen, die im praktischen Leben nützlicher sind als überholte Geschichtsdaten. Doch das ist alles nur ein Teilaspekt des weit größeren Problems falscher Lehrmethoden. Die Lehrer wissen zum größten Teil einfach nicht, wie sie unterrichten sollen – sie vergessen, daß ihre Schüler von Natur aus nicht so begeistert sind von den Fächern wie sie selbst. Ein qualifizierter Lehrer sollte die Fähigkeit oder das Talent besitzen, seine Fachgebiete den Schülern in einer Weise anzubieten, die sie für sie interessant und bedeutungsvoll machen. Ich gebe Ihnen ein Beispiel: Als ich ein kleiner Junge war, habe ich meinen Onkel Albert gebeten, mir zu erklären, was Algebra ist. Onkel Albert erklärte es so: »Nun, ich will es dir sagen: Wir gehen auf die Jagd nach einem kleinen Tier, dessen Namen wir nicht wissen. Deshalb nennen wir es ›X‹. Wenn wir unser Wild sehen, nehmen wir es gefangen, und erst jetzt bestimmen wir, welchen Namen es haben sollte.« Diese kleine Geschichte projiziert die Geheimnisse der Algebra auf eine persönliche Ebene.

BUCKY: Glauben Sie, das Problem der Didaktik sei nur ein Problem unserer Zeit, oder hat es dieses Problem schon immer gegeben?

EINSTEIN: Das gab es immer. Tatsächlich bildete ich mir mein Urteil über gute Lehrmethoden, nachdem ich die schlechten

Methoden am eigenen Leib erfahren hatte. So wurde mir klar, daß freiere Unterrichtsformen und auch die Möglichkeit einer freieren Wahl der Fachgebiete für die Schüler beiden Seiten, sowohl Lehrern wie Schülern, eine andere Einstellung über den Stellenwert ihrer jeweiligen Arbeiten vermitteln können und so das ganze Bildungserlebnis einfach glücklicher machen. Ohne diese Art von Bildungsfreiheit wird der Geist des Schülers nur verkommen, denn Menschen sind keine Maschinen und können nicht wie Maschinen behandelt werden.

BUCKY: Glauben Sie, Lehrer könnten lernen, in ihren Methoden freier zu sein, oder sind sie in ihrem System oder durch ihre eigenen Beschränkungen gefangen?

EINSTEIN: Um einen guten Lehrer zu schaffen, muß zunächst die Saat vorhanden sein. Was ich damit meine ist, daß es zur wichtigsten Aufgabe eines guten Lehrers gehört, die richtige psychologische Einstellung zu haben. Nur so kann er die Bedürfnisse seiner Schüler verstehen. Wenn einem solchen Lehrer alle erforderlichen Kenntnisse fehlen, kann er sich diese immer noch aus Büchern oder durch Erfahrung erarbeiten. Aber der kenntnisreichste Lehrer der Welt ist ein schlechter Lehrer, wenn er die Psychologie des Umgangs mit seinen Schülern nicht versteht.

BUCKY: Wann, glauben Sie, waren die Lehrsysteme auf Universitätsebene besser – als Sie noch studierten oder heute?

EINSTEIN: Es kommt darauf an, wo Sie sind. An den meisten amerikanischen Universitäten ist zum Beispiel der Besuch der Vorlesungen Pflicht. Ich kann mir allein aus diesem Trend nicht vorstellen, wie ich je an einer amerikanischen Hochschule hätte studieren können. In Europa gibt es viel mehr Freiheit beim Vorlesungsbesuch, was es den Studenten ermöglicht, sich allein in ihr Fach zu vertiefen. Diejenigen, die an dem Fach wirklich interessiert sind, werden den Vorteil der zusätzlichen Zeit nutzen, um intensiver zu lernen. Diejenigen, die das Privileg mißbrauchen – nun, was macht das schon? Sie werden das Fach sowieso nicht weiter verfolgen.

BUCKY: Gibt es noch andere Unterschiede, die nach Ihrer Meinung von Bedeutung sind?

EINSTEIN: Nun, es gibt Unterschiede bei den Prüfungen – jenem Fluch der Bildung. Im Namen der Prüfungen werden die Studenten gezwungen, viele unnötige Dinge zu lernen. Was mich betraf, so war mein Verstand nach Prüfungen einige Zeit für wissenschaftliche Forschung und Analyse völlig blockiert. Meine geistige Fähigkeit war erschöpft, weil ich nutzlose Informationen auswendig lernen mußte. Aber obwohl alle Länder im Grunde Prüfungen als Teil ihres Lehrsystems einsetzen, tun es doch nicht alle im gleichen Grade. In der Schweiz, wo ich die Universität besuchte, gab es beispielsweise nur zwei Hauptprüfungen. An den deutschen Hochschulen gab es jedoch viel mehr.

BUCKY: Glauben Sie demnach, das amerikanische System der Universitäten sei weniger gut?

EINSTEIN: Das europäische System ist in dem von mir erwähnten Sinne besser. Das heißt, die durchschnittliche europäische Hochschule ist nicht daran interessiert, ob ein Student die Vorlesungen besucht oder nicht, vorausgesetzt, er besteht zu gegebener Zeit seine Prüfungen. Der amerikanische Durchschnittsstudent lernt im Vergleich dazu durch den Pflichtbesuch ein viel größeres Informationsvolumen. Wegen dieses erforderlichen Einpaukens wird der amerikansiche Student nicht so gut im logischen Denken geschult.

BUCKY: Welches Land hat nun nach Ihrer Meinung das beste Bildungssystem?

EINSTEIN: Ich meine, das englische Schulsystem kommt der Perfektion am nächsten. Jene Länder, in denen Gewalt, Furcht und Autorität stärker präsent sind als in anderen Ländern, haben die schlimmsten Systeme. Dazu gehören, denke ich, Deutschland und Rußland, wogegen die Schulen in den Vereinigten Staaten und in der Schweiz und, wie ich schon sagte, in England diesbezüglich viel besser sind.

BUCKY: Aber Professor, das englische System gilt doch allgemein als besonders streng! Widersprechen Sie sich da nicht?

EINSTEIN: Mir ist klar, warum Sie das glauben, denn es scheint nicht mit meiner Auffassung von Freiheit übereinzustimmen. Lassen Sie es mich so ausdrücken: Ich will nicht sagen, Strenge an sich sei falsch, vorausgesetzt, sie bewegt sich innerhalb ihrer Grenzen und schränkt nicht das individuelle Denken ein. Mit Freiheit der Bildung meine ich nur, es soll keiner veranlaßt oder gezwungen werden, etwas zu lernen, wozu er nicht von Natur aus Neigung zeigt. Natürlich sind aber innerhalb dieses Rahmens eine gewisse Strenge und feste Regeln erforderlich.

BUCKY: Was halten Sie von der spezialisierteren Ausbildung, die heute an den Schulen auf der ganzen Welt vorzuherrschen scheint?

EINSTEIN: Ich glaube nicht, daß die Entwicklung von Spezialgebieten in den Schulen auch nur annähernd so wichtig ist wie die Fähigkeit, unabhängig zu denken und zu urteilen. In dieser Hinsicht führe ich möglicherweise einen vergeblichen Kampf, weil die Spezialisierung ein unabänderlicher Trend zu sein scheint. Er geht fast Hand in Hand mit der Sucht nach Effizienz. Ich glaube, die Effizienz als solche wird leider von den meisten Menschen unserer Zeit höher eingeschätzt als die wahren Werte und die Wahl der richtigen Lehrstoffe.

BUCKY: Was ist nach Ihrer Meinung der wichtigste Aspekt der Bildung?

EINSTEIN: Der vermutlich wertvollste Aktivposten in der Bildung ist das Lesen. Der Unterricht ist gut und schön, aber er ist bis zu einem gewissen Grad immer untrennbar mit der Persönlichkeit des Lehrers verbunden. Ist der Lehrer eine unangenehme Person, werden die Schüler oft ein Lehrfach ablehnen, das sie sonst vielleicht interessieren würde. Wenn man aber an einem Fach interessiert ist und ein Buch darüber liest, hat man die einmalige Gelegenheit, das Wesentliche des Faches ohne Vermittler zu erfassen, und kann so nicht von anderen Leuten auf irgendeine Art beeinflußt werden.

BUCKY: Sehen Sie die Zukunft des Lernens pessimistisch?

EINSTEIN: Ich bin nicht gern negativ, aber manchmal glaube ich wirklich, Kenntnisse allein sind tot. Es bedarf guter Lehrer und Schulen, um sie zum Leben zu erwecken.

Bucky: Wie kann das nach Ihrer Meinung erreicht werden?

Einstein: Nun, es muß bei den Schulen selbst beginnen. Die Atmosphäre der Schule ist noch wichtiger, als die einzelnen Lehrer es sind, weil sie das allgemeine Lernen fördert, indem sie die richtige Umgebung dafür bietet. So muß eine Schule meiner Meinung nach zunächst wie eine große Familie oder Gemeinschaft sein. Ich denke, die besten Schulen sind jene, an denen die Mehrzahl der Lehrer selbst einmal Schüler waren, weil auf diese Art eine festere Bindung geschmiedet wird. Die Lehrer müßten ebensoviel Freiheit für die Wahl des Lehrmaterials haben wie die Schüler. Wenn Ausschüsse oder Schulkommissionen beginnen, sich in die Wahl von Lehrbüchern und Lehrmethoden einzumischen, wird das wirkliche Lernen begraben. Auf jeden Fall sollte die Freude am Lernen gefördert werden und damit die Anerkennung persönlicher Leistung. Und, ob Sie es glauben oder nicht, es gibt einige solche idealen Schulen, und wo immer sie vorhanden sind, ich habe das scheinbar Unmögliche erlebt – die Schüler blieben tatsächlich lieber in der Schule, als in die Ferien zu gehen.

Bucky: Was ist mit der körperlichen Erziehung? Viele Schulen legen großen Wert auf sportliche Aktivitäten.

Einstein: Ich kann mir wirklich nicht vorstellen, wie die Ausübung einer Sportart die allgemeine Bildung einer Person unterstützen sollte, ausgenommen vielleicht als Mittel zur Erzeugung von Energie, die es dem Schüler ermöglicht, sich noch mehr auf seine Studien zu konzentrieren. Damit will ich das Physische aber nicht verunglimpfen, denn ich glaube, die größten und wichtigsten Phasen in der Bildung eines Menschen fallen in die Zeit, wenn er bestimmte physische Funktionen entwickelt, zum Beispiel wenn ein Kind das Schreiben erlernt.

Bucky: Wenn Sie auf Ihr Leben zurückblicken, mit all den Verbindungen zu Universitäten: Spüren Sie irgendein Bedauern darüber, daß Sie nicht mehr auf dem Gebiet der Lehre getan haben?

EINSTEIN: Ob Sie es glauben oder nicht, das ist wirklich etwas, das ich zutiefst bedaure. Ich bedaure es, weil ich gern mehr Kontakt mit Kindern gehabt hätte. Die Unschuld und Frische kleiner Kinder hat mich immer gereizt, und es macht mir Freude, mit ihnen zusammen zu sein. Und sie sind dem Wissen gegenüber so offen. Ich habe es nie als schwierig empfunden, Kindern die grundlegenden Gesetze der Natur zu erklären. Wenn man sie auf ihrem Niveau erreicht, kann man in ihren Augen echtes Interesse und Anerkennung lesen. Tatsächlich habe ich mich immer über die Fragen gewundert, die Kinder über Wissenschaft stellen. Meistens sind sie viel logischer als viele Fragen, die von Erwachsenen gestellt werden, sogar von professionellen Leuten. Und sie haben auch keine Angst davor, Fragen zu stellen. Erwachsene sind zu gehemmt und haben Angst, ›dumme‹ Fragen zu stellen. In meinem Wortschatz existiert das Wort ›dumm‹ nicht, soweit es Mathematik und Wissenschaft betrifft. Hier machen viele Lehrer einen Fehler – sie schieben ihre Unfähigkeit, jemandem etwas erklären zu können, darauf, daß diese Person dumm sei, statt es ihrem eigenen Mangel an Geduld oder Bereitwilligkeit, die Lehrmethode zu ändern, zuzuschreiben. Ich werde Ihnen ein Beispiel geben. Es gibt viele Leute, die sich in bezug auf Wissenschaft und Mathematik für ›dumm‹ halten. Und trotzdem sind diese selben Leute hervorragende Autofahrer, und in vielen Fällen können sie sogar ein Auto völlig zerlegen und wieder zusammenbauen. Warum? Weil sie an diesem Wagen äußerst interessiert sind. Nun, es ist die Pflicht des Lehrers herauszufinden, welcher Aspekt seines Themas oder welche Methode jeden einzelnen Schüler interessiert. Und *das* ist eine große Herausforderung. Jeder kann jemandem etwas beibringen, der eine schnelle Auffassungsgabe besitzt; es bedarf aber eines *wirklichen* Lehrers, jene Schüler zu erreichen, die geistig nicht so beweglich sind.

Kapitel 7

Einstein
und seine Familie

Ein privater Einblick
in das Leben Einsteins
und seiner Familie

In Tolstois großem Roman *Anna Karenina* steht der folgende Satz: »Alle glücklichen Familien sind einander ähnlich; jede unglückliche Familie ist aber auf ihre eigene Art unglücklich. « An dieses Zitat muß ich denken, wenn ich mich an Einstein und seine Familie erinnere, denn Einsteins Leben war, was seine Familie betraf, eine Mischung von Glück und Unglück.

Da ich Einstein nahezu dreißig Jahre kannte, hatte ich auch die Gelegenheit, mit allen Mitgliedern seiner Familie, die ihm etwas bedeuteten, bekannt zu werden – mit Ausnahme seiner Eltern und seiner ersten Frau. Da die Freundschaft zwischen den Einsteins und meiner Familie es mir ermöglichte, den großen Wissenschaftler selbst in privater Muße zu beobachten, wurden mir Einblicke in einem Maße gewährt wie kaum einem anderen ›Außenstehenden‹.

Was Einsteins Kindheit und Jugend betrifft, so sind die Daten hinreichend bekannt. Er wurde am 14. März 1879 in der Bahnhofstraße 135 in Ulm geboren. Die meisten Angehörigen seiner Familie waren kleine Händler. Einstein hatte seine Neigung für mathematische Probleme wahrscheinlich von seinem Vater geerbt, der auf diesem Gebiet sehr begabt war, aber leider wegen der finanziellen Notlage seiner Familie keine Hochschule hatte besuchen können. Einsteins Vorliebe für Musik und sein Interesse am Geigenspiel geht wohl auf seine Mutter, Pauline Koch, zurück.

Einsteins Vater besaß ein Elektrogeschäft in Ulm. Im Jahr 1880 überredete dann Einsteins Onkel Jakob seinen Vater, das Geschäft nach München zu verlegen. Dort begann der ältere Einstein, Bogenlampen, Dynamos und Meßinstrumente herzustellen, was sich aber nicht bezahlt machte und die Familie in andauernde finanzielle Schwierigkeiten brachte. So hatte Albert Glück, nicht in die Fußstapfen seines Vater treten zu müssen.

Einsteins erste Ehe war ein regelrechtes Unglück – und sie zog weiteres Unglück nach sich. Alle großen Geister scheinen gewisse Schwierigkeiten zu haben, sich den förmlichen Bindungen anzupassen, denen normale Menschen sich unterwerfen. »Derjenige, der Weib und Kind hat«, schrieb Francis Bacon, »hat sich Verlusten und Gefahren ausgesetzt, denn sie sind Hindernisse für große Unternehmen, entweder im Guten oder im Bösen.«

Einstein erzählte mir einmal, er hätte Mileva Maric nur aus Mitleid geheiratet. Mileva, sagte er, war wenig anziehend, häßlich, sie hinkte, und im übrigen wollte keiner etwas mit ihr zu tun haben. Als seine Freunde Einsteins Absicht, sie zu heiraten, gewahr wurden, versuchten sie es denn auch, ihm das auszureden.

Letzten Endes litten sowohl Mileva als auch die beiden Söhne, die aus der Ehe hervorgingen, Eduard und Hans Albert, stark unter dem Druck von Einsteins Arbeit – der Ehemann und Vater fand wenig Zeit für seine Familie. Eduard, bescheiden und hochbegabt, war wohl am wenigsten widerstandsfähig gegen diese Belästigungen, denn in jungen Jahren diagnostizierte man bei ihm eine Schizophrenie – er wurde in eine Anstalt eingewiesen. Herta, Einsteins Hausmädchen in Berlin und Caputh, erzählte mir, daß Eduard, als er einmal zu Besuch kommen durfte, an Einsteins Flügel saß und wie ein Irrer auf den Tasten herumhämmerte.

Im selben Jahr, in dem Einstein den Nobelpreis erhielt, wurden er und Mileva geschieden. Eine der schlimmsten Belastungen seiner Ehe waren die während seiner Prager Professur ständigen Reisen von der Schweiz in die Tschechoslowakei und zurück. Mileva fand das unerträglich, besonders weil sie selbst aus Serbien stammte. Aber wahrscheinlich trug Milevas Eifersucht auf Einsteins Bekanntheit und seine Arbeit weit mehr zur Zerstörung der Ehe bei. Mileva war zwar ebenfalls Physikerin, konnte aber offensichtlich nicht jeder Theorie ihres Ehemanns folgen.

Kürzlich haben einige Gelehrte Briefe Einsteins an Mileva zu Anfang ihrer Ehe zitiert, in denen er sich auf die großen Theorien, an denen er arbeitete, als »unsere Arbeit« bezieht. Mit solch dürftigem Beweis versuchten diese Gelehrten, ein neues Bild von Einstein als nur gleichwertigem Partner in enger wissenschaftlicher Zusammenarbeit mit seiner ersten Frau zu konstruieren.

Jeder verständige Mensch kann in diesen Briefen bei den Hinweisen auf »unsere Arbeit« die gutmütige Gefälligkeit eines jungen Ehemanns gegenüber seiner Frau erkennen. Tatsächlich dankt Einstein in seiner Abhandlung von 1905 über die »Elektrodynamik sich bewegender Körper« für »loyale Unterstützung« nur seinem »Freund und Kollegen«, dem Ingenieur Michele Besso, dem er »für mehrere wertvolle Anregungen verpflichtet« ist, wie Jeremy Bernstein in seinem Artikel vom 6. Juli 1987 im *New Yorker,* betitelt mit *Einstein When Young (Der junge Einstein),* hervorhebt. Dr. John Stachel, Herausgeber der Abhandlungen Einsteins, hat die Meinung geäußert, Mileva sei wahrscheinlich eher ein »Resonanzboden« gewesen – zu Einsteins Ideen beigetragen habe sie wohl kaum. Tatsächlich hat Einstein oft festgestellt, es sei ihm unmöglich, seine Arbeit mit ihr zu diskutieren.

Am Ende verabscheute er seine erste Frau, und diese Empfindung hielt auch noch lange nach der Scheidung an. Er hatte eine Meinung über Frauen und Physik, die wohl heute gesellschaftlich tabu wäre. Einmal sagte er zu einer seiner weiblichen Studentinnen, Frauen wären nicht begabt für Theoretische Physik;

deshalb würde er niemals einer seiner Töchter das Physikstudium erlauben. Aber vielleicht können wir nachsichtig sein, weil seine unglückliche erste Ehe wohl viel zu dieser Meinung beigetragen hat.

Einsteins katastrophale erste Ehe hinderte ihn jedoch nicht daran, eine zweite einzugehen – »Der Triumph der Hoffnung über die Erfahrung«, wie Samuel Johnson einmal die zweite Heirat eines Freundes überschrieben hat. Diesmal heiratete er eine entfernte Cousine, Elsa Einstein, eine etwas häusliche junge Frau, die zwei Töchter – Margot und Ilse – aus einer früheren Ehe mitbrachte. Das war eher eine Frau nach Einsteins Geschmack. Wie er es einmal ausdrückt: »Ich bin froh, daß meine zweite Frau keine Ahnung hat von Wissenschaft.«

Einstein würde heutzutage als klassischer männlicher Chauvinist gelten. Er schrieb einmal in einem Brief an seinen Freund Dr. Muesham in Haifa, nach seiner Definition sei eine gute Frau irgendwo zwischen Schlampe und Putzteufel angesiedelt. Es sieht so aus, als hätte ersteres auf Mileva gepaßt, während Elsa eher in die zweite Kategorie gehörte.

Aber Elsa verstand eine Menge davon, Einsteins Leben zu organisieren – und das führte nicht selten zu Spannungen. Zwar beschuldigte Elsa ihn, ein Chauvinist zu sein, bediente ihn aber hinten und vorn, um sich dann wiederum – zu Recht – zu beschweren, sie erhielte dafür weder Sympathie noch Zärtlichkeit von ihm. Andererseits unterstützte sie ihn fanatisch in seiner Arbeit.

Elsa war eine sanfte und freundliche Frau, und ich hatte oft den Verdacht, sie hatte mehr Freude an Einsteins Ruhm und Popularität als ihr Mann selbst. Eine ihrer immer wiederkehrenden Auseinandersetzungen ging darauf zurück, daß sie Einstein ständig in der Öffentlichkeit herumreichte. Sie nahm viel mehr gesellschaftliche Einladungen an, als Einstein lieb waren (was ihm wenig gefiel, denn er mochte solche Anlässe überhaupt nicht und konnte gut auf sie verzichten.)

Ich erinnere mich an Elsa auch als eine sehr gutmütige und

Princeton N.J.den 22.3.

Liebe Freunde:

          Nun muss ich es doch wieder ein bischen ver-
schieben. Es wäre scheusslich von mir, wenn ich Lichtwitz
jetzt umgehen würde. Ich habs mir im Moment nicht überlegt.
Sie dürfen darüber nicht ungehalten sein, aber es wäre höchst
abscheulich von mir, wenn ich jetzt etwas unternähme,ohne
Lichtwitz wenigstens zu benachrichtigen. Ich erwarte ihn
dieser Tage, er kommt bestimmt heraus. Wir sagen ihm natürlich, dass wir absolut geneigt sind, die Bestrahlung durch-
führen zu lassen und er wird wohl nichts dagegen einzuwenden
haben. Eine Operation lasse ich nicht machen. Ich habe in
meiner nächsten Familie einen mir nahestehenden Menschen durch
diese Operation verloren,er wurde bei Kocher in Bern operiert.
Mein Mann ist jetzt auch so weit, dass er die Röntgenbehandlung
haben will.
          Sie Mein Mann fährt am 30. nach New York, dann nimmt
er mich mit. Heute ist er in New York derart in Anspruch genommen,
dass er sein altes gewohntes Quartier ausnahmsweise nicht aufsuchen
kann. Wird aber gründlich nachgeholt. Wir essen immer noch an
Ihren schönen Geburtstagssachen, der Schinken schmeckt Albert
vorzüglich und der umfangreiche gehaltvolle Kuchen findet grossen
Beifall.
          Margot hat heute das Grammophon spielen lassen, die neuen
Platten sind herrlich.

               Seien Sie von Herzen gegrüsst *u. umarmt*

               von Ihrer
                              Elsa.

Dieser Brief von Elsa Einstein zeigt die enge Verbundenheit
zu den Buckys

ernsthafte Person, die auf andere extrem viel Rücksicht nahm. Viele Male versuchte sie, Einstein die Standpunkte anderer zu erläutern, wenn er sie nicht so schnell erfaßte wie sie. Sie war sehr kurzsichtig, aber ein Zug von Eitelkeit hinderte sie daran, eine Brille zu tragen, was zu einigen erheiternden Zwischenfällen führte, so zum Beispiel, wenn sie versuchte, ihre Schlüssel zu finden oder Alberts Haare zu schneiden.

Bei einem besonderen gesellschaftlichen Ereignis brachte sie das einmal in große Verlegenheit – zur Belustigung der Beobachter. Es war bei einem Essen im Waldorf-Astoria-Hotel in New York. Ich saß neben ihr. Die Tafel war aufwendig und stilvoll gedeckt, wie man es in einem solchen Hotel erwarten konnte. Direkt vor Elsa lag auf dem Tisch ein Blumenstrauß. Elsa, vielleicht extrem hungrig oder auch nur ungeduldig, vermutete in ihrer Kurzsichtigkeit dahinter etwas ganz anderes: Sie machte sich mit Messer und Gabel an den Blumen zu schaffen, weil sie diese für ihren Salat hielt! Elsa erkannte auch häufig Leute, die ihr bekannt waren, nicht sofort – und ständig stieß sie an irgendwelche Gegenstände an. Alles in allem machte jene starke Kurzsichtigkeit sie zu einer recht nervösen Person.

Elsa versorgte den Haushalt für ihren Mann auf angenehme und ordentliche Art und schaffte es darüber hinaus noch, alle seine Belange zu koordinieren. Gleichzeitig mußte sie Einstein vor seiner eigenen Naivität bewahren. So gab sie in Deutschland immer zum besten, einem Vertreter einer Fahrstuhlfirma wäre es bestimmt ein leichtes, ihren Mann zum Kauf eines Fahrstuhls für ihr einstöckiges Haus in Caputh zu überreden!

Elsa mußte sich auch um Einsteins Kleidung kümmern, weil er für Dinge dieser Art völlig blind war. Ich erinnere mich sehr genau, als sie eines Tages mit sechs neuen Oberhemden nach Hause kam, die alle sehr attraktive Manschetten hatten. Als Einstein sie sah, grollte er und sagte: »Ich mag diese neuen Hemden gar nicht.« Er beklagte sich über die Ärmel, die zu lang und zu weit wären, und aus diesem Grund wies er das Hausmädchen (die von Beruf Näherin war) an, die Manschetten einfach abzuschneiden, um die Ärmel besser passend zu machen!

Elsa führte auch ein strenges Regiment über ihre Finanzen. Die meisten von uns, die sie kannten, meinten, sie würde in ihrer Sparsamkeit etwas übertreiben, angesichts der Menge Geldes, das sie hatten, und des relativ billigen Lebensstils. Dieser Geiz war eine weitere Quelle heftiger Auseinandersetzungen zwischen ihnen, da Einstein das Gefühl hatte, niemals Geld in der Tasche zu haben.

Ich glaube, Männer wie Einstein, die versuchen, die Geheimnisse des Universums zu enträtseln oder das Wesen der Philosophie zu ergründen, haben große Schwierigkeiten, sich an die Häuslichkeit des Ehelebens anzupassen. In einem unbedachten Augenblick bekannte er mir, jede persönliche Bindung sei für ihn wie eine Form von Folter und jede Verpflichtung oft unerträglich. Wie er es ausdrückte: »Jede Handschelle stört mich.« Nachdem er das gesagt hatte, fragte ich ihn: »Angenommen, Sie hätten eine intelligente Frau gehabt, die sich im Hintergrund gehalten und Verständnis aufgebracht hätte für alles, was Sie empfinden, die Sie allein gelassen und Sie in keiner Weise eingeschränkt oder Ihnen Grenzen auferlegt hätte – wären Sie dann glücklicher gewesen?« Einstein lächelte breit: »Natürlich wäre ich das gewesen!«

Die Person, die Einstein während seines langen Lebens vermutlich am nächsten stand, war seine Schwester Maja, die seine Kindheit, seine erste und zweite Ehe und sogar seinen zweiten Sohn und die erste Stieftochter überlebte. (Die einzige Verwandte, die länger lebte als Maja, war Einsteins ältere Stieftochter Margot.)

Maja war eine wunderbare Person. Sie war ein großartiger Mensch und auch sehr gebildet. Durch sie entwickelte Einstein beispielsweise seine große Liebe für italienische Speisen. Sie, die Expertin für italienische Küche, hatte schon früh ihre Kenntnisse an Einsteins deutsche Hausmädchen weitergegeben.

Wenn man Einstein und seine Schwester zusammen sah, konnte man glauben, sie seien Zwillinge, weil sie einander so sehr ähnelten. Sie vertraten auch beide die gleiche Lebensphilosophie. Deshalb war Albert begeistert, als Maja nach Princeton kam und bei Einsteins einzog. Sie fügte dem Haus auch ein weiteres musikalisches Element hinzu, weil sie eine gute Pianistin war. Oft ertönte der Flügel im Haus in der Mercer Street, wenn Maja zur Begleitung von Alberts Geige spielte.

Maja war eine strenge Vegetarierin, weniger aus Ernährungsgründen, sondern vielmehr, weil sie Tiere so sehr liebte. Allerdings gab es zu dieser Regel eine einzige Ausnahme: Sie liebte heiße Würstchen. Einstein pflegte darüber zu spotten: »Nun, das ist einfach zu beantworten – Maja ißt heiße Würstchen, weil sie ein Würstchen als Gemüse betrachtet.«

Maja starb dreieinhalb Jahre vor ihrem berühmten Bruder, und Einstein litt sehr unter ihrem Tod und ihrem langsamen Dahinscheiden. Zuletzt verbrachte Maja die meiste Zeit im Bett, und ihr Bruder kam jeden Abend in ihr Zimmer, um sich zu ihr zu setzen. Dort las er aus berühmten Werken der Geschichte, die sie sehr mochte, und unterrichtete sie auch über die neuesten Nachrichten sowie die Dinge, die sie interessierten.

Einsteins Stieftöchter – Ilse und Margot – mochte er beide gern. Leider starb Ilse 1934 einen sehr schmerzhaften Tod in Paris – einen Tod, den ihre Mutter Elsa nie verwunden hat. Ilse war mit Dr. Rudolf Kaiser verheiratet, der Lektor im Verlagshaus S. Fischer in Deutschland war – ein sehr schlichter, einfacher und bescheidener Mann.

Ganz das Gegenteil von ihm war Margots Ehemann Dmitri Marianoff. Er war Russe, sehr stark engagiert in der russischen Filmindustrie, aber er hatte viele schlechte Angewohnheiten, die ihn recht unbeliebt machten. Marianoff war seiner Frau auch nicht treu, denn Margot entdeckte Rechnungen, die aus Paris kamen, für Blumen, die er an Freundinnen geschickt hatte. Folglich ließ Margot sich nach siebenjähriger Ehe von ihm scheiden. Später, als er in die Vereinigten Staaten zog, wurde er

Drei Aufnahmen,
die Maja Einstein
in Princeton zeigen
(rechts mit Albert Einstein)

in einige schmutzige Aktivitäten mit dem US Department of Agriculture (Landwirtschaftsministerium) verwickelt. Er starb in den dreißiger Jahren.

Sowohl Kayser als auch Marianoff schrieben Bücher über Einstein, in denen sie viele Einzelheiten von ihren Erlebnissen mit der Familie veröffentlichten. Einstein lehnte jedoch Marianoffs Werk ab und behauptete, vieles darin wäre unwahr.

Margot blieb bis zu Einsteins Tod bei ihm und wohnte, wie bereits erwähnt, in seinem Haus in Princeton, bis sie starb – mehr als drei Jahrzehnte nach Einstein. Als sie dort einzog, wurde sie sofort zu Einsteins engster Vertrauten. Oft, wenn er Probleme in seinem Labor hatte und zum Essen herunterkam, finster und blaß dreinschaute und kaum ein Wort während des Essens sagte, fragte er sie: »Margot, möchtest du ein Stück mit mir gehen? Es würde uns beiden guttun.« Ihre Spaziergänge waren wirklich Therapie für Einstein, und er ging dann mit neuer Energie an seine Arbeit zurück.

Margot selbst war auch sehr talentiert – eine außerordentlich sensible Künstlerin, deren bevorzugtes Gebiet die Bildhauerei war. Als sie sich dem Haushalt in Princeton Mitte der dreißiger Jahre anschloß, brachte sie etwa ein Dutzend Arbeiten mit, und zwar aus Terrakotta, Bronze, Ton, Holz und Wachs. Diese Stükke, beispielsweise ein kleiner Leierkastenspieler aus Seidenpapier, Wachs und Metallstücken, standen überall im Hause der Einsteins herum.

Die Arbeiten reichten von Büsten aus Ton über eine sitzende Frau (mit außergewöhnlich gut ausgearbeitetem Gesicht und Händen) bis hin zu Puppen, hölzernen Enten und zu einer sitzenden Bauersfrau in einer Eisenbahnstation, in Eiche geschnitzt (einem extrem schwierigen Material für Holzschnitzerei).

Margot war körperlich sehr sensibel und zerbrechlich und reagierte heftig auf Luftdruckveränderungen. Deshalb zog sie die Berge der See vor. Auch war sie war sehr tierlieb. Einer ihrer Lieblinge war mein Hund Chico, ein Drahthaarterrier. (Chico war wirklich ein recht privilegierter Hund – ihm widerfuhr einmal die Ehre, in der wohlbekannten Kolumne »Profiles« des Magazins *The New Yorker* erwähnt zu werden, und als er starb, im Alter von fünfzehn Jahren, wurde er im Garten des Einsteinschen Hauses begraben!)

Obwohl sich Margot in Princeton nie restlos wohl fühlte (sie äußerte häufig den Wunsch, der klösterlichen Stumpfheit von Princeton zu entkommen und durch die Straßen von New Yorks pulsierender Eastside zu schlendern), blieb sie schließlich doch mehr als ein halbes Jahrhundert in Princeton. In jenen Jahren erweiterte sich ihr soziales Bewußtsein zunehmend, und stets beklagte sie die anscheinend verlorene Fähigkeit der modernen westlichen Gesellschaft, ihre Künstler zu ernähren – die Leute, die Margot gern »unsere Kulturträger« nannte.

(Am Ende dieses Kapitels habe ich einen Teil hinzugefügt, der gewissermaßen das letzte Interview wiedergibt, das Einsteins Stieftochter jemals gab und das ich während eines privaten Mittagessens 1987, nur kurz vor Margots Tod, aufgezeichnet habe.)

Ein wirklich trauriges Faktum in Einsteins Leben war jedoch seine Beziehung zu seinem ältesten Sohn Hans Albert. Ich begegnete Hans zum ersten Mal 1937 und hatte danach Gelegenheit, ihn näher kennenzulernen, denn ich fuhr mit ihm im Auto drei Monate lang durch die Vereinigten Staaten. Auf dieser Reise legten wir mehr als 10 000 Meilen zurück und besuchten größere Universitäten im ganzen Land, denn Hans versuchte eine Professur für Hydraulik zu erhalten.

Aber er verfolgte noch einen anderen Zweck mit dieser Reise, und zwar besuchte er amerikanische Wasserkraftwerke, wie beispielsweise den Hoover Dam, weil die gewaltige Größe und das Ausmaß von Amerikas technischen Einrichtungen in Europa viel Aufmerksamkeit erregt hatten. (Zu jener Zeit lebte Hans in der Schweiz, wo es Probleme mit dem Hochwasserschutz gab.)

Wir machten Station in Salt Lake City, Los Angeles, Iowa City,

Knoxville (wo in der Zeitung der Stadt die Überschrift zu einem Photo mich irrtümlich als Sohn von Albert Einstein identifizierte!), Vicksburg, Cleveland, Chicago, Detroit und Indiana. Einsteins Name hatte damals wie heute eine starke Zauberwirkung: Wo wir auch hinkamen – wir landeten stets auf der ersten Seite der örtlichen Zeitungen (obwohl Hans doch ›nur‹ der Sohn des großen Wissenschaftlers war).

Im Jahr 1938, dem Jahr nach unserer Fahrt, kam Hans Albert endgültig in die Vereinigten Staaten. Sofort nach seiner Übersiedlung wurde er Forschungsingenieur an der Agricultural Experiment Station (Landwirtschaftliche Versuchsanstalt) in Clemson, South Carolina. Danach arbeitete er bis 1947 als Forschungsingenieur im US Department of Agriculture am California Institute of Technology in Pasadena. 1947 wurde er außerordentlicher Professor an der Universität von Kalifornien in Berkeley, später Ordinarius für Hoch- und Tiefbau.

Hans Albert war wirklich »ganz der Vater«. Er haßte Publizität, und während unserer langen Reise mußte häufig eine List angewandt werden, um die Öffentlichkeit von ihm fernzuhalten. Ebenso wie sein Vater war Hans besessen von Wahrheitsliebe, und wenn er einen Freund jemals bei einer Lüge ertappt hatte, war es für Hans unmöglich, die Freundschaft aufrechtzuerhalten. Auch in der äußeren Erscheinung war Hans ein Spiegelbild seines Vaters. Sein Haar war ähnlich buschig, und seine Art zu sprechen glich sehr stark der des älteren Einstein. Hans teilte auch seines Vaters Aversion gegen jeglichen Luxus. So baute er gleich nach seiner Ankunft in Amerika in Eigenhilfe ein einfaches Haus in Greensboro, North Carolina.

Doch trotz all dieser Ähnlichkeiten gab es viele Probleme zwischen den beiden. Man kann ihre Beziehung zueinander ohne Übertreibung eine Haß-Liebe-Beziehung nennen, wobei die negativen Faktoren ein wenig überwogen. So war Hans immer peinlich berührt von der Kleidung seines Vaters, während er sich stets gut kleidete – seine einzige Konzession an den Luxus.

Son Of Einstein Pays S. L. Visit

H. Albert Einstein Jr., left, son of the famous physicist, and Peter A. Bucky of New York, paused today in Salt Lake en route from the East to the Pacific Coast by motor car. Mr. Einstein, a hydraulic engineer, evinced a keen interest in Deer Creek.

Famed Physicist's Son Silent On Relativity

Einstein Jr. Interested In Hydraulic Engineering On Visit To Salt Lake

Shunning discussions of relativity and with both feet firmly planted on the ground of solid fact, H. Albert Einstein Jr., son of the world famous physicist and propounder of the theory of relativity, paused in Salt Lake today, en route for the Pacific
—> Coast.

Accompanied by Peter A. Bucky of New York, Mr. Einstein, who is a hydraulic engineer, is making a tour of the United States studying questions of hydraulic engineering. He came recently from his former home in Zurich, Switzerland, and will make his permanent home in this country if he finds a suitable opening in his engineering profession.

He saw his famous father in Princeton about a month ago, but declined to comment on the research work which the physicist is now doing.

"It is too technical, too specialized, to lend itself to lay discussion," he said. "We couldn't get anything understandable out of trying."

During his brief stay in the city Mr. Einstein showed considerable interest in early Utah history as explained to him by W. D. Rishel of the Utah Automobile Association.

Before leaving the city, he spent some time in conversation with Leland H. Kimball, engineer of the Salt Lake Metropolitan Water Board, discussing the Deer Creek question.

Viele Schwierigkeiten von Hans mit seinem Vater ergaben sich aus Hans' großer Beeinflußbarkeit, die zum Beispiel dazu führte, daß beide seiner Frauen ihm ihre jeweilige Philosophie bzw. Überzeugung aufzwangen. So wurde Hans in seiner ersten Ehe mit Frieda Knecht, die einen Doktorgrad in Deutsch und Literatur innehatte und an der Universität von Zürich lehrte, zum Christian Scientist (Anhänger der christlichen Wissenschaft). Durch die anti-medizinischen Einstellungen dieser Sekte verlor seine Frau ein Kind. Albert verübelte seinem Sohn dies sehr und mehr noch seine Abkehr vom Judentum – wenn er auch selbst seinen Glauben nicht formell ausübte. Frieda starb überraschend 1958, und ein Jahr später heiratete Hans erneut, diesmal Elizabeth Roboz, ebenfalls promoviert, die Professor für Neurologie am San Francisco Medical Center der Universität von Kalifornien war.

Die zweite Frau von Hans gehörte der Linken an, die in jener Zeit natürlich in politische Probleme mit der US-Regierung verwickelt war. Seiner Natur entsprechend, übernahm Hans die radikale Überzeugung seiner zweiten Frau.

Wegen der religiösen Reibereien zwischen ihm und Hans enterbte Einstein seinen Sohn und hinterließ eine Hälfte seines Nachlasses Helena Dukas und eine Hälfte seiner Stieftochter Margot. (Vielleicht nährte dies in Hans die Überzeugung, daß Helena Dukas mehr als nur die Sekretärin seines Vaters war – doch davon mehr im folgenden Kapitel.)

Die ganze Episode war für alle Beteiligten sehr traurig. Helena und Margot teilten Einsteins negative Einstellung zu Hans – sogar dann noch, als Albert Einstein gestorben war. Oft bat Hans, das Haus in Princeton besuchen zu dürfen, aber Margot, Helena Dukas und Otto Nathan, Einsteins literarischer Nachlaßverwalter, verweigerten es ihm stur. Ich erinnere mich, daß Tina, meine verstorbene Frau, mir einmal erzählte, Hans hätte ihr seine Enttäuschung darüber offenbart. Oft versuchte Tina, die Angelegenheit mit Margot zu erörtern und auch, sie zu überreden, Hans einen Besuch des Hauses zu erlauben – das

Ergebnis war jedoch immer das gleiche: Margot wurde zugeknöpft.

Bei anderen Gelegenheiten, wenn Tina mit Margot über Hans sprach, ließ Margot durchblicken, daß Hans seinen Verwandten und vor allem seinem Vater ein schreckliches Unrecht angetan hätte (ob sie sich auf das Kind bezog, das mangels medizinischer Versorgung starb, blieb Tinas Mutmaßung überlassen). Margot erzählte meiner Frau auch, Hans hätte seine Familie nie in sein Tun und Lassen eingeweiht und seinen Vater weder über persönliche Belange noch über sein berufliches Leben informiert. Die Familie war immer auf andere Quellen angewiesen, wenn sie etwas erfahren wollte. Margot behauptete auch, es hätte zusätzliche Spannungen zwischen Einstein und seinem Sohn wegen dessen linksradikalen politischen Neigungen gegeben (was eine Ironie war, da viele Einstein der gleichen Neigung beschuldigten).

Hans starb schließlich 1971 in Massachusetts an einem Herzanfall, ohne jemals die Gelegenheit gehabt zu haben, nach Princeton zurückzukehren. Doch obwohl er diese Schwierigkeiten mit seinem berühmten Vater hatte, war er doch nie verbittert und sagte oft zu Tina und mir: »Man hat einen Vater und eine Mutter – man mag mit ihnen nicht übereinstimmen, und doch muß man sie lieben.«

Da Einsteins zweiter Sohn Eduard geisteskrank war, gibt es heute nur noch drei lebende Blutsverwandte Albert Einsteins – dies sind Hans' Sohn Bernhard Einstein, der in der technischen Forschung arbeitet, Hans' Tochter Evelyn, die mit einem Anthropologen verheiratet ist, und Bernhards Sohn Thomas, der als Mediziner in Connecticut lebt (und der Erbe von Einsteins geliebter Geige war!). Man muß abwarten, ob er Nachkommen in direkter Linie hinterlassen wird oder ob Einstein, wie viele andere große Männer – Mozart und Beethoven beispielsweise –, im 21. Jahrhundert keine Nachkommen mehr haben wird, die, wenn schon nicht sein Werk, so doch seinen Namen fortführen werden.

Vielfältige
Ansichten

BUCKY: Professor, Sie sind ein Mann, der ständig von Kritik, Lob und Publizität verfolgt worden ist. Und doch schienen Sie dagegen immer recht unempfindlich gewesen zu sein. Wie war es Ihnen möglich, Ihr Leben zu leben, ohne von den Beurteilungen durch die Außenwelt gestört oder erschüttert zu werden?

EINSTEIN: Nun, ich habe mich sehr glücklich geschätzt, meistens das tun zu können, was mir meine innere Stimme sagte. Es ist mir wirklich peinlich, so viele Ehrungen und Anerkennungen zu erhalten für das, was ich tue, weil das bei manchen Leuten den Eindruck erwecken könnte, es ginge mir nur um diese Ehrungen. Das ist natürlich keineswegs der Fall. Mir ist auch klar, daß ich viel Kritik erhalte und daß manche Leute wirklich böse auf mich sind. Doch das berührt mich eigentlich nicht, weil ich das Gefühl habe, diese Leute leben nicht in derselben Welt wie ich.

BUCKY: Aber ich denke, Sie sind schon glücklich darüber, mehr respektiert als kritisiert zu werden.

EINSTEIN: Ja, sicher, doch das ist in einigen Fällen ein zweischneidiges Schwert. Mir ist nicht wohl bei der Tatsache, daß diese Popularität manche Leute verführt, meine öffentlichen oder privaten Aussagen allein deshalb als gültig zu akzeptieren, nur weil sie von mir stammen. Das ist gefährlich für sie, denn es schädigt ihre Individualität. Blindes Vertrauen in das, was ich sage, hält sie davon zurück, ihren eigenen Verstand zu gebrauchen, um herauszufinden, ob es nicht vielleicht anders ist. Ich bin ja nicht unfehlbar.

BUCKY: Es ist natürlich eine Sache, wenn Leute Ihre Theorien kritisieren. Aber Sie erhalten ja auch Kritik über mehr praktische Dinge – zum Beispiel Ihre Kleidungsgewohnheiten.

EINSTEIN: Das ist so oberflächlich! Wie eine Person sich anzieht, ist so unwichtig. Auf jeden Fall können Sie sicher sein, daß die äußere Erscheinung eines Menschen wahrscheinlich irreführend ist. Worauf es wirklich ankommt, ist, wie ein Mensch innen beschaffen ist. Man sollte seine Meinung über andere nicht nach der äußeren Erscheinung, sondern vielmehr nach den inneren Werten bilden.

BUCKY: Welche inneren Werte schätzen Sie am meisten?

EINSTEIN: Am wichtigsten ist die Aufrichtigkeit. Wirkliche innere Schönheit drückt sich am besten in einem Menschen aus, der niemals lügt und keinen Gedanken an die Täuschung anderer verschwendet. Echte innere Schönheit wird auch in einer Person sichtbar, die keinen Groll gegen andere empfindet. Freundlichkeit gegenüber anderen Menschen ist ebenfalls von höchster Wichtigkeit.

BUCKY: Was ist nach Ihrer Meinung der Sinn des Lebens?

EINSTEIN: Was ist der Sinn des menschlichen Lebens oder schließlich des Lebens jeder Kreatur? Die Antwort auf diese Frage zu kennen bedeutet, religiös zu sein. Alles, was ich sagen kann, ist: Jeder, der glaubt, seine Funktion auf dieser Welt sei unnötig, ist ein Mensch, der es nicht verdient, auf dieser Welt zu sein. Der Mensch, der sein eigenes Leben und das seiner Mitmenschen für sinnlos hält, ist nicht nur unglücklich, sondern kaum für das Leben gerüstet.

BUCKY: Kommen wir zurück auf Ihre Art, sich zu kleiden. Was sagen Sie zu denen, die Sie beschuldigen, Sie würden die Aufmerksamkeit auf sich durch Ihren Nonkonformismus lenken?

EINSTEIN: Glauben Sie mir, es ist nicht so. Sie werden es sicherlich nicht glauben, daß ich schon als kleiner Junge eine Tracht Prügel bekam, weil ich nicht zur rechten Zeit meine Sonntagskleider anhatte, und auch, weil ich unsere Gäste nicht auf die übliche Art begrüßte. Meine Kleidung und die Art, wie ich mein Haar trage, entstammen allein meinem Wunsch nach Einfachheit. Es ist meine Überzeugung, je weniger ich im täglichen Leben brauche, wie beispielsweise Autos und Socken, desto freier bin ich von diesen Belastungen. Wenn ich meine Haare nicht schneiden lasse, dann habe ich auch nicht das Gefühl, ich müßte zum Friseur.

BUCKY: Demnach haben Sie nicht, wie die meisten Menschen, das Verlangen nach einfachen Luxusartikeln?

EINSTEIN: Es kommt darauf an, was Sie Luxusartikel nennen. Ich habe natürlich ein gutes Bett und gutes Essen gern. Was spielt es aber für eine Rolle, welche Art Wohnung Sie haben, solange das Bett, in dem Sie schlafen, nicht hart und das Essen nicht schlecht und in genügender Menge vorhanden ist, so daß Sie nicht hungern müssen? Luxusartikel sind Dinge, die ein Mensch zu seinem Überleben nicht braucht, die aber Leute, die reicher sind als der Durchschnittsmensch, anhäufen – und manchmal sogar die, die sich solche Luxusartikel eigentlich gar nicht leisten können.

BUCKY: Lassen Sie uns über etwas tiefschürfendere Themen reden, wie beispielsweise die Künste. Nehmen wir die Poesie. Welches sind Ihre Lieblingsdichter?

EINSTEIN: Heinrich Heine steht an erster Stelle als mein Lieblingsdichter, wenn es mich auch traurig stimmt, daß ich in meinen späteren Jahren so wenig Gelegenheit gehabt habe, seine Werke zu lesen.

BUCKY: Und wie steht es mit anderen Schriftstellern?

EINSTEIN: Ich denke, das wunderbarste Buch, das ich je gelesen habe, war *Die Brüder Karamasow* von Dostojewski. Ich mag auch gern die Werke von George Bernard Shaw. Leider gibt es nur sehr wenig Menschen auf dieser Welt, die die Schwächen und Besonderheiten ihrer Mitmenschen verstehen und wahrnehmen. Viele von denen, die es können, sind entweder zu selbstsüchtig, oder es fehlt ihnen der Mut, ihre Meinung auszudrücken. Doch George Bernard Shaw war in der Lage, die schwachen Seiten der Menschheit zu kommentieren, und er hat das mit einem köstlichen Sinn für Humor getan.

BUCKY: Lesen Sie gern Biographien anderer großer Leute? Oder finden Sie wie ich, daß diese oft sehr trocken und uninteressant sind mit ihren vielen Übertreibungen von unwichtigen Dingen?

EINSTEIN: Es ist spaßig, daß Sie mir das sagen. Ich denke genauso über die meisten Biographien. Es gibt aber Ausnahmen, und die lese ich wirklich gern. Dann stelle ich mir oft mein Leben in Verbindung mit dem der beschriebenen Person vor. Eigentlich hätte es mir Spaß gemacht, einige ausgewählte Biographien selbst zu schreiben, sei es über Persönlichkeiten aus Kunst und Wissenschaft oder aber über Menschen, die sich irgendeiner Sache mit Leidenschaft und Aufrichtigkeit widmen... Aufrichtigkeit! – Jetzt kommen wir zum Punkt!

BUCKY: Wer sind Ihre Lieblingsphilosophen?

EINSTEIN: Ich lese gerne die Werke von Schopenhauer, Kant und Platon. Ganz besonders aber liebe ich Spinoza. Ich stimme völlig überein mit einer Huldigung an Spinoza, die Friedrich Schleiermacher vor vielen Jahren schrieb. Jene Worte sind mir unvergeßlich: »Die Unendlichkeit war sein Beginn und sein Ende, das Universum seine einzige und immerwährende Liebe. In heiliger Einfalt und tiefer Demut fand er sich in der ewigen Welt widergespiegelt und nahm wahr, wie er ihr liebenswürdigster Spiegel war. Deshalb steht er da, allein und unerreicht, ein Meister seiner Kunst, aber erhaben über dem profanen Mob, für immer ein unvergleichliches Fanal.«

BUCKY: Man kann natürlich nicht über die Welt der Psychologie sprechen, ohne den Namen Sigmund Freud zu erwähnen, der soviel Einfluß auf unser Jahrhundert ausgeübt hat. Und doch haben viele seiner Theorien auch zahlreiche Kontroversen ausgelöst. Wie denken Sie über Freud und sein Werk?

EINSTEIN: Ich habe natürlich viele von Freuds Werken gelesen, obwohl ich sagen muß, daß ich Zweifel hege gegenüber manchen seiner Theorien. Ich finde beispielsweise, daß Freud seine Traumtheorien viel zu wichtig nimmt. Denn schließlich bringt eine ›Trödelkammer‹ nicht alles ans Tageslicht. Ich finde es einfach interessant, warum in einem Traum gerade nicht immer jene Dinge ausgegraben werden, die uns am meisten beschäftigen.

BUCKY: Wie ist es mit Freuds Betonung der sexuellen Erfahrungen als entscheidendem Faktor für die eigene Persönlichkeit?

EINSTEIN: Das ist ein weiteres Gebiet, von dem ich glaube, daß Freud hier zu ausschließlich denkt. Wenn man sich nicht an den sexuellen Zusammenhang erinnert, legt er das als Verdrängung aus. Erinnert man sich doch daran, ist das der Beweis für die Richtigkeit seiner Theorie. Solch eine sich selbst bedienende Theorie kann ich nicht akzeptieren, denn sie schließt ja die Möglichkeit aus, jegliche Widerlegung anzuerkennen. Natürlich machen gewisse Ereignisse in unseren jüngeren Jahren Eindruck auf uns, aber doch nicht so stark, daß wir in späteren Jahren noch darüber nachdenken. Andererseits war Freud zu lesen sehr interessant, und er war auch sehr geistreich. Ich habe sicherlich nicht die Absicht, überkritisch zu sein. Freuds Argumente waren klar in ihrer Logik, und er suchte immer in erster Linie die Wahrheit. Seine Auffassungen zeigten echten Sinn für Verantwortung. Ich glaube wirklich, Freud hätte durch seine zunehmende Popularität einen mächtigen Einfluß auf die Entwirrung des menschlichen Geistes ausüben und sogar bei der Beendigung des Krieges helfen können.

BUCKY: Gibt es irgendwelche psychologischen Theoretiker, die Sie Freud vorziehen?

EINSTEIN: Ich habe im allgemeinen an den Werken anderer Theoretiker zu viel zu kritisieren. Adler, zum Beispiel, fehlt es an Autorität, und beim Lesen von Jung habe ich immer den Eindruck gehabt, es mit einem wenig mitfühlenden Menschen zu tun zu haben.

BUCKY: Demnach glauben Sie also ganz allgemein nicht an den Kernpunkt der modernen Psychologie, wonach die Erfahrungen im Leben die Entwicklung des Menschen beeinflussen?

EINSTEIN: Ja, das ist richtig. Diese Theorie rührt von dem Gedanken her, die Persönlichkeit sei tief eingewurzelt, was ich wirklich nicht glaube. Viele Aspekte unserer Persönlichkeit, die wir für tief eingewurzelt halten, sind lediglich Gewohnheiten. Eine Person kann ohne Schaden ›verpflanzt‹ werden, und ihre Wurzeln werden danach nur ›empfindlicher‹ werden.

BUCKY: Wechseln wir zu einem anderen Thema, einem Thema, das mit der Psychologie entfernt verwandt ist – ich meine den Gedanken der außersinnlichen Wahrnehmung. Diese von Menschen empfangenen ›Schwingungen‹ erscheinen mir im Sinne von natürlichen Phänomenen oder der physikalischen Logik unerklärbar. Wie denken Sie über dieses Thema, über jenen so häufig erwähnten ›sechsten Sinn‹?

EINSTEIN: Nun, ich glaube, der Gedanke ist sehr natürlich, andernfalls wären wir alle mit einer Elefantenhaut geschaffen worden. Ich glaube, diese Schwingungen attackieren uns die ganze Zeit ohne Unterbrechung. Wirklich wichtig ist aber, sie entweder zu empfangen oder abzuweisen, je nach dem Grad ihrer Brauchbarkeit oder Güte. Vieles hat dabei natürlich mit der Kraft der Konzentration zu tun. Jeder kann sich beispielsweise selbst schulen, die schwierigsten Probleme mit nicht mehr als einem Notizblock, einem Bleistift und dem eigenen Verstand zu berechnen, trotz zahlreicher Störungen und Unterbrechungen von außen, wie Geräuschen, Musik, Unterhaltung. Jemand, der das schafft, ist wohl vorbereitet dafür, Empfänger von ›Schwingungen‹ der Art, die Sie meinen, zu sein.

BUCKY: Wir haben viele kreative Künste berührt. Aber *Ihr* Fachgebiet ist auch in einem Sinne eine Kunst. Wenn wir also eben über große Männer sprachen, zu denen Sie aufsehen, können Sie mir vielleicht auch sagen, welchen Physiker Sie am meisten achten.

EINSTEIN: Der Mann, über den ich mit Ihnen reden will, bedeutete mir persönlich mehr als jeder andere, dem ich begegnet bin. Ich meine natürlich Lorentz [Hendrik Anton Lorentz]. Er war der einzige Mann, den ich traf, dessen Charakterzüge so ideal waren, daß es immer ein Vergnügen war, in seiner Gesellschaft zu weilen. Leider entwickeln Leute, die im Leben viel erreichen, oft einen großen Eigensinn und häufig ein Gefühl der Überlegenheit gegenüber ihren Mitmenschen. Das war bei Lorentz nicht der Fall. So zögerte er nie, etwa bei professionellen Debatten, anderen recht zu geben, und zwar ohne den geringsten Groll zu hegen oder sich in die Verteidigung gedrängt zu sehen. Wenn man Lorentz begegnete, hatte man das Gefühl, er sei mit Leib und Seele seinem Lebenswerk in der Physik verbunden. Nichts konnte ihn von seiner Arbeit ablenken oder ihn dazu bringen, von dem Pfad der Logik abzuweichen. Seine Arbeit war tatsächlich wie ein Kunstwerk, das bis ins kleinste Detail geplant war. Ich habe keinen Zweifel, daß er der größte niederländische Physiker aller Zeiten war.

BUCKY: Sie sagen ›niederländischer‹ Physiker. Natürlich halten viele Leute *Sie* für *den* größten Physiker der Welt.

EINSTEIN: Mein Leben hat nichts Besonderes – es würde niemanden interessieren. Es hat viele große Wissenschaftler gegeben. Ich habe zum Beispiel immer Madame Curie bewundert. Sie hat nicht nur zu ihren Lebzeiten hervorragende Arbeit geleistet und mit ihrer Arbeit der Menschheit großartig geholfen, sondern sie hat ihre Arbeit stets mit einem hohen moralischen Anspruch getan. All das erreichte sie mit großer Stärke, Objektivität und Urteilskraft. Es ist sehr selten, all diese Eigenschaften in einer Person anzutreffen. Hätten mehr europäische Intellektuelle Madame Curies Bescheidenheit besessen, wären die Bedingungen dort vielleicht viel günstiger gewesen.

BUCKY: Ein Gebiet, das wir noch nicht berührt haben, ist die Politik. Zu wem schauen Sie in diesem Bereich auf?

EINSTEIN: Ohne Zweifel ist Gandhi die herausragende politische Gestalt unserer Zeit, auch wenn er tatsächlich kein politisches Amt als solches innegehabt hat. Sein Konzept des passiven Widerstands gegenüber der Kolonialmacht war ein bedeutender Schritt zum Frieden. Ich halte ihn wirklich für das größte politische Genie unserer Zeit. Ich denke, seine derzeitige Anerkennung ist nirgendwo so groß, wie sie in zukünftigen Generationen sein wird.

BUCKY: Was ist bei allen Leuten, denen Sie den Begriff ›Größe‹ zuerkennen, das Entscheidende, das, was sie vom gewöhnlichen Volk abhebt?

EINSTEIN: Ich denke, diese großen Menschen müssen einen starken Drang besitzen, verstehen zu wollen und in allen weltlichen Beziehungen aufnahmefähig und kreativ zu sein. Und das ergibt einen anderen Aspekt von Größe. Das heißt: Viele Führer, die man gemeinhin als große Männer ansieht, haben in vielen Fällen der Menschheit ebensoviel Schaden zugefügt, wie sie Gutes getan haben, während andererseits viele normale, einfache Menschen, die man nie für groß hält, im Verfolgen ihrer täglichen Aufgaben aufnahmefähig sind und kreativ handeln, wobei sie es nicht darauf anlegen, anerkannt zu werden. Doch gerade sie sind große Menschen. Es wäre oft für uns besser, wenn einige dieser weniger anerkannten Leute die politische Führung übernehmen würden. Das Fehlen von Menschen dieses Kalibers ermöglichte zum Teil den Aufstieg Hitlers und Mussolinis.

BUCKY: Vielleicht werden die wahrhaft großen Menschen unter diesen Umständen einfach von der Masse geschluckt?

EINSTEIN: Ja, genau. Anders als vor einhundert Jahren sind die Menschen heute meistens wie Schafe. Wie sonst kann man erklären, warum Menschen, normalerweise friedlich, innerhalb weniger Wochen durch wohlorganisierte und konzentrierte Anstrengungen von Zeitungen, Fernsehen und Rundfunk so aufgehetzt werden können, daß sie Uniformen anlegen und hinausgehen, um zu töten oder getötet zu werden?

BUCKY: Was wäre denn notwendig, einem derart traurigen Zustand erfolgreich zu begegnen?

EINSTEIN: Individualität muß gepflegt und respektiert werden, wenn sie aufblüht. Ein Problem ist, daß bei einer in den Jahren beträchtlich gewachsenen Bevölkerung die Zahl der herausragenden Menschen per capita abgenommen hat. Folglich haben Organisationen, Gesellschaften und Komitees die Führung an sich gerissen. Das, so meine ich, ist ein trauriger Zustand. Die Ressourcen vieler Menschen zusammenzufassen hat natürlich einige Vorteile. Aber der eine große Nachteil ist, daß Organisationen als solche auf Probleme nicht mit kühnem Denken reagieren, sondern eher mit Vorsicht. In solch einem Fall herrschen dann Einzelpersonen – und Einzelpersonen wiederum neigen dazu, ihre Macht an die Gruppe abzugeben. Dieses Problem spiegelt sich auch in den Wissenschaften wider. Da im allgemeinen wissenschaftliche Einsichten auf eine kleine Gruppe von Menschen begrenzt sind, erklärt das zum Teil die Schwächung des philosophischen Denkens einer Nation und trägt somit zu ihrem intellektuellen Niedergang bei. Auf so vielerlei Art und Weise sind wir den Tieren ähnlich. Was geschieht, wenn eine Herde Kühe verängstigt wird? Sie drängt sich sofort zusammen, um eine Einheit zu bilden. Das gleiche gilt für Menschen. Die meisten Menschen neigen dazu, wenn sie in Schwierigkeiten sind oder eine schwierige Aufgabe zu lösen haben, sich entweder einer Gruppe oder einer Organisation anzuschließen. Leider sind aber die meisten Menschen völlig verblendet und irregeführt, wenn sie das tun. Viele Male ändern sich die Ziele, für die sie sich ursprünglich der Gruppe angeschlossen haben, durch den Einfluß der Mehrheit völlig. Andere dagegen, die sich keiner Gruppe anschließen, begegnen der Gefahr wie der Vogel Strauß, indem sie den Kopf in den Sand stecken. Allerdings hat der Strauß mehr Grund, das zu tun, als die Menschen, denn Vögel haben im Vergleich zur Körpergröße das kleinste Gehirn aller Tiere. Ich habe mich schon oft gefragt, ob der Strauß, hätte er ein größeres Hirnvolumen, den Kopf noch immer in den Sand stecken würde.

BUCKY: Sicherlich unterstützen Sie doch nicht einen ungezügelten Individualismus?

EINSTEIN: Nein, nein ... Wir müssen unterscheiden zwischen Individualität und Personenkult. Individuen müssen danach trachten, sich auszuzeichnen, aber ihre folgenden Taten sollten nicht als übernatürlich angesehen werden. Wenn ich ferner die Gruppenmentalität kritisiere, dann bedeutet das keine Ablehnung eines starken Gemeinschaftsgefühls. Das ist sehr wichtig, denn wenn ein Mensch von Geburt an der Gemeinschaft beraubt würde, wäre er nichts weiter als ein tierisches Lebewesen – was Gedanken und Empfindungen betrifft. Aber innerhalb der Gemeinschaft kann eine Person nur Gutes tun, wenn ihre Handlungen darauf gerichtet sind, das Gute in den Mitmenschen zu fördern.

BUCKY: Diese Auffassung von ›sozialer Verantwortung‹ ist in Ihrer Philosophie immer sehr wichtig gewesen, nicht wahr, Professor?

EINSTEIN: Ich habe immer ein leidenschaftliches Gefühl für soziale Gerechtigkeit und Verantwortung gehabt, wenn ich auch sagen muß, daß es sich manchmal seltsam unterscheidet von meinem deutlich mangelnden Bedürfnis, mit anderen Menschen und mit Gemeinschaften zusammenzusein. Ich denke, man kann sagen, daß ich in meinem Leben ein einsamer Wanderer gewesen bin. Ich habe zum Beispiel niemals wirklich irgendeinem Land angehört.

BUCKY: So war also Einsamkeit immer ein Teil Ihrer Natur?

EINSTEIN: Ja, ich habe immer, sogar bei guten Freunden und innerhalb der Familie, das Bedürfnis gehabt, etwas Abstand zu wahren. Das war in meinen jüngeren Jahren nicht so leicht, aber im reiferen Alter finde ich, daß Einsamkeit etwas sehr Kostbares ist. Und wir haben im Alter auch Schwierigkeiten, Bindungen herzustellen, weil unsere Fähigkeit zur psychologischen Anpassung abgenommen hat.

BUCKY: Aus Ihrer reifen Perspektive heraus: Welchen Rat hätten Sie für den modernen Menschen, sein Leben lebenswerter zu machen?

EINSTEIN: Lediglich den, so einfach wie möglich zu leben. Leider haben zu viele moderne Luxuseinrichtungen unsere Körperorgane künstlich außer Übung gebracht. Ich denke da in erster Linie an das Automobil. Können Sie sich vorstellen, ich hätte als kleiner Junge einen Wagen gemietet, um fünf Querstraßen weiter im nächsten Lebensmittelgeschäft einige Sachen einzukaufen? Und doch, das genau tun heutzutage die Leute. Sie gehen in die Garage, steigen in den Wagen, um nur zwei Querstraßen weiter etwas einzukaufen. In meiner Jugendzeit erhielten die Menschen die Übung, die die Natur verlangt, nur dadurch, weil sie lange Strecken gehen mußten.

BUCKY: Um von einer anderen Art Übung zu sprechen – der geistigen Übung. Ich habe gehört, Sie waren ein enger Freund von Emanuel Lasker, einem der großen Meister des Schachspiels. Sie haben sogar die Einleitung zu einer Biographie über Lasker geschrieben. Dabei stellten Sie in der Einleitung fest, daß Sie das Schachspiel nicht mögen. Darf ich fragen, aus welchem Grund?

EINSTEIN: Einmal ist es ein sehr kämpferisches Spiel, und ich mag diese Art von Kampf nicht. Der Hauptgrund aber, warum ich das Schachspiel nicht mag, ist ein ethischer. Und zwar weil das Hauptziel des Spiels darin besteht, den Gegner durch den Einsatz verschiedener Tricks und Täuschungen zu schlagen.

BUCKY: Welche größeren Veränderungen haben Sie in sich selbst im Verlauf der Jahre festgestellt?

EINSTEIN: Eigentlich nicht sehr viel. Das einzige, woran ich denken kann, ist, daß sich meine Ansichten über einige Tatsachen im Vergleich zu meiner Auffassung vor, sagen wir, zehn Jahren, geändert haben. Ich finde das schon seltsam, denn die Tatsachen haben sich in den zehn Jahren nicht geändert. Demnach muß sich meine eigene Psyche geändert haben. Aber trotzdem, während ich älter werde, erkenne ich, daß der ewige Kampf des Menschen gegen den Tod uns immer begleiten wird. Jeder wirklich ernsthafte Mensch weiß, daß das Leben nur ein großes Abenteuer ist.

Margot Einstein und Otto Nathan –
eine letzte Unterhaltung

Margot Einstein, die Stieftochter Albert Einsteins, lud mich im Jahr 1987 – das war kurz vor ihrem Tode – ein, mit ihr zu speisen und über alte Zeiten zu reden, und zwar in Einsteins Heim in Princeton, New Jersey, wo sie nach dem Tod ihres Stiefvaters noch mehr als dreißig Jahre wohnte.

Ich war froh über die Gelegenheit, Erinnerungen mit ihr austauschen zu können, und obwohl sie zu der Zeit bereits vierundachtzig Jahre alt war, hatte sie sich ihren Sinn für Humor und ein gutes Gedächtnis für manche Dinge bewahrt.

Zum Glück hatte ich mich entschlossen, einen Cassettenrecorder mitzunehmen; so konnte ich mein Gedächtnis bei der Niederschrift dieses Buches auffrischen. ›Zum Glück‹ trifft auch noch auf etwas anderes zu: Es war die letzte Aufzeichnung eines Gesprächs, das mit Margot geführt wurde. ›Zum Glück‹ zum dritten Mal: Während unserer Unterhaltung gesellte sich noch Dr. Otto Nathan hinzu, Einsteins literarischer Nachlaßverwalter – er hatte kurz zuvor in der Nachbarschaft einen Besuch gemacht. Auch für ihn war diese Unterhaltung eines der letzten schönen Erlebnisse in seinem Leben. Dr. Otto Nathan, bereits neunzig Jahre alt, starb kurz nach dieser Unterhaltung.

Was nun folgt, ist die Aufzeichnung der Unterhaltung an jenem Tag mit Margot Einstein und Otto Nathan. Ich habe das Band nur wenig redigiert, um die Atmosphäre der entspannten Geistesverwandtschaft und Vertrautheit wiederzugeben, die unter uns herrschte. Gelegentlich erschien nur des besseren Verständnisses wegen eine Anmerkung angebracht:

BUCKY: Hallo, Margotchen, bitte stehen Sie nicht auf. Ich habe Ihnen viele Bilder mitgebracht, die Sie vielleicht interessieren.

Anmerkung: Um die Unterhaltung und die Erinnerung anzuregen, hatte ich eine überarbeitete Ausgabe von Roland Clarks Biographie *Albert Einstein, His Life and Times* mitgebracht, die als tabellarisches Buch mit vielen zusätzlichen Photos neu herausgegeben worden war.

MARGOT: In diesem Buch sind so viele alte Bilder!
BUCKY: Lassen Sie mich Ihnen erklären . . . viele der Bilder in diesem Buch habe ich selbst dem Autor gegeben.
MARGOT: Aha!
BUCKY: Sie haben etwas zugenommen, seit ich Sie das letzte Mal sah, nicht wahr?
MARGOT: Ich befürchte, ja.
BUCKY: Nun, das ist ein gutes Zeichen . . . es bedeutet, daß Sie gesund sind.
MARGOT: Oh, hier ist auch ein Bild von mir.
BUCKY: Ja, mit Ilse. Es sind viele Bilder von Ihnen darin.

Anmerkung: Ilse war Margots Schwester, die vor fünfzig Jahren gestorben war.

MARGOT: Es war lieb von Ihnen, dieses Buch mitzubringen . . . Ich danke Ihnen sehr.
BUCKY: Besucht Sie jemals Helena Dukas' Schwester?
MARGOT: Ja, sie kommt einmal im Jahr, meist im Frühjahr. Dann kommt sie zum Essen.
BUCKY: Wie fühlen Sie sich in letzter Zeit, Margot?
MARGOT: Ich sag' Ihnen ja, ich fühle mich gut, aber ich bin jetzt

auch alt. Das macht mich sicherlich viel müder, im Geist, im Kopf, verstehen Sie?

BUCKY: Sie sagen, Sie seien alt, Ihr Vater hat aber doch ein Wort geprägt – es ist ›relativ‹. Sie sehen also, Ihr Alter ist relativ.

MARGOT: Nun, ja, es ist relativ. Ich habe das bei meinen Tanten bemerkt. Ich bin nicht so griesgrämig wie manche Leute. Jeden Morgen mache ich mit dem Mädchen einen Spaziergang, und wenn ich nicht zu müde bin, noch einmal einen am Nachmittag.

BUCKY: Also machen Sie noch immer Ihre Spaziergänge, nach all den Jahren!

MARGOT: Oh, sicher . . . Ich bin noch sehr gut zu Fuß, nur mein Gedächtnis ist nicht mehr das alte. Aber trotzdem, es ist noch nicht zu schlecht. Ich kenne nicht mehr viele Leute in Princeton, weil die meisten Freunde aus der vorigen Generation stammten, und die sind nahezu alle gestorben. Die einzigen übriggebliebenen Freunde meines Vaters sind Sie und Mr. Nathan. Mein Vater wäre heute hundertacht Jahre alt. Können Sie sich das vorstellen?

BUCKY: Wissen Sie, wie viele Menschen heute in den Vereinigten Staaten über hundert sind?

MARGOT: Sind es viele?

BUCKY: Über sechsundzwanzigtausend! Und Sie werden eines Tages dazugehören!

MARGOT: Ich glaube es nicht.

BUCKY: Ich weiß es.

MARGOT: Wieso wissen Sie das?

BUCKY: Weil ich ein Prophet bin.

MARGOT: Nun, ich weiß nicht recht. Im Augenblick bin ich vierundachtzig, glaube ich.

BUCKY: Das ist noch gar nichts . . . Sie sind noch ein Baby!

MARGOT: Ich will Ihnen etwas sagen: Ich habe nichts dagegen, wenn ich gehen muß, weil das natürlich ist. Und ich respektiere die Natur sehr.

BUCKY: Genau wie Ihr Vater.

Margot: Ja. Ich sag' ja, ich respektiere das wirklich.
Bucky: Erinnern Sie sich an Ilse?
Margot: Ja, natürlich, arme Ilse . . . Sie starb so jung. Ich glaube, als die Ärzte ihre Tuberkulose entdeckten, war die Krankheit schon weit fortgeschritten. Sie war sehr zerbrechlich, aber als junges Mädchen war sie das Bild von Gesundheit. Ich erinnere mich, wie meine Mutter alterte, nachdem Ilse gestorben war.

Bucky: War Ilse glücklich verheiratet mit Rudi?
Margot: Ja, sicher, sicher.
Bucky: Hat Rudis zweite Frau Sie jemals besucht?

Anmerkung: Rudolf Kaiser, Ilses Ehemann, heiratete nach Ilses Tod meine frühere Freundin Eva, die er durch meine Familie kennengelernt hatte.

Margot: Eva? Natürlich, wir standen uns sehr nahe. Sie war eine sehr intelligente Person.
Bucky: Und dann, nachdem Rudi gestorben war, hat sie nie wieder geheiratet?
Margot: Nein, Eva hat nicht wieder geheiratet.
Bucky: Unterrichtet sie noch immer?

Anmerkung: Eva Kaiser hatte eine Zeitlang in New York City Französisch unterrichtet.

Margot: Ich glaube nicht, aber ich denke, daß sie gelegentlich schreibt und noch immer in New York lebt. Ich bin wirklich nicht sicher, weil ich im Alter so vergeßlich bin . . .
Bucky: Aber Dr. Nathan hat ein gutes Gedächtnis . . . Er erinnert sich an mehr als ich; er hat mir zum Beispiel genau erklärt, wie ich von New York hierher komme.
Margot: Nun, ich kann es nicht ändern, Sie wissen, daß es die Natur des Alters ist. Ich stelle auch fest, daß man langsamer

wird und daß der Antrieb zur Arbeit nicht mehr vorhanden ist. Solange ich aber noch meine Spaziergänge machen kann, bin ich sehr froh.

BUCKY: Nun, auch Ihr Vater ging noch bis zum Ende spazieren. Er liebte es . . .

MARGOT: Albert war da konsequent . . .

BUCKY: Ja, er ging sogar in schlechtem Wetter hinaus. Übrigens, was hat es mit dem Boot Ihres Vater gegeben?

MARGOT: Das kann ich Ihnen nicht sagen.

BUCKY: Sind Sie jemals Mileva begegnet?

Anmerkung: Das bezieht sich auf Einsteins erste Frau.

MARGOT: Ja, das bin ich, aber ich erinnere mich nicht mehr gut daran. Sie kam einmal zu uns zu Besuch in der Haberlandstraße in Berlin, und sie war sehr freundlich und nett zu mir.

BUCKY: Wirklich? Waren Sie auch nach der Scheidung noch freundlich zueinander?

MARGOT: Doch, aber für ihn war es sehr hart gewesen, mit ihr verheiratet zu sein, ich glaube nämlich, daß sie so etwas wie eine Psychopathin war. Sie war aber eine sehr intelligente Person.

BUCKY: Was ist mit Hans Alberts Kindern geschehen?

MARGOT: Das weiß ich nicht.

BUCKY: Können Sie sich überhaupt an Ihren anderen Vater erinnern?

MARGOT: Nein. Ich kenne ihn nur von Bildern.

BUCKY: Welchen Beruf hatte Ihr wirklicher Vater?

MARGOT: Er war Kaufmann.

Anmerkung: In diesem Augenblick kam Dr. Otto Nathan herein. Margot sprach ihn direkt an.

MARGOT: Peters Eltern waren wunderbare Menschen. Jederzeit konnten die Leute ohne vorherige Anmeldung zu ihnen zum

Essen kommen. Es war ein Treffpunkt für alle aus Europa kommenden Flüchtlinge.

BUCKY: Ich will Ihnen eine wahre Geschichte erzählen.

NATHAN: Wie spät ist es?

BUCKY: Zwei Uhr . . . warum, wartet Ihre Freundin auf Sie?

NATHAN: Nein, aber wir müssen zurückfahren.

BUCKY: Ich will Ihnen doch eine wahre Geschichte erzählen, die Margots Meinung über die Flüchtlinge bestätigt, die alle zu den Buckys zum Essen kamen. Ein Flüchtling, der schon in den USA gewesen war, kam nach Paris, wo er einen Flüchtling traf, der wiederum auf dem Weg in die Vereinigten Staaten war. Dieser Flüchtling sagte zu dem anderen: »Ich mache mir Gedanken darüber, wie ich in den USA anfangen kann. Ich habe nicht viel Geld, und ich weiß nicht, wovon ich dort leben soll. Was soll ich machen?« Der Flüchtling, der aus den USA kam, sagte zu dem Mann: »Das ist sehr einfach. Wenn Sie nach New York kommen, brauchen Sie nur Dr. Bucky anzurufen. «

MARGOT: Ja (lachend). Ihr Vater war manchmal wie ein schlimmer Junge.

BUCKY: Er war immer ein schlimmer Junge, und er mochte Puzzles. Können Sie sich daran erinnern?

MARGOT: O ja, er war eine liebenswerte Person, das stimmt, und er machte immer so viele Scherze und liebte es, jemanden zu necken.

BUCKY: Oh, Sie meinen Streiche spielen?

MARGOT: Ja.

NATHAN: Margot, wollen Sie sich nicht hinlegen?

MARGOT: Nein, heute nicht, aber Sie sollten es tun.

NATHAN: Nein, ich möchte lieber nach Hause fahren.

BUCKY: Er kann sich in meinem Wagen hinlegen. Sehen Sie den Wagen da draußen? Ich pflege den besser als meine Frau! Wissen Sie das Baujahr? – 1978, der letzte große Cadillac. Die neuen sind schrecklich. Wie gesagt: Den Wagen pflege ich bessere als meine Frau. Nicht ein Kratzer!

NATHAN: Hat Ihre Frau einen Kratzer?
Alle lachen.
BUCKY: Dr. Nathan, jetzt habe ich zum ersten Mal erlebt, daß Sie einen Scherz machen . . .
Ich will Ihnen noch eine Geschichte erzählen. Albert Einstein war einmal bei uns in New York zum Essen. Zu der Zeit war er auf Sonderdiät gesetzt worden. Wir hatten alle ein wunderbares Essen von meiner Mutter serviert bekommen, und als es Zeit für das Dessert war, erhielt jeder ein Stück leckeren Kuchens. Da meine Mutter von Einsteins Sonderdiät wußte, hatte sie für ihn ein selbstgemachtes Weichdessert bereitet, das er essen konnte. Als die Gedecke für das Essen aufgelegt worden waren, hatte jeder auch eine Kuchengabel bekommen. Als dies meiner Mutter klar wurde, stand sie schnell auf und sagte zu Albert: »Einen Augenblick, ich bringe einen Löffel.« Albert winkte jedoch ab und sagte, »Nein, nein, nein!« Dann nahm er die Gabel hoch und aß sein Weichdessert mit dem Griff!
Ja, ich erinnere mich an viele Dinge. Waren Sie in jenem Sommer mit uns in Watch Hill, Rhode Island?
MARGOT: Als Albert aus dem Boot gefallen war? Ja.
BUCKY: Albert fiel einmal aus seinem Boot. Wußten Sie das? Sie wissen ja, er konnte nicht schwimmen, und er hing draußen am Boot, als wir hinkamen, und hielt sich kampfhaft fest. Als wir bei ihm waren, sagte er: »Für das Bad verdiene ich Anerkennung!« Wir konnten ihn nicht davon überzeugen, einen Notmotor an seinem Boot anzubringen. Einmal, ebenfalls in Watch Hill – ich weiß nicht, ob Sie sich daran erinnern –, war er abends um zweiundzwanzig Uhr noch nicht vom Segeln zurück.
MARGOT: Ja, ich weiß, und meine Mutter rief laut nach ihm.
BUCKY: Und wir haben die Küstenwache alarmiert, um ihn zu suchen. Als sie ihn aber fanden, war er nicht ein bißchen besorgt und sagte nur: »Irgendwann muß der Wind ja wiederkommen!«

Princeton, ·New Yersey.
Okt. 18th.42.

Sehr geehrter Herr Simon.

Vielleicht werden Sie sich wundern,
einen Brief von mir zu bekommen. Ich bin Ihnen
ganz unbekannt, aber mein Vater hat vor ·einiger
Zeit an Sie geschrieben und Sie auf ein Kinder-
buch-Manuscript:" Halloh! I AM A D E L I N E ."
aufmerksam gemacht. Dieser Brief ist scheinbar
nie in Ihre Haende gekommen. Mein Vater und ich
sind nach wie vor daran interessiert, dass dieses
Buch verlegt wird.

Ich nehme mir den Mut, Ihnen zu schre-
ben, obwohl ich von Natur etwas scheu bin, weil
ich so gerne moechte, dass Sie dieses Manuscript
ansehen, was eigentlich fuer Kinder ist. Aber
jeder Erwachsene , der noch Kind sein kann und
ein Gefuehl fuer zarte Dinge hat, muss es
lieben- es ist von der Puppe "ADELINE". Obwohl
ich schon sehr erwachsen bin , um nicht zu sagen,

Brief Margots vom 18. Oktober 1942

alt, bin ich noch fuer einige Stunden ganz klein
geworden und habe mich an diesen wunderschoenen
Versen, die so voll Poesie sind und den ent-
zueckenden Einfaellen so gefreut, dass es mich
ganz gleücklich gemacht hat. Ich schaeme mich
nicht zu sagen, dass ich sehr froh waere, so
ein Buch zu besitzen und manchmal, wenn die Welt
zu truebe aussieht, mich darin zurueckzuziehen.
Es war fuer mich als wenn ich einen Disney-Film
sehe, wie z. B. "BAMBI." Es ist voll von Zart-
heiten und Feinheiten und so natuerlich geschrieben
wie Kinder sprechen. Bitte geben Sie es Ihrer
kleinen Tochter zu lesen und wenn es Ihre Zeit
erlaubt, gucken Sie auch hinein----ich moechte
so gerne, dass noch mehr Kleine und Grosse
daran Freude haben---

        in Wertschaetzung

        Margot Einstein.

MARGOT: Was hätte er sonst auch tun sollen . . . er hatte keine andere Wahl.

BUCKY: Er war ja auch gegen Schwimmwesten. Aber schließlich gelang es meinem Vater ja, ihm ein Sitzkissen mitzugeben, das im Notfall als Rettungsgürtel dienen konnte. – Haben Sie jemals die Filme gesehen, die ich von ihm gedreht habe?

MARGOT: Nein.

BUCKY: In seinem ersten Haus in Princeton habe ich einen Film aufgenommen, und er hat zur Kamera eine lange Nase gedreht.

MARGOT: Wie geht es Ihrer Frau?

BUCKY: Sehr gut . . . Wissen Sie, daß sie halb so alt war wie ich, als ich sie geheiratet habe . . . Sie war vierundzwanzig und ich achtundvierzig. Ich habe mein Wort gehalten. Ich bin jetzt vierundzwanzig Jahre mit ihr verheiratet. Jetzt wird sie aber auch älter. Und je älter sie wird, desto vertrauter wird sie mir, verstehen Sie?

NATHAN: Jetzt haben Sie sich verraten, weil das bedeutet, daß Sie zweiundsiebzig sind.

BUCKY: Dr. Nathan, Ihr Kopf ist noch in Ordnung, weil Sie noch rechnen können . . . Aber bitte, verraten Sie nicht mein Alter. Wollen Sie mein Geheimnis wissen? Ich rauche nicht, ich trinke nicht, ich schaue aber hübschen Mädchen nach!

MARGOT: Also haben Sie sonst keine Laster?

BUCKY: O ja, ich habe Laster. Ich bin ein geborener Spieler, weil ich Spielautomaten liebe und Atlantic City jetzt so nahe liegt. Sie wissen ja, ich bin die einzige Person, die nach Atlantic City geht und einen Gewinn macht, weil ich dort drei Kasinos mit Durchleuchtungsgeräten gegen Bomben und gefälschte Würfel ausgerüstet habe.

MARGOT: Ich erinnere mich, Peterchen, Sie haben sich amüsiert, als Sie jünger waren, und Sie hatten viele Freundinnen. Albert hat mir alles erzählt, und er mochte einige von ihnen auch. Und die Autos, die Sie hatten – ich denke noch an den Thunderbird mit all den harmonischen Fanfaren.

BUCKY: Das erinnert mich... ich wollte Ihnen eine spaßige, aber wahre Geschichte über den Thunderbird erzählen. Ich hatte den Wagen etwa zwei Wochen, als er mir gestohlen wurde. Am selben Abend noch bekam ich einen Anruf vom Polizeibezirk in Greenwich Village, daß sie den Wagen gefunden hätten. Ich fuhr hin, um ihn abzuholen, und stellte fest, er war unbeschädigt. Als ich nach Hause fuhr, hielt mich ein Polizist auf dem Motorrad an und wollte meine Fahrzeugpapiere sehen. Ich hatte sie nicht bei mir und wurde wegen Diebstahls meines eigenen Wagens festgenommen, weil für den Polizisten auf Streife mein Wagen noch immer als gestohlen galt!

NATHAN: Wir wollen jetzt gehen.

BUCKY: Wohin gehen wir – in eine Bar?

NATHAN: Nein, wir werden nach Hause gehen... Ich wäre gerade der richtige für eine Bar!

BUCKY: Dr. Nathan, haben Sie nie getrunken oder geraucht?

NATHAN: Nein.

BUCKY: Hat Ihr Arzt Ihnen nicht gesagt, man sollte, wenn man über fünfzig ist, etwas Alkohol trinken?

NATHAN: Nein, hat er nicht, und wenn er es getan hätte, hätte ich es trotzdem nicht getan.

BUCKY: Margot, ich möchte Ihnen Chicos Sohn schenken!

Anmerkung: Chico war mein Hund gewesen, und Einstein hatte ihn sehr geliebt. Als er – Chico – einging, begruben wir ihn im Garten von Einsteins Heim in Princeton. Mein Hinweis auf den ›Sohn von Chico‹ war natürlich nur symbolisch gedacht, weil ich Margot nur einen ähnlichen Drahthaarterrier schenken wollte.

MARGOT: Nein, nein... Ich möchte jetzt kein Tier mehr zum Liebhaben, weil heute so viele Autos draußen auf der Straße vorbeifahren. Hätte ich Vögel und sie würden wegfliegen, wäre das in Ordnung. Ich hab's gern, wenn Vögel herbeikommen und aus unserem Vogelhäuschen fressen, um dann wieder wegzufliegen.

Sie wissen, Peterchen, ich bin so froh, daß Sie gekommen sind. Es ist wie in alten Zeiten. Ich war sehr gern bei Ihren Eltern und besonders bei Ihrer Mutter, die ich wie meine eigene ansah. Albert sagte uns viele Male, wie sehr er Sie und Ihre Eltern mochte – was er übrigens nicht von sehr vielen Leuten sagte. Der Grund, warum er es tat, war, daß Ihr Vater ein einfacher Mensch war wie er, unkompliziert und nicht falsch. Was Albert an Ihnen und Ihrer Familie am meisten liebte, war die Tatsache, daß Sie versuchten, ihn vor den Menschen abzuschirmen, während andere sich immer mit ihm brüsten wollten, indem sie ihn wie auf einem goldenen Tablett präsentierten.

BUCKY: Haben Sie in letzter Zeit etwas von Thomas gehört?

Anmerkung: Ich bezog mich hier auf meinen eigenen Bruder, Thomas Bucky, der als Arzt in Connecticut lebte.

MARGOT: Nein, er ist lange nicht hier gewesen. Wir sind sehr bestürzt über das, was er kürzlich getan hat.

BUCKY: Was war denn das?

MARGOT: Ich will Ihnen Einzelheiten ersparen, aber er hat uns alle kürzlich sehr verletzt, als er etwas verkaufte, das Albert ihm geschenkt hatte und das er selbst sehr schätzte. Ich bin froh, daß Albert nicht mehr lebt und das nicht erleben mußte, weil es ihn sehr traurig gestimmt hätte. Albert hat uns oft gesagt, seine glücklichsten Stunden waren die, in denen er mit Ihrem Vater in dessen New Yorker Laboratorium herumbasteln konnte.

BUCKY: Demnach hat Thomas Sie nie angerufen?

MARGOT: Ich kann mich nicht erinnern... Sind Sie noch immer entzweit?

BUCKY: Oh, Sie erinnern sich also?

Anmerkung: Diese Unterhaltung bezieht sich auf meine eigene Entfremdung zu meinem Bruder Thomas.

MARGOT: Ja, ich erinnere mich gut.

BUCKY: Sicher, ich hab' mit ihm nichts zu tun.

MARGOT: Ist das nicht sehr traurig, Peter? Was macht er denn?

BUCKY: Er ist Arzt. Wir sind aber ganz verschieden. Er hat mir zweimal Unrecht getan.

MARGOT: Das tut mir sehr leid.

BUCKY: Er hat mir nie gesagt, daß mein Vater, Gustav, Krebs hatte, und das als Arzt! Ich habe es erst sechs Monate vor seinem Tode erfahren, und zwar von seinem eigenen Arzt.

MARGOT: Ich weiß nicht, wie es im allgemeinen bei Ärzten üblich ist. Sie reden ja nicht . . .

BUCKY: Ich bin aber sein Bruder.

MARGOT: Ja, ich weiß . . . das ist nicht richtig.

BUCKY: Ein andermal, als ich einen Kredit aufnehmen mußte und ihn bat, mit zu unterschreiben, verweigerte er das und sagte: »Was würde ich tun, wenn du stirbst?«

MARGOT: Ist das nicht traurig? Doch, es ist sehr traurig.

BUCKY: Ich muß Ihnen noch etwas erzählen. Als meine Mutter gestorben war, kamen viele Leute in ihre Wohnung, die an ihrem Testament teilhatten. Einer war mein Vetter Dr. Sarason. Thomas sprach ihn an und sagte: »Mutter hat eine Menge Gläser mit Kaffee hinterlassen. Ich gebe sie dir zum halben Preis.« Mein Vetter erwiderte: »Nein, ich kann mir meinen Kaffee noch immer selbst kaufen.«

MARGOT: Das ist doch nicht normal!

BUCKY: Er nahm die Matratze meiner Mutter mit nach Hause und das gesamte Toilettenpapier.

MARGOT: Warum? Das ist doch nicht normal!

BUCKY: Stellen Sie sich vor, Thomas wäre in die Fußstapfen meines Vaters getreten, wo wäre er da heute? Er wäre ein großer Mann; statt dessen wurde er ein kleiner Landarzt.

MARGOT: Er wurde praktischer Art. Er hätte sich spezialisieren sollen.

BUCKY: Als meine Mutter schwerkrank war, ging er auf eine Reise nach Europa. Wir konnten ihn nicht erreichen. Als sie starb, war er nicht da. Er kam zu spät.

MARGOT: Wie bedauerlich.

BUCKY: Sicher, meine Mutter hat einen sehr großen Fehler gemacht, weil sie immer Thomas mir vorzog.

MARGOT: Ja, ich weiß.

BUCKY: Mein Vater hatte gesagt: »Frieda, du mußt aufhören, Thomas dem Peter vorzuziehen, weil die Jungs sonst nach unserem Tode niemals mehr miteinander reden werden.«

MARGOT: Und so kam es auch. Es ist so traurig, Peter.

BUCKY: Sie wissen auch, daß meine Mutter Thomas vorzog?

MARGOT: Sie nannte ihn immer »mein Thoemchen«, daran kann ich mich erinnern.

BUCKY: Sehen Sie, Margot, hätte ich gewußt, daß mein Vater Krebs hatte, hätte ich viel mehr Zeit mit ihm verbracht, als ich es tatsächlich tat.

[...]

MARGOT: Ich kann mich so gut an Ihren Vater erinnern... er war immer so witzig.

BUCKY: Ja, das war er. Als er meine Frau zum ersten Mal sah, konnte er sie gleich sehr gut leiden, und wissen Sie, wie er Leute nannte, die er mochte? Dummkopf! Mit anderen Worten, wenn wir zu ihm zu Besuch kamen, rief er: »Tina, wie geht es dir, Dummkopf?« Zuerst wußte sie natürlich nicht, was sie sagen sollte, doch bald erkannte sie, daß es als freundliche Begrüßung gedacht war. Tina war das einzige Mädchen von den vielen, mit denen ich ausging, die mein Vater akzeptierte, und er mochte sie sehr.

MARGOT: Alle diese Dinge liegen ja schon Jahre und Jahre zurück, und ich kann mich nicht an alles erinnern. Aber Ihren Vater sehe ich deutlich vor mir.

BUCKY: Wie oft gehen Sie zum Arzt, Margot?

MARGOT: Wie oft? Nur wenn ich krank bin.

BUCKY: Gehen Sie nicht zur Kontrolluntersuchung?

MARGOT: Nein, nicht regelmäßig.

BUCKY: Margot, wissen Sie, ob die Schwester noch lebt, die bei Ihrem Vater war, als er im Krankenhaus starb?

MARGOT: Ich glaube nicht.

BUCKY: Hat sie sich auch sonst um Albert gekümmert oder nur während seiner letzten Krankheit?

MARGOT: Da kann ich mich nicht genau erinnern, aber sie war keine nette Person.

BUCKY: Der Grund, warum ich frage, ist der: Ehe Einstein starb, murmelte er noch einige Worte in Deutsch, die sie nicht verstehen konnte.

MARGOT: Das weiß ich nicht . . . ich erinnere mich nur, daß sie keine sehr wahrheitsliebende Person war. Wegen meines Alters kann ich mich an viele Dinge nicht erinnern.

BUCKY: Das ist ganz normal.

MARGOT: Natürlich ist das normal.

BUCKY: Bei manchen Leuten ist es mehr oder weniger stark, wie zum Beispiel bei Dr. Nathan.

Anmerkung: Dr. Nathan hatte sich zwischenzeitlich in ein Nebenzimmer zurückgezogen, um dort mit der Nachbarin noch etwas zu besprechen.

MARGOT: Er ist ein wunderbarer Mann.

BUCKY: Kümmert er sich gut um Sie?

MARGOT: Ja, aber er ist nicht sehr gesund.

BUCKY: Solange ich ihn kenne, ist er nicht sehr gesund gewesen, aber er lebt immer noch. Er ist ein Stehaufmännchen.

MARGOT: Ja, das stimmt schon, ich aber auch, weil ich ja schon viele Male in meinem Leben so schwerkrank war, daß sie mich aufgegeben hatten . . . Aber ich kam immer wieder hoch!

BUCKY: Erinnern Sie sich noch an die Erholungsreisen nach Europa? In die Schweiz und in die vielen anderen Länder?

MARGOT: Ja. Wissen Sie, es ist seltsam, wenn man älter wird. Vor allem scheint ein Vorhang niederzugehen.

BUCKY: Das ist sehr gut so.

MARGOT: Wie meinen Sie das?

BUCKY: Man möchte sich ja nicht an alle schlechten Dinge erinnern. Würde man nicht vergessen, könnte man nicht leben.

MARGOT: Nun, ich muß sagen, mein Gedächtnis hat sehr gelitten.

BUCKY: Etwas, das sich nicht geändert hat, ist Ihre Telephonnummer... es ist noch dieselbe wie vor fünfzig Jahren... 1606. Und auch Princeton selbst scheint sich nicht sehr viel verändert zu haben, mit einer Ausnahme; und es tut mir sehr leid, daß Ihr Vater diese Veränderung nicht erleben konnte, die er sehr begrüßt hätte: Ich meine, daß die Universität von Princeton jetzt auch weibliche Studenten aufnimmt.

MARGOT: War viel Verkehr auf der Straße, als Sie ankamen?

BUCKY: Nein, aber wir konnten die Mercer Street nicht finden... halten Sie das für möglich? Nachdem wir schon dreißig Jahre lang hierher kommen, haben wir uns verfahren!

MARGOT: Das ist schon seltsam.

BUCKY: Vermissen Sie Helena Dukas nach ihrem Dahinscheiden?

MARGOT: O ja, sehr... Sie wissen ja, Helena wußte alles und mußte das ja auch... und ich nicht.

BUCKY: Wissen Sie noch, daß wir einen anderen Namen für Miß Dukas hatten... wir nannten sie ›das wandelnde Lexikon‹.

MARGOT: Ja, das stimmte auch. Sie hatte ein sehr gutes Gedächtnis – und ich kann mich gut an Ihre Eltern erinnern, mit den vielen Leuten im Haus.

BUCKY: Ja, sie haben immer Flüchtlingen geholfen.

MARGOT: Immer freundlich und jeden Tag das große Essen für die Flüchtlinge. Dr. Bucky hat mich auch immer behandelt und gab mir Grenzstrahlen.

Anmerkung: Bucky-Strahlen sind sehr weiche Röntgenstrahlen.

BUCKY: Hat es Ihnen geholfen?

MARGOT: Ja, es half mir sehr viel.

BUCKY: Und ich habe Ihren Vater so viele Male gefahren.

MARGOT: Ich weiß. Er war Ihnen immer sehr dankbar.

BUCKY: Er hat mir sogar ein Bild gewidmet: »Für Peter Bucky, den Autofahrer«. Waren Sie in jenem Sommer mit uns in Watch Hill?

MARGOT: Ja, ich war auch dort.

BUCKY: Wissen Sie noch, daß ich während unseres Aufenthalts dort diesen großen Kurzwellenempfänger gebaut habe, damit Ihr Vater Hitler und all die Nazis im Radio hören konnte?

MARGOT: Das weiß ich nicht mehr, aber ich erinnere mich noch daran, wie Sie als junger Mann waren.

BUCKY: Sie meinen mit meinem Wagen und all den melodischen Hörnern?

MARGOT: Ja. – Ich bin heute so müde im Kopf, Sie müssen mich entschuldigen. Sie wissen ja, ich leide stark unter meinen Nebenhöhlen bei einem Wetterwechsel. Ich bin zwar mehr oder weniger daran gewöhnt, aber mein Kopf ist dann nicht so klar.

Einsteins schweifender Blick

Albert Einstein hatte Glück, in einem ›diskreteren‹ Zeitalter gelebt zu haben als dem heutigen, wo alles an die Öffentlichkeit gezerrt wird. Privates und Intimes wurden seinerzeit von der Presse im allgemeinen mit Diskretion behandelt – mit Ausnahme von Hollywood-Skandalen (aber das wurde von der Öffentlichkeit regelrecht erwartet). Leute, die durch große Errungenschaften berühmt geworden waren, wurden dagegen, was ihr Privatleben betraf, mit Glacéhandschuhen angefaßt – ihr öffentlicher Ruf blieb unangetastet. So erfuhr beispielsweise die Öffentlichkeit erst mehrere Jahrzehnte nach den tatsächlichen Ereignissen durch Journalisten und Biographen von den Affären solch populärer Personen wie Franklin D. Roosevelt, Dwight D. Eisenhower und John F. Kennedy.

Der Öffentlichkeit bot Einstein ein unverwechselbares Bild – als ›Jedermannsonkel‹ wirkte er mit seinem struppigen Haar und der leisen Stimme äußerst sympathisch. Würde der größte Wissenschaftler unseres Jahrhunderts jedoch in unserer weniger diskreten Zeit leben, wäre ihm die Aufmerksamkeit der Sensationspresse gewiß. Denn so sehr es auch jene, die Einstein als den höchst ›zerstreuten Professor‹ ansehen, überraschen mag, war er doch – man kann es nicht anders sagen – ein Mann mit wachem Sinn für das weibliche Geschlecht. Einstein hatte den ›schweifenden Blick‹ – und der brachte ihn gelegentlich in häusliche Schwierigkeiten.

Als die *New York Times* am Sonntag, dem 3. Mai 1987, die Geschichte herausbrachte, mit der sie die Welt davon unterrichtete, Einstein und seine Mitstudentin in Physik, Mileva Maric, hätten eine uneheliche Tochter gehabt, die Anfang 1902, also ein ganzes Jahr vor der Heirat des Paares, geboren wurde, kam das für jene, die Einstein sehr gut kannten, nicht überraschend. Wenn Einstein auch niemals zu mir über diese Tochter sprach, so waren doch seine leidenschaftliche Natur und seine Schwäche für hübsche Frauen für mich kein Geheimnis. Tatsächlich können sich diejenigen von uns, die die Einsteins in ihren jüngeren Jahren in Berlin bzw. Caputh kannten, an so manche Situation erinnern, in der Einsteins zweite Frau, Elsa, wegen der offenen Flirts ihres Mannes völlig verzweifelt war.

Es ist zwar nichts Neues, daß Männer Seitensprünge unternehmen und bei dem Vorhaben manchmal töricht und sorglos genug sind, sich von ihren Ehepartnern erwischen zu lassen, doch in Einsteins Fall war es schon etwas ungewöhnlich, daß er keine Bedenken hatte, seine kleinen Sünden seiner Frau unverblümt ins Gesicht zu sagen.

In Deutschland gab es eine wohlhabende Witwe namens Toni Mendel, die auch noch sehr attraktiv war und im Berliner Vorort Wannsee lebte. Toni hatte Einsteins Bekanntschaft gemacht und drängte sich sehr bald in sein Leben – und schon nach kurzer Zeit legte sie die Gewohnheit an den Tag, ihm immer Süßigkeiten mitzubringen (eine weitere unkonventionelle Verdrehung des Umwerbungsmusters, wo der Mann das Objekt seiner Zuneigung mit Süßigkeiten und Blumen überschüttet). Darüber hinaus teilte Toni Mendel seine Liebe fürs Theater und lud den Professor oft zu Vorstellungen ein. Da sie wohlhabend war, bezahlte sie die Eintrittskarten und ließ ihn in einer Limousine abholen.

Ich besuchte einmal die Einsteins, als sich der Physiker gerade für eine dieser ›Verabredungen‹ vorbereitete, und ich erinnere mich noch gut an den heftigen Streit über die Tatsache, daß Elsa ihrem Mann kein Geld geben wollte. Ich höre Einstein noch schreien: »Wenn ich ins Theater eingeladen werde und man mich mit einer Limousine abholen läßt, dann möchte ich wenigstens so viel Geld bei mir haben, daß ich die Garderobiere bezahlen kann!«

Wie man sich denken kann, war Elsa davon nicht begeistert, besonders weil Einstein, wie so oft bei diesen Spritztouren, nicht vor dem frühen nächsten Morgen nach Hause kam. Aber trotz Elsas Ablehnung dauerte die Beziehung zwischen Einstein und Mendel an. Es hatte sogar eine umfangreiche Korrespondenz zwischen den beiden gegeben – leider ist sie nicht mehr nachzuvollziehen, weil diese Briefe später auf Einsteins Wunsch verbrannt worden sind. (Es ist möglich, daß ein Brief aber doch noch existiert. In einer Spalte der *New York Post* von 1982 wurde ein Brief zitiert, der vom Nevada Historical Documents Museum in Las Vegas zum Verkauf angeboten wurde. Der Brief war angeblich von Einstein an eine ungenannte Dame gerichtet – bei der es sich sehr wohl um Toni Mendel handeln könnte, da der Brief von Hand in deutscher Sprache geschrieben war. In dem Brief schreibt Einstein: »Liebchen... ich arbeite schwer, und in der Zwischenzeit denke ich glücklich an Dich... Ich schreibe diesen Brief unter großen Schwierigkeiten, weil Elsa jeden Augenblick hereinkommen kann, und deshalb muß ich wirklich aufpassen... Gestern war es so wunderbar, daß ich noch immer von Entzücken erfüllt bin... Ich komme wieder um 5 Uhr an denselben Ort oder, noch besser, 10 Minuten vor 5, wenn Du es einrichten kannst... Sei geküßt, mein Liebes, von Deinem A.E.«)

Oft begleitete auch eine junge Dame aus Österreich Einstein, wenn er in Caputh segelte. Sie kam dort wöchentlich einmal ins Haus und brachte Wiener Konfekt mit, das ironischerweise Elsa gern mochte. Sobald die Ankunft der Dame bevorstand, verließ Elsa das Haus am Morgen, um in Berlin einzukaufen, und kehrte erst sehr spät zurück. Ehe sie wegging, kündigte sie manchmal ihren Töchtern an: »Jetzt räume ich wieder das Feld für ihn!«

Elsa war aber nicht ganz so verständnisvoll, wie es vielleicht aussehen mag. Es gab wirklich viele heftige Auseinandersetzungen über diese Frauen, und Elsa war oft so betrübt über die Situation, daß sie in Tränen ausbrach. Beide Töchter, bemüht, die Dinge im richtigen Verhältnis zu sehen, rieten ihr dann immer, entweder Einstein zu verlassen oder aber zu lernen, diese Seite seines Charakters zu tolerieren.

Einer von Einsteins engsten Freunden in Berlin war der Architekt Conrad Wachsmann, der Einsteins Sommerhaus in Caputh entworfen hatte. Wachsmann wurde wie ein Mitglied der Familie behandelt. Da er Caputh häufig besuchte, war er auch oft bei den Streitgesprächen zwischen Einstein und seiner Frau zugegen. Dann konfrontierte ihn Elsa zuweilen mit der Aufforderung, bei ihrem Streit Partei zu ergreifen. (Zu ihrem Verdruß betrachtete Wachsmann ausnahmslos die Dinge von Alberts Seite, worauf meist Elsa wütend erwiderte: »Oh, ihr Männer steckt doch immer zusammen!«) Wachsmann sagte einmal zu mir: »Ich mochte den Gedanken, daß Einstein mich wie einen Sohn behandelte, er konnte aber auch sehr streng sein – wie ein Vater.« Als Ergebnis seiner engen Verbundenheit mit den Einsteins war er in der Lage, einige Einsichten über Albert Einsteins Philosophie hinsichtlich Frauen und über Elsas persönlichen herzbrechenden Empfindungen hinsichtlich Einsteins gelegentlichen Seitensprüngen hinzuzufügen.

Einmal, als Wachsmann Einstein besuchte, brachte er eine Zufallsbekanntschaft mit, scheute sich aber, die junge Frau Einstein vorzustellen, weil er ihr gegenüber keine festen Absichten hatte. Einstein zerstreute aber seine Befürchtungen, indem er ihm sagte: »Das sollte dir ganz gleichgültig sein. Und wenn du sogar *zwei* Freundinnen mitbrächtest, wäre ich nicht böse. Es ist ein wunderbares Privileg der Jugend, niemals dafür bestraft zu werden, nicht immer aus demselben Topf zu essen, denn niemand zwingt sie dazu.«

Wachsmann erzählte auch von einer anderen, heikleren Geschichte. Als er einmal die Einsteins in ihrer Berliner Wohnung besuchen wollte, wurde er vom Portier abgewiesen, der Wachsmann gegenüber behauptete, die Einsteins wären in Caputh. Plötzlich erschien Elsa dennoch und lud ihn nach oben ein. Wachsmann wußte sofort, daß etwas nicht stimmte. Elsa bestätigte seine Vermutung auch recht bald, indem sie zugab, immer sehr einsam zu sein, weil sich Albert häufig in Caputh aufhielt und mit seiner österreichischen Freundin segelte.

Im Laufe der Unterhaltung bot Elsa ihrem Gast dann Cognac an – was sehr ungewöhnlich für sie war –, und sie trank sogar mit ihm – was sie noch gesprächiger machte. Sie erzählte nun von ihren frühen Jahren mit Einstein und wurde rasch noch melancholischer, als sie Wachsmann gegenüber bekannte, wie verletzt sie immer wäre, wenn ihr Mann schönen Frauen nachsah. Schließlich fragte sie Wachsmann, ob er sie für hübsch hielte oder nicht.

»Du bist hübsch wie eine Rose«, erwiderte Wachsmann und ergriff ihre Hand, um sie zu küssen. »Eine Rose bleibt aber nicht immer eine Knospe. Und doch mögen die Menschen auch ältere Rosen, denn wenn sie auch älter werden, bleiben sie doch schön.« Elsa erwiderte: »Mein lieber Conrad, ich glaube dir nicht. Warum zeigt Professor Einstein soviel Interesse für andere Frauen?« Wachsmann daraufhin: »Du mußt dir vorstellen, der Professor wäre in einem Rosengarten. Damit er sicher sein kann, die schönste Rose zu haben, muß er alle anderen Rosen prüfen.« Elsa schien – wenigstens teilweise – überzeugt zu sein von seinem kleinen Märchen. Jedenfalls sagte sie: »Das hast du sehr nett gesagt.« Wachsmann ging bald danach, da es ihm zunehmend peinlicher wurde, auf Elsas sehr persönliche Fragen antworten zu müssen.

Man kann eine Vorstellung von Einsteins Ideen über Monogamie und Treue aus einem Brief bekommen, den er an eine besorgte Freundin schrieb, die sich in einem Brief an ihn beklagte, ihr eigener Mann sei ihr nicht treu gewesen. Sie bat um Einsteins Rat, was sie tun sollte. Der schrieb zurück: »Sie wissen sicher, daß die meisten Männer, wie auch die meisten

Frauen, von Natur nicht monogam sind. Diese Leute reagieren um so stärker, wenn ihnen Hindernisse in den Weg gelegt werden, um sie davon abzuhalten, das zu tun, was sie möchten. Einen Menschen zu zwingen, treu zu sein, ist für alle Betroffenen eine sehr bittere Frucht.«

Es scheint, als hätte Einstein bei der Beantwortung des Briefes an seine eigene Erfahrung gedacht. Außer seinen offensichtlichen Liebeleien in Berlin und seinen vorehelichen Erlebnissen mit Mileva Maric in der Schweiz hat er möglicherweise eine lange Affaire mit seiner Sekretärin Helena Dukas (sie hat ja bekanntlich achtundzwanzig Jahre für ihn gearbeitet) – eine Annahme, die in der Öffentlichkeit bisher weitgehend unbeachtet geblieben ist.

Bei vielen Gelegenheiten erzählte Einsteins Sohn Hans Albert mir und meiner Frau Tina von seinem langen gehegten Verdacht bezüglich dieser Affaire. Tatsächlich gibt es mehrere Indizien, die stark auf eine solche Verbindung hinweisen.

Zunächst war es der Tod von Einsteins zweiter Frau Elsa im Jahre 1936, der Einstein für die letzten neunzehn Jahre seines Lebens in Princeton allein zurückließ. Helena Dukas, selbst unverheiratet, lebte all diese Jahre in der Mercer Street. Zum Teil wurde Hans Alberts Verdacht durch folgende Tatsache genährt: Helena Dukas' Schlafzimmer lag direkt neben Einsteins Arbeitszimmer, wo er einen großen Teil seiner Abende und Nächte verbrachte.

Doch ein weitaus stärkeres Indiz ist in Einsteins Testament zu finden. Wenn man bedenkt, daß sein Testament aufgesetzt wurde, als seine geliebte Schwester, die Stieftochter, zwei Söhne und ein Enkelsohn noch lebten, zeigt Einsteins letzter Wille eine starke Begünstigung seiner Sekretärin Helena Dukas. Während Einstein beispielsweise seinem Sohn Eduard die Summe von 15 000 Dollar vermachte, seinem Sohn Hans Albert den Betrag von 10 000 Dollar, seiner Schwester Maria 10 000 – von Margot treuhänderisch verwaltet –, vermachte er Helena Dukas 20 000 Dollar! Das war der gleiche Betrag, den er seiner eigenen Stieftochter vermachte, mit der er bis zu diesem Zeitpunkt zwei Jahrzehnte zusammengelebt hatte.

Die Hinterlassenschaft für Helena Dukas war nicht nur bezüglich der Bargeldsumme fürstlich, sondern Einstein machte sie auch zur alleinigen Nutznießerin des Treuhandfonds, in den Lizenzgebühren und Investitionen aus Lizenzen für all seinen literarischen Besitz flossen, solange sie lebte (und sie überlebte ihn um siebenundzwanzig Jahre).

Das alles scheint mehr gewesen zu sein als nur dankbare Großzügigkeit des Arbeitgebers gegenüber seiner Sekretärin. War Hans Alberts Ahnung richtig gewesen?

Doch es gibt vielleicht eine noch wunderlichere Erklärung für Einsteins Großzügigkeit und Neigung zu Helena Dukas. Als vor einigen Jahren, 1987, Einsteins Briefe an seine erste Frau veröffentlicht wurden, gab es ein Rauschen im internationalen Blätterwald: Erstmals erfuhr die Welt von der Existenz jener unehelichen Tochter, die Albert Einstein und Mileva Maric vor ihrer Heirat geboren wurde. Am 3. Mai 1987 machte sich darüber auch die *New York Times* Gedanken: »Das Schicksal des Kindes, eines Mädchens, bleibt ein Rätsel. Es wurde geboren, ehe das Paar heiratete, und es gibt keine Aufzeichnung darüber, was aus ihm wurde. Es lebte anscheinend nie bei den Einsteins.« Und weiter: Das Mädchen habe einige Zeit bei Milevas Mutter in Jugoslawien gelebt und sei dort an Scharlach erkrankt, wovon es sich jedoch wieder erholt habe. »Die Erwähnung von Scharlach ist der letzte Hinweis auf das Mädchen in der Korrespondenz. Ob das Mädchen von Fräulein Marics Familie großgezogen oder adoptiert wurde oder ein anderes Schicksal hatte, bleibt unbekannt.«

Als Helena Dukas' Nachruf in der *New York Times* am 14. Februar 1982 veröffentlicht wurde, gab es keine Angaben über ihr Leben, ehe sie 1927 nach Deutschland kam, obwohl der Nachruf sehr umfangreich war. Das ist höchst ungewöhnlich für eine Zeitung, die sich damit brüstet, ›die Zeitung der verbürgten Daten‹ zu sein. Vielleicht kann das mit dem Mangel an

Informationen über Helena Dukas aus der Zeit vor 1927 begründet werden.

Die einzige Erwähnung in den ausführlichen Einstein-Biographien über ihr Leben vor 1927 bezieht sich darauf, daß sie Einstein von ihrer ›Schwester‹, einer Rosa Dukas, empfohlen wurde, die, beziehungsreicher geht es nicht, Geschäftsführerin der Organisation für jüdische Waisen in Berlin war. Rosa meinte, daß Helena als Sekretärin für Einstein, der wegen gesundheitlicher Probleme eine Organisationshilfe brauchte, alle Voraussetzungen mitbringen würde.

Das ist die offizielle Geschichte. Es berührt einen aber doch seltsam, daß eine junge Frau von Helenas Intelligenz ihr selbständiges Leben vollkommen aufgegeben haben sollte, um Einstein über den Atlantik zu folgen, in seinem Haus zu leben, um schließlich nach dessen Tod noch nahezu drei Jahrzehnte dort zu wohnen. Da drängt sich die Frage auf: Gibt es vielleicht eine andere Erklärung als bloße Hingabe? Betrachten wir deshalb das folgende Szenario ...

Albert Einstein und Mileva Maric bekommen Anfang 1902 eine uneheliche Tochter. Wegen der starken Abneigung der Eltern Einsteins gegenüber dem ›Fräulein Maric‹ und der allgemeinen Verurteilung unehelicher Kinder durch die Gesellschaft muß das Paar seine Tochter weggeben, damit sie woanders aufgezogen wird. Sogar nach der Heirat verbietet Einsteins nahe bevorstehender Ruhm eine Enthüllung des ›in Schande gezeugten‹ Kindes.

So betrachtet, wird das Mädchen entweder an eine Organisation übergeben (die für jüdische Waisen, von Rosa Dukas geleitet?) oder von einer anderen Familie adoptiert (vielleicht von der Familie Dukas, die sich so stark für Waisen und unerwünschte Kinder einsetzt?). Später, entweder veranlaßt durch die eifrige Suche eines adoptierten Kindes nach seinen wahren Eltern oder durch Einsteins zufällige Wiederentdeckung seiner vermißten Tochter, werden beide wieder vereint.

Das Mädchen, jetzt Helena Dukas genannt, ist perfekt dafür

Faksimile des Gedichts, das auf Seite 243 zitiert wird

geeignet, mit der Organisation von Einsteins Arbeit fertig zu werden, schließlich ist sie erblich von beiden Seiten wissenschaftlich vorbelastet. So ist also eine Geschichte für die Titelseite leicht erfunden, und Einsteins lange verlorene Tochter Helena Dukas kommt zu ihm, arbeitet für ihn und lebt für den Rest seines Lebens mit ihm zusammen – und nimmt als Einsteins Erstgeborene ihren rechtmäßigen Platz als seine Hauptbegünstigte in dem Testament ein. Wie Dr. Otto Nathan bei ihrem Tod feststellte: »Einstein ist mit ihrem Hinscheiden einen zweiten Tod gestorben.«

Faktum oder Fiktion? Geliebte oder Tochter? Oder nur eine ergebene Sekretärin, die Einstein für ihre Hingabe mit seiner Großzügigkeit belohnte? Wir werden es nie erfahren. Eines ist jedoch sicher: Diejenigen, die den wahren Einstein kannten, den Mann hinter der öffentlichen Fassade, die wußten von seiner Menschlichkeit – mit all den Höhen und Tiefen, die dieser Begriff in sich birgt.

Mit anderen Worten: Einstein war nicht nur eine Karikatur seiner selbst, war nicht nur der zerstreute Professor mit dem ›Kopf in den Wolken‹ – sein Kopf steckte vielmehr fest in den Realitäten des Lebens. In diesem Zusammenhang erinnere ich mich an einen Vorfall in meinen jüngeren Tagen, als Amors Pfeil mein eigenes Herz durchbohrt hatte. Leider fand das Ziel meiner Zuneigung, ein Mädchen namens Virginia, nicht die Zustimmung meiner Mutter, was in unserem Haus beträchtliche Reibereien verursachte.

Durch unsere Kontakte blieb Einstein dieser kleine Konflikt zwischen Mutter und Sohn nicht verborgen. Wenige Tage nach einem Besuch bei uns fand sich in unserer Post auch ein Brief mit einem Stempel aus Princeton. In dem Umschlag war ein Blatt Papier, auf dem Einstein über unseren Familienkrach ein Gedicht verfaßt hatte. Es lautete wie folgt:

Elegie, von Herrn Peter und Mütterlein zweistimmig zu singen

Ich sende heut Euch ein Gedicht
Man ahnt, von Schiller ist es nicht.
Es schwebet stolz nicht in der Luft
Und irdisch ist fürwahr sein Duft.

Virginia gefährlich ist
Sie macht's mit Reiz und auch mit List.
Die Mutter auf der anderen Seit'
Sie exzelliert in Wachsamkeit.

Herr Peter ist nicht zu beneiden
In der Bearbeitung von beiden.
Er windet sich, so gut er kann
So wie's geziemt dem starken Mann.

Wer je in so was hat gesteckt
Der hat vor solcher Sach' Respekt.
Er weiss, wie hilflos und verschreckt
Das Männervolk dazwischen steckt.

Mit Rage ist da nichts zu machen
In solchen delikaten Sachen.
Man sieht gerupft sich und geschunden
Doch Mut! Die Zeit heilt solche Wunden.

Und die Moral von der Geschicht'
(Wovon man meistenteils nicht spricht)
Die obre Hälfte plant und denkt,
Derweil die untere uns lenkt.

In einem Essay, erschienen im *Time Magazine,* schrieb Dennis Overbye kürzlich: »Einstein war ein gewöhnlicher Mensch. Er konnte Raum und Zeit durchschauen, nicht aber die Sexualität... So lassen Sie uns nicht den Verlust eines Säulenheiligen betrauern... den Mann, der die großen Gedanken hatte und die seltsamen Theorien spann, die inspirierten, das Verehrung jung sei, voller Vitalität, Ungestüm und Leidenschaft... Einsteins Physik gedieh nicht in der Abwesenheit vom Leben, sondern in seiner Fülle. Sein wissenschaftliches Leben blühte dann, wenn sich auch sein übriges Leben entfaltete, wenn er verliebt war.«

Kapitel 8

Einstein der Dichter

Einsteins unbeschwerte Poesie –
eine Auswahl

Das kleine Gedicht, das ich am Ende des letzten Kapitels zitierte, beleuchtet einen weiteren Aspekt des Einsteinschen spielerischen Geistes – seine Neigung, seine Gedanken in leichten Versen zu ordnen. Darüber ist noch nicht viel geschrieben worden. Nur gelegentlich werden in den verschiedenen Biographien die kleinen Knittelverse erwähnt, die Einstein sein Leben lang unter Freunden, Korrespondenten und Organisationen ›verstreute‹.

Einstein produzierte viele dieser Liedchen. Häufig faßte er Antworten für Ratsuchende oder die Probleme von Freunden in einige passende Vierzeiler. Ich habe gelegentlich Gedichte von Albert Einstein niedergeschrieben, auf die ich entweder in der Korrespondenz unserer Familie oder anderswo gestoßen bin. Um auch diesen – wiederum sehr menschlichen – Zug des großen Wissenschaftlers zu dokumentieren, habe ich einige Gedichte ausgesucht, die ›Einstein den Dichter‹ nahebringen, Zeilen, die einmal mehr beweisen: Albert Einstein war tatsächlich ein vielseitiges Talent.

Die Verse zu Ende des letzten Kapitels waren nicht die ersten, die Einstein uns zukommen ließ, um meiner Familie aus einer kleinen Krise zu helfen. Einmal, als mein Bruder Thomas von seinen Ärzten in die Berge geschickt wurde, um sich von einer Tuberkulose zu erholen, schickte Einstein ihm ein Gedicht zur Aufmunterung:

In the city everyone sighs
For peace and quiet
And wants to esape the tumult
For the mountains and the sky.

You are required to take
What others vainly seek –
The view, free and wide,
And tranquil solitude.

In deutsch:

Jeder in der Stadt hier schmachtet
Nach Frieden und auch Stille
Und möchte dem Trubel entrinnen
In die Berge nah' dem Himmel.

Du bist gezwungen zu dem,
Was andere vergeblich suchen –
Den freien weiten Blick
Und stille Einsamkeit.

Manchmal verfaßte Einstein ein Gedicht lediglich, um die Tugenden eines seiner Geistesheroen zu rühmen, wie beispielsweise in diesem kleinen Tribut an den großen Spinoza, geschrieben im Jahre 1920:

Oh, wie lieb' ich diese edle Seele,
Mehr als Worte jemals sagen.
Doch fürchte ich, er bleibt allein
Mit seinem hellen Glorienschein.

Auf dem Höhepunkt der Panik, die sich in der gesamten jüdischen Gemeinde ausbreitete, als Hitlers Schergen an die Macht kamen, wurde Einstein aus der Preußischen Akademie der Wissenschaften ausgeschlossen, weil er »Greuelgeschichten über Deutschland verbreitete«. Einstein antwortete scharf mit einigen prägnanten Gedanken in Versen, die er am 7. April 1933 an die Akademie richtete:

> Wer immer grimmige Märchen schreibt,
> Wird enden in uns'rem dunkelsten Verlies.
> Doch wagt er es, die Wahrheit zu künden,
> Werfen wir seine Seele in die Hölle.
>
> Mutig sind wir dann und wann,
> Wenn keine Gefahr uns droht.
> Beginnt jedoch der Mob zu rasen,
> Verlier'n wir manchmal allen Mut.

Einmal, als er einen besonders schweren Sack mit Verehrerpost erhielt, nahm Einstein Feder und Papier, um sein Gefühl von Verzweiflung aufzuzeichnen:

> The postman brings me every day
> Piles of mail to my dismay.
> Oh, why does no one ever reason
> That he is one while we are legion.

In deutsch:

> Der Postmann bringt mir jeden Tag
> Berge von Post, ich bin bestürzt.
> Warum denkt nur keiner je daran,
> Er ist nur einer, wir sind Legion.

Einer seiner Assistenten zeigte ihm einmal eine Seite mit Berechnungen, auf der er mit großer Sorgfalt eine Formel ausgearbeitet hatte, die Einstein sofort als fehlerhaft erkannte. Statt nun die Gefühle des Assistenten mit einer direkten Konfrontation zu verletzen, gab Einstein ihm das Blatt zurück, auf das er diesen kleinen Vers geschrieben hatte:

> It's easy to say something new
> If all sense one will eschew,
> But hardly is it ever found
> That the new is also sound.

In deutsch:

> Leicht ist es, etwas Neu's zu sagen,
> Wenn allen Sinn man will vermeiden.
> Doch kaum wird immer festgestellt,
> Daß das Neue fehlerfrei ist.

Einstein war fest davon überzeugt, seine große Beharrlichkeit, die fast an Halsstarrigkeit grenzte, sei bei der Lösung von Problemen der eigentliche Grund für seinen Erfolg und nicht irgendwelche ›Größe‹. Um das zu unterstreichen, versah er ein Buch mit Essays über seine Wissenschaft und Philosophie mit diesem Zweizeiler:

> One can clearly see herein
> Just what stubbornness can win.

In deutsch:

> Man kann deutlich hierin sehen,
> Was Halsstarrigkeit erreichen kann.

Im Jahre 1938, als ein gemeinsam mit Leopold Infeld verfaßtes Buch (*Die Evolution der Physik*) von den Nazi-Wissenschaftlern in Deutschland angegriffen wurde, antwortete Einstein mit einer Allegorie über eine Lerche und einen Mistkäfer:

The lark trills on a sunny day.
Dung beetle listens with dismay.
»Your sing-song is a rotten jest«,
He proclaims with swollen chest.

»I'll only greet those men who keep
Their feet aground without a peep,
And what I cannot understand,
Is nonsense – I'm the cleverest man!«

Skylarks warble their songs in May,
Ignoring what the beetles say,
»If the song disturbs your slumber,
Plug your ears and you'll grow number.«

In deutsch:

Die Lerche trillert an sonnigem Tag,
Mistkäfer lauscht mit Entsetzen.
»Dein Singsang ist ein fauler Scherz«,
verkündet er mit geschwellter Brust.

»Ich grüße nur die Leut', die ihre Füße
Ohne Piep am Boden lassen.
Und was ich nicht vestehen kann
Ist Unsinn – ich bin der Klügste!«

Lerchen schmettern ihr Lied im Mai,
Überhören, was die Käfer sagen.
»Wenn das Lied deinen Schlummer stört,
verstopf' die Ohren, und du hörst es nicht.«

Wie bekannt, verabscheute Einstein gesellschaftliche Ereignisse, so auch Wohltätigkeits-Diners. Nach dem Tode seiner Frau lehnte er immer öfter solche Einladungen ab. Als Rückantwort auf eine Einladung verfaßte er 1936 folgende Verse:

Alas, one is reminded daily
That endless dining goes on gaily
So fools might make a large donation
What a needless aggravation!

Gorge yourself voraciously,
All alone, sagaciously.
Whoever knows how to do this
Has found the path to mortal bliss.

In deutsch:

Ach, man erfährt doch täglich,
Daß endloses Essen wird gereicht,
Um Narren große Spenden zu entlocken,
Was für Ärger – völlig nutzlos!

Freßt euch voll so unersättlich,
Ganz allein und voller Klugheit.
Wer immer weiß, wie man das tut,
Der fand den Weg zu sterblicher Freude.

Nicht nur der Wissenschaftler Einstein findet sich in seinen Versen wieder, auch der Musiker kommt zu Wort. Viele Musiker, die einen Abend bei Einstein mit Musizieren verbrachten, waren voller Beifall für sein Können und nannten ihn einen sehr sensiblen Geiger. Einstein selbst konnte, wie in anderen Bereichen seines Lebens, gelegentlich selbstkritisch über sein Talent als ›Fiedler‹ sein, wie in diesem leichten Vers:

Just because one loves to fiddle,
It's still not right to try and diddle
About your skills to other folks
Or you'll become the butt of jokes.

Still, the dilettante has the right
To scratch and scrape all through the night;
But so his neighbors do not mutter
He must kindly close the shutter.

In deutsch:

Nur weil man gerne Geige spielt,
Ist's noch nicht recht zu schwindeln
Über dein Können bei anderen Leuten,
Oder man wird zur Zielscheibe von Scherzen.

Und doch, der Dilettant hat das Recht,
Die ganze Nacht zu kratzen und zu schaben;
Damit die Nachbarn aber nicht murren,
Sollt' er doch das Fenster bitte schließen.

Einstein war ein Verehrer Franklin D. Roosevelts und bedauerte, daß der Krieg eine tiefere Freundschaft zwischen ihnen verhindert hat. Nachdem der Wissenschaftler am 24. Januar 1934 im Weißen Haus übernachtet hatte, schrieb er den folgenden kleinen Vers, um seine Empfindungen auszudrücken:

In the Capital's proud magnificence
Where destiny is made
Cheerfully fights a proud man
Who can provide the solution.

In our conversation of last night
There were cordial thoughts of you
Which must be spoken
So I send this greeting.

In deutsch:

In der stolzen Pracht der Hauptstadt,
Wo Schicksal gemacht wird,
Kämpft heiter ein stolzer Mann,
Der die Lösung bringen kann.

In uns'rer Unterhaltung letzte Nacht
Gab es herzliche Gedanken,
Die ausgesprochen werden müssen,
Deshalb send' ich diesen Gruß.

Bei einem Besuch in New York City 1933 standen Einstein und seine Frau Paten für den Sohn des Leitenden Direktors der Jewish Telegraphic Agency. Auf die Rückseite eines Photos, das ihn selbst zeigte, schrieb Einstein diesen Vers:

Für den kleinen Albert Landau anläßlich seines Eintritts in die Welt

Wenn andere sich häufig plagen
Oder Übles tun und sagen,
Denke dran, auch sie kamen her,
Ohne gefragt zu haben.

Denke, auch wenn du's nicht magst,
Auch du plagst andere des öfter'n.
Da dies nicht zu ändern geht,
Denk' nachsichtig von anderen.

Es gibt wenigstens einen belegten Bericht, daß eines von Einsteins Gedichten ihm eine ausgezeichnete Position verschaffte. 1931 hatte er eine Reise nach England unternommen, wo er an mehreren Kolloquia am Christ Church College in Oxford teilnahm. Einige der regulären Mitglieder hofften, das wäre das Signal für eine dauerhafte Verbindung zwischen Einstein und dem College, während andere wenig geneigt schienen, einen ›ungesellige‹ Burschen, noch dazu einen deutschen Juden, in das College aufzunehmen. Aber dank einer Entdeckung von R. H. Dundas, der in Christ Church wohnte und dessen Räume Einstein während seines Aufenthalts in Anspruch genommen hatte, gab es bald eine beachtliche interne Unterstützung für

Einstein, und man bot ihm die Position eines ›Stipendiaten von Christ Church‹ (das Äquivalent zu ›Fellow‹ an anderen Schulen) an, was Einstein dankbar annahm. Die Entdeckung, die Dundas gemacht hatte, war ein reizendes Gedicht, das Einstein im Besucherbuch seines Gastgebers zurückgelassen hatte. Es lautet so:

Dundas lets his rooms decay
While he lingers far away,
Drinking wisdom at the source
Where the sun begins its course.

That his wall may not grow cold
He's installed a hermit old,
One that undeterredly preaches
What the art of numbers teaches.

Shelves of towering folios
Meditate in solemn rows;
Find it strange that one can dwell
Here without their aid so well.

Grumble: Why's this creature staying
With his pipe and piano-playing?
Why should this barbarian roam?
Could he not have stopped at home?

Often though his thoughts will stray
To the owner far away,
Hoping one day face to face
To behold him in this place.

With hearty thanks and greetings. – 1931

In deutsch:

Dundas läßt seine Räume verfallen,
Während er sich weit weg aufhält,
Weisheit schlürfend an der Quelle,
Wo der Sonne Lauf beginnt.

Daß die Wände nicht erkalten,
Lud er'n alten Eremiten ein,
Einen, der unbeirrbar predigt,
Was die Kunst der Zahlen lehrt.

Regale, angehäuft mit Folianten,
Die in Reihen meditier'n;
Find' es seltsam, daß hier einer wohnt,
Gut und ohne ihre Hilfe.

Murren: Warum bleibt das Wesen
Mit Pfeife und Klaviergespiel?
Warum muß der Barbar wandern?
Konnt' er nicht zu Hause bleiben?

Wenn auch seine Gedanken wandern
Zu dem Eigner fern,
Hoffend darauf, eines Tages
Ihn an diesem Ort zu halten.

Mit herzlichem Dank und Grüßen. – 1931

Anläßlich seines 50. Geburtstages in Berlin wurde Einstein mit Geschenken und Glückwünschen aus aller Welt überschüttet. Für diese Gelegenheit schrieb er einen Knittelvers, den er vervielfältigte und als allgemeinen Dankesgruß mit der Post an alle seine Gönner schickte. Wenn auch der Reim durch die Übersetzung (ursprünglich aus dem Deutschen ins Englische) verlorenging, so ist er es doch wert, wiederholt zu werden:

Jeder zeigt heut' sein bestes Gesicht
Und von nah und fern kam lieber Gruß,
Mich überschüttend mit all den Dingen,
die einem alten Mann noch wert erscheinen.
Alle nähern sich mit sanfter Stimme,
Um den Tag mir zu verschönen,
Und sogar die zahllosen Nassauer zahlten
  ihren Tribut.
So fühl' ich mich emporgehoben wie ein edler
  Adler.
Jetzt nähert der Tag sich seinem Ende,
  und ich grüße euch.
Alles was ihr tatet, war gut, und die Sonne lacht.

Einstein war mit Königin Elisabeth von Belgien befreundet und korrespondierte häufig mit ihr. Gelegentlich nahm diese Korrespondenz die Form von kleinen Gedichten an, zum Beispiel als er, aus Santa Barbara in Kalifornien schreibend, der Königin einen kleinen Zweig schickte, der von einem Baum stammte, den sie bei einem früheren Besuch gepflanzt hatte, und dazu den folgenden Vierzeiler lieferte:

In cloister garden a small tree stands.
Planted by your very hands.
It sends – its greetings to convey –
A twig, for it, itself, must stay.
  – 2/ 19/33

In deutsch:

Im Klostergarten steht ein kleiner Baum,
Von Ihrer eigenen Hand gepflanzt.
Er sendet – zur Übermittlung seiner Grüße –
Einen Zweig, denn er selbst muß bleiben.
  – 2/ 19/33

Elisabeth von Belgien antwortete selbst, kaum einen Monat später, mit einem kleinen Vers, der auf den Ausdruck ›One Stone‹ anspielte – die englische Übersetzung von ›Ein-Stein‹:

> The twig the greeting did convey
> From the tree that had to stay
> And from the friend, whose heart so big,
> Could send great joy by tiny twig.
> A thousand thanks aloud I cry
> Unto mountain, sea, and sky.
> Now, when stones begin to shake,
> I pray one stone no harm will take.

In deutsch:

> Der Zweig überbrachte die Grüße
> Von dem Baum, der bleiben mußte,
> Und von dem Freund, dessen großes Herz
> Große Freude schickte mit dem Zweig.
> Tausend Dank ruf' ich laut
> Über Berg und See hinauf zum Himmel.
> Nun, wenn Steine zu rollen beginnen,
> Bete ich, Ein-Stein möge keinen Schaden leiden.

Für eine andere Geburtstagsfeier – diesmal seinen 70. Geburtstag im Jahre 1949 – hatte ein deutscher Autor und Dramatiker, Sam Gronemann, einige Verse zu Einsteins Ehren geschrieben und beanspruchte ihn als einen Sohn Israels. Einstein antwortete prompt mit seinen eigenen Versen:

> Non-comprehenders are often distressed.
> Not you, though – because with good humor
>   you're blessed.
> After all, your thought went like this, I dare say:
> It was none but the Lord who made us that way.

The Lord takes revenge – and it's simply unfair,
For he himself made the weakness we bear.
And lacking defense, we succumb to this
    badness,
Sometimes in triumph, and sometimes in
    sadness.

But rather than stubbornly uttering curses,
You bring us salvation by means of your verses,
Which are cunningly made so the just and the
    sinners
End up by counting themselves all as winners.

In deutsch:

Nichtbegreifende sind oft besorgt.
Nicht Sie, jedoch – gesegnet mit gutem Humor.
Immerhin will ich behaupten, Ihr Denken war:
Niemand außer dem Herrn machte uns so.

Der Herr nimmt Rache – und das ist nicht fair,
Denn er selbst schuf die Schwäche, die wir
    ertragen.
Und ohne Verteidigung ergeben wir uns diesem
    Übel,
Manchmal im Triumph und manchmal in Trauer.

Doch anstatt hartnäckig Flüche auszustoßen,
Bringen Sie uns Heilung mit Ihren Versen,
Listig verfaßt, daß die Gerechten und die Sünder
Sich alle selbst als Sieger sehen.

Wie ich in anderen Abschnitten dieses Buches schon bemerkte,
war Einstein extrem abgeneigt gegen jede Art von Publizität
und war sehr scheu, wenn Menschenmassen sich um ihn drängten, um ein Autogramm von ihm zu bekommen. Das Problem

drückte er einmal unter einem Photo, das ihn selbst zeigte, aus, welches er 1927 einer alten Freundin, Cornelia Wolf, schickte:

Whereever I go and whereever I stay,
There's always a picture of me on display.
On top of the desk, or out in the hall,
Tied round a neck, or hung on the wall.

Women and men, they play a strange game,
Asking, beseeching: »Please sign your name.«
From the erudite fellow they brook not a quibble,
But firmly insist on a piece of his scribble.

Sometimes, surrounded by all this good cheer,
I'm puzzled by some of the things that I hear,
And wonder, my mind for a moment not hazy,
If I and not they could really be crazy.

In deutsch:

Wo immer ich geh' und wo immer ich steh',
Wird immer ein Bild von mir gezeigt:
Auf dem Schreibtisch, draußen in der Halle,
Um den Hals gehängt oder an der Wand.

Frauen und Männer spielen ein seltsam Spiel,
Fragend, bittend, »Bitte Ihre Unterschrift.«
Von dem gelehrten Burschen dulden sie keine
    Ausflucht,
Sondern bestehen fest auf einem Stück seines
    Gekritzels.

Manchmal, umgeben von all diesem Frohsinn,
Bin ich überrascht von dem, was ich höre,
Und frag' mich, mein Geist einen Moment nicht
    umnebelt,
Ob ich oder sie wirklich verrückt sein mögen.

Einer von Einsteins Geistesheroen war der große Sir Isaac Newton. Es existiert ein undatierter Vierzeiler, den Einstein vielleicht 1942 geschrieben hat, dem Jahr des 300. Geburtstages von Newton, mit dem ein großer Wissenschaftler drei Jahrhunderte später einem anderen huldigt:

> Schaut zum Himmel und lernt von ihm,
> Wie man den Meister wirklich ehrt.
> Die Sterne auf ihren Bahnen rühmen Newtons
>   Gesetze –
> In ewiger Stille.

Nachdem ein sowjetischer Wissenschaftler Einsteins Relativitätstheorie angegriffen hatte, weil sie im Gegensatz stünde zum Glauben der Sowjets an den dialektischen Materialismus, machte Einstein seiner Wut in einem Gedicht Luft, das er betitelte:

> Weisheit des dialektischen Materialismus
>
> Durch Schweiß und Plackerei ohnegleichen
> Endlich ein Körnchen Wahrheit zu erkennen?
> Oh, Narr! Dich zu Tode arbeiten!
> Unsere Partei schafft Wahrheit durch
>   Verordnung!
>
> Wagt ein tapf'rer Geist zu zweifeln?
> Ein eingeschlag'ner Schädel ist schneller Lohn.
> Also lehren wir ihn, wie nie zuvor,
> Mit uns in süßer Eintracht zu leben.

Einstein war ebenso bereit, eine heitere Strophe gegen sich selbst loszulassen, wie er es erduldete, Ziel seiner eigenen Späße zu sein. Zur Begleitung eines Photos, das er in hohem Alter einem engen Freund schickte, heftete er diese Zeilen:

Here's what the old guy looks like now.
You feel: This horro my peace will shatter.
Think: What's important is inside.
And anyway – what does it matter?

In deutsch:

Hier sieht man, wie der alte Kerl jetzt ausschaut.
Man fühlt: Dieser Schreck erschüttert meinen
    Frieden.
Bedenke: Was wichtig ist, ist drinnen.
Und überhaupt – was macht es schon?

Überhaupt liebte es Einstein, schnelle Zweizeiler auf Photos zu
schreiben, die er an Freunde schickte. Auf einem solchen Bild,
in Philadelphia aufgenommen, auf dem er – ungewöhnlich –
mit Anzug und Krawatte zu sehen ist, schrieb er:

Although I sit here and stretch my feet out,
It wasn't at home; of that there's no doubt.

In deutsch:

Obwohl ich hier sitze und meine Füße ausstrecke,
Es war nicht zu Hause; da gibt es keinen Zweifel.

An seinen Musikerfreund Joseph Schwartz und dessen Sohn,
mit denen Einstein viele Abende mit Kammermusik verbracht
hatte, schickte er einmal einen Schnappschuß von einem ihrer
Auftritte mit diesem zweizeiligen Gedicht:

To the father and his lad
The playing was – not bad!

In deutsch:

> An den Vater und seinen Jungen:
> Das Spiel war – nicht schlecht!

Bei einer anderen Gelegenheit fing der Lithograph Emil Orlik das Wesentliche des geigespielenden Einstein ein und zeigte den fast fünfzigjährigen Physiker während seiner Arbeit. Der Professor hatte ein bißchen an Körperumfang zugenommen (wie das oft bei Leuten seines Alters geschieht). Als Einstein die Lithographie sah, schrieb er folgenden knappen Zweizeiler an Orlik:

> For science something can be said.
> No violinist is so well-fed.

In deutsch:

> Zur Wissenschaft kann man manches sagen.
> Kein Geiger ist so wohlgenährt!

Selbst zwei Jahre vor seinem Tode zeigte Einstein noch immer dieses Vergnügen an seinen Wortspielen. Als er eine Bronzebüste von der Bildhauerin Gina Plunguian betrachtete, verfaßte er die folgenden Zeilen:

> In thought to be absorbed, to strain
> And to overtax the brain
> Not everyone will undertake
> If at all he can escape.
>
> So instead look at this image
> It shows what one can see and grasp.
> Be quite free with blame and praise.
> It can't be heard from far away.

263

In deutsch:

> Versunken in Gedanken, strapaziert
> und überschätzt das Gehirn.
> Nicht jeder will das unternehmen,
> Wenn er dem entkommen kann.
>
> So, betrachte dieses Bild,
> Es zeigt, was man sehen und begreifen kann.
> Sei freimütig mit Tadel und Lob.
> Aus der Ferne kann man es nicht hören.

Einstein schrieb seine Verse nicht immer dann, wenn er in heiterer oder ironischer Stimmung war. Auch nahm er sich nicht immer selbst auf den Arm. 1923 schrieb er beispielsweise folgenden ungereimten Aphorismus, wobei er offenbar in echt düsterer Stimmung war:

> Kinder ziehen nicht immer Nutzen aus den Erfahrungen ihrer Eltern; Nationen achten nicht auf die Geschichte. Die unglücklichen Erfahrungen müssen immer wieder wiederholt werden.

Nach dem Tod Elsas machte er eine schreckliche Phase durch. Ständig hatte er Magenprobleme. Mein Vater versuchte, ihm zu helfen, und stellte für ihn eine spezielle Diät zusammen. Einstein, der gewöhnlich recht anmaßend über die ärztliche Kunst urteilte, erkannte die Bemühungen meines Vaters an und dankte ihm: »Ich bin dankbar ... und empfinde jetzt aufrichtigen Respekt für Sie und Ihre Kunst im allgemeinen. Sollte es von meiner Seite je einen Rückfall geben, beziehen Sie sich bitte auf diese Erklärung.« Als die Beschwerden jedoch wieder auftraten, war Einstein gezwungen, einen geplanten Besuch bei meinem Vater abzusagen. Er schickte einen Entschuldigungsbrief in Form eines Knittelverses – er bewahrte also sogar unter Schmerzen seinen Sinn für Humor.

Alas, I cannot come to town;
Skepticism has got me down
Just at the moment I began
To think your drugs could cure a man.

If the pain is sometimes murder
It does not drive me any further
Round the bend than I am now –
Drugs are not guilty anyhow.

In the end, the fault's my own
If maggots eat me up so soon.
You will surely understand, and give
Me your blessing when I leave.

With hearty greetings, Your Old Sinner, A. E.

In deutsch:

Ach, ich kann zur Stadt nicht kommen;
Skeptizismus hat mich umgeworfen
Just in dem Augenblick, da ich begann
Zu glauben, Ihre Medizin könnte einen
    Menschen kurieren.

Ist der Schmerz auch manchmal böse,
Treibt er trotzdem mich nicht weiter
Abwärts, als ich jetzt schon bin –
Medizin ist ja doch nicht immer schuld.

Am Ende ist's mein eigener Fehler,
Wenn Maden mich so früh schon fressen.
Sie werden sicherlich verstehen und geben
Mir Ihren Segen, wenn ich gehe.

Mit herzlichen Grüßen, Ihr Alter Sünder, A. E.

Während die Welt Einstein, den Wissenschaftler, bewunderte oder sich über Einstein, den Geiger, freute oder sich vielleicht um Einstein, den Segler, sorgte, behalte ich, im Gedanken an all diese Aspekte des Mannes, mir die Erinnerung an Einstein den Dichter vor, denn durch diesen Wesenszug kam viel von Einsteins Liebenswürdigkeit ans Licht.

Kapitel 9

Einstein
der Musiker

Eine Leidenschaft
für die Violine

Obwohl berühmt als der größte Wissenschaftler des 20. Jahrhunderts – vielleicht auch der vergangenen Jahrhunderte –, wurde Albert Einstein gemeinhin eher an dem erkannt, was seinen Kopf bedeckte, als an dem, was darin steckte. Ich spreche natürlich von seinem weißen Haarschopf, der sogar heute noch, sechsunddreißig Jahre nach seinem Tod, sofortiges Erkennen und Kichern in zahllosen Anzeigen und Karikaturen bewirkt – und das sogar bei Leuten, die erst lange nach seinem Tod geboren wurden.

Und doch hatte Einstein noch ein anderes Erkennungszeichedn. Das war die Violine, die er überall dabei hatte. Zu meinen schönsten Erinnerungen an Einsteins Besuche in unserem Haus in Manhattan gehört sein improvisierendes Geigenspiel in unserer Küche – das ›Musikzimmer‹ seiner Wahl wegen der guten Akustik durch die Küchenkacheln. Dort spielte er entweder am frühen Morgen oder spät am Abend – häufig dann, wenn er über ein besonders schwer faßbares wissenschaftliches Problem nachdachte.

Ein ›Durchschnittsmensch‹, für den *ein* Talent schon sehr viel sein mag, schaut vielleicht mit Ehrfurcht auf eine Person wie Einstein, die, während sie die Geheimnisse des Universums löste, trotzdem Zeit fand, so vollkommen ihre zweite Begabung, die Musik, zu entwickeln. Wer aber einige Zeit mit Angehörigen der wissenschaftlichen Gemeinschaft verbracht hat, wird wissen: Häufig sind Musik und Wissenschaft – besonders die Fächer, die stark durchdrungen sind von Mathematik – stark miteinander verbunden. Gehen Sie etwa in irgendeine größere pharmazeutische Firma, und es ist sehr wahrscheinlich, daß Sie unter den verschiedenen Forschern und Ingenieuren einen Prozentsatz von Geigern, Bratschisten und Cellisten finden werden, der weit über dem der normalen Bevölkerung für solche Kunstfertigkeit liegt. In diesem Licht betrachtet, ist es nur verständlich, daß Einstein – der vollkommene Wissenschaftler – solche Befriedigung in seiner treuen Fiedel gefunden hatte.

Einstein sprach mit großer Dankbarkeit von seiner Mutter Pauline, deren Einfluß ausschlaggebend war bei der Hinführung des jungen Einstein zur Musik. Im Alter von sechs Jahren erhielt er den ersten Geigenunterricht. Seine Mutter, selbst Pianistin, bestand darauf. Albert brauchte aber etwa sieben Jahre, bis er von der Musik Mozarts inspiriert wurde – erst dann entwickelte sich eine neuentdeckte Leidenschaft für die Geige.

Einstein selbst erzählt die Geschichte: »Ich nahm Geigenunterricht im Alter von sechs bis vierzehn, hatte aber kein Glück mit meinen Lehrern, für die Musik nur mechanisches Üben bedeutete. Richtig zu lernen begann ich erst, als ich etwa dreizehn Jahre alt war, hauptsächlich nachdem ich mich in Mozarts Sonaten verliebt hatte. Der Versuch, bis zu einem gewissen Grad ihren künstlerischen Inhalt und ihre Anmut wiederzugeben, zwang mich, meine Technik zu verbessern, und diese Verbesserung erlangte ich ohne systematisches Üben aus diesen Sonaten. Ich glaube, alles in allem ist Liebe ein besserer Lehrer als Pflichtbewußtsein – zumindest bei mir war es sicherlich so.«

Und so gingen die Zwillingsinteressen Einsteins gemeinsam durch seine Entwicklungsjahre, wobei die Geige für ihn ein Ventil darstellte für die Belastung durch seine wissenschaftliche Arbeit. In späteren Jahren sagte sein Sohn Hans Albert einmal: »Wann immer er das Gefühl hatte, in eine Sackgasse geraten zu sein, nahm er Zuflucht bei der Musik, und das löste gewöhnlich alle seine Schwierigkeiten.«

Einsteins Liebe zur Geige ging über die eines Hobbys hinaus und glich fast schon einer Berufung. Tatsächlich behauptete Einstein, er hätte einmal mit dem Gedanken gespielt, Berufsgeiger zu werden, und bei anderer Gelegenheit stellte er definitiv fest, er wäre Musiker geworden, hätte er in der Wissenschaft keinen Erfolg gehabt. In einem Interview mit der *New York Times* aus dem Jahre 1934 wurde er zitiert mit dem Ausspruch, er habe in der Musik »den höchst möglichen Grad von Glück« gefunden. Und in *The Human Side of Albert Einstein* schrieb er: »Musik beeinflußt nicht die wissenschaftliche Arbeit, aber beide werden von der gleichen Quelle der Sehnsucht genährt, und sie ergänzen einander in der Entspannung, die sie bieten.«

Dieser komplementäre Aspekt von Musik und Forschung durchdrang oft sein Spiel. Sogar während seiner Jahre in Berlin pflegte er oft spät in der Nacht in seiner Küche zu spielen, Melodien improvisierend, während er über komplizierte physikalische Probleme nachdachte. Oft, wenn er sich mit einem besonderen Problem herumschlug, nahm er seine Geige oder setzte sich ans Klavier (das er ebenfalls recht gut spielte). Dann, mitten im Spiel, verkündete er aufgeregt: »Ich hab's!« Wie durch Inspiration hatte er die Antwort auf ein Problem gefunden.

Einstein liebte das Musizieren, entweder allein oder mit Freunden. Er ging auch gern in Konzerte, um Musikaufführungen zu hören, mehr noch als er sich über Theater freute. Nachdem er Elsa geheiratet hatte, ging Einstein oft mit seiner Stieftochter Margot in Konzerte. Elsa selbst besuchte selten Konzerte, was vielleicht dazu beitrug, daß Einstein seine Freundin Toni Mendel oft begleitete, die diese musikalischen Ausflüge zu schätzen wußte.

Einstein reservierte sein Geigenspiel meistens für vertraute Abende mit Freunden. Er liebte aber auch öffentliche Auftritte für Wohltätigkeitsveranstaltungen, sowohl in Berlin als auch in Princeton. Nach einem solchen Auftritt in den frühen zwanziger Jahren in Berlin schrieb ein Berliner Musikkritiker – der anscheinend nicht wußte, daß Einstein Physiker war – über sein Spiel: »Einsteins Spiel ist hervorragend, er verdient aber nicht seinen Weltruhm; es gibt viele andere Geiger, die genauso gut sind.«

Einmal in Princeton, im Januar 1941, gab Einstein ein Violinkonzert im Present Day Club zugunsten des American Friends Service Committee. Mit dem eingespielten Geld sollten während des Kriegs Kleider für Flüchtlingskinder in England hergestellt werden. Was diesen Auftritt zu einem speziellen Ereignis machte, war, daß Einstein von der großen französischen Pianistin Gaby Casadesus begleitet wurde. Man hatte erwartet, die Zuhörerschaft würde aus vielen jungen Leuten bestehen, weil Schüler der örtlichen Schule ebenfalls an dem Programm teilnahmen. Zu Einsteins Enttäuschung waren die Zuhörer fast durchweg Erwachsene, ›gespickt‹ mit einer Unzahl von Zeitungsreportern, die nach einem Blick auf den großen Wissenschaftler hungerten und, natürlich, einer guten Story.

Madame Casadesus erinnerte sich später daran, daß ihre erste Programmnummer, Mozarts Sonate Nr. 4 in e-Moll, fast verpatzt worden wäre. »Es gab so viele Leute,« sagte sie, »die Photos machten, daß ich zuerst fürchtete, er würde aufhören zu spielen. Doch glücklicherweise tat er das nicht. Er setzte sein Spiel sehr gut fort und ließ sich nicht stören.«

Was diese Aufführung für meine Familie besonders erinnernswert machte, war, daß Einstein auch zwei Nummern zur Aufführung brachte, die meine Mutter, Frieda Bucky, komponiert hatte: »Old Indian Song« und »Russian Dance«.

Madame Casadesus sagte später auch, Einstein hätte bei dieser Gelegenheit recht gut gespielt. »Vergessen Sie nicht zu sagen, daß er ein echter Musiker ist. Natürlich hatte er nicht die Zeit zu üben, deshalb war er vielleicht technisch nicht perfekt, aber trotzdem, er spielt sehr gut.«

Jene, die Einsteins Geigenspiel hörten, stimmten im allgemeinen darin überein, daß sein musikalisches Empfinden jeden technischen Mangel kompensierte. Geradeso wie Gaby Casadesus sagte, er spiele mit »wunderbarer Phrasierung und Gefühl«, so häuften andere ähnliches Lob auf Einstein. In Belgien hatte er mit einem Herrn Barjansky gespielt, der später in einem Brief an Margot schrieb: »Es ist eindrucksvoll, wie Einstein Mozart spielt. Ohne Virtuose zu sein und vielleicht gerade deshalb reproduzierte er die Tiefe und Tragik von Mozarts Genie so natürlich mit seiner Geige. «

Einstein liebte nichts mehr, als Musikabende mit Freunden zu arrangieren, die entweder Amateure oder Berufsmusiker waren. Sowohl in Berlin als auch in Princeton frönte Einstein dieser Leidenschaft. Bei vielen Gelegenheiten hatte ich das Privileg, entweder in Einsteins Haus in Princeton oder an einem unserer Urlaubsorte diesen musikalischen Zusammenkünften beizuwohnen.

Bei einer solchen Soiree wurde ich Zeuge einer der berühmtesten Einstein-Anekdoten und kann also für die ganze Welt ihren Wahrheitsgehalt bestätigen. Einstein spielt die zweite Geige in einem Quartett mit dem großen, ausdrucksstarken Geigenvirtuosen Fritz Kreisler. Alles ging gut, bis an einem bestimmten Punkt etwas mit dem Rhythmus nicht in Ordnung war. Plötzlich setzte Fritz Kreisler seine Geige ab, blickte auf einen verblüfften Einstein und sagte: »Was ist los, Professor, können Sie nicht zählen?« Die ungewollte Ironie in Kreislers Frage, an den überragenden Physiker des Jahrhunderts gerichtet, ließ ein schallendes Gelächter ausbrechen.

Nicht daß Einstein etwas dagegen hatte, Ziel eines Scherzes seiner Freunde zu sein. Er konnte genauso leicht in der gleichen Situation sich über sich selbst lustig machen. Eine seiner regelmäßigen Quartettpartner, Mrs. Barbara L. Rahm (sie war erste Geigerin in einem privaten Streichquartett, mit Albert Einstein als zweitem Geiger, Alfred Hopkins als Bratschisten und wechselnden Gastcellisten), hat geschrieben, daß »drollige Witze über Einsteins Fähigkeit zu zählen gemacht würden. Sie trafen nicht zu. Er hatte ein gutes Gefühl für Rhythmus. Ich erinnere mich jedoch an einen Abend, als wir Schwierigkeiten mit einem Adagiosatz von Beethoven im 12/8-Takt hatten, der gewöhnlich mit 4 gezählt wird. Ich sagte, wir sollten ihn sehr langsam nehmen und 12 zählen. Professor Einstein schaute verblüfft drein und sagte, ganz unschuldig: ›Oh, ich glaube nicht, daß ich 12 zählen kann.‹ Es waren Gäste an diesem Abend da, und ich glaube, das bot ihnen ein stilles Vergnügen.«

Interessant ist eine Gemeinsamkeit dieses Quartetts. Jamie Sayens erzählt in *Einstein in America*: Einstein, Hopkins und Rahm hatten alle am 14. März Geburtstag, und in den drei Jahren vor dem Ausbruch des Zweiten Weltkriegs feierte die Gruppe den Tag mit einem Essen und Kammermusik.

Einstein hatte viele Musikpartner, zu denen auch seine Mutter gehörte, die ihn in seinen Anfangsjahren auf dem Klavier begleitete. Da waren ferner der Physiker Paul Ehrenfest, Belgiens Königin Elisabeth, die eine seiner engsten Freundinnen war, Professor Adolf Hurwitz und seine Tochter, die oben erwähnte berühmte französische Pianistin Gaby Casadesus, Carola Hauschka-Späth, die eine seiner Nachbarinnen in Princeton war, und Valentine Bargmann.

Eine von Einsteins engsten musikalischen Bindungen ergab sich ganz zufällig. In Berlin gab einmal der Konzertpianist Joseph Schwartz zusammen mit seinem Sohn Boris – er galt als Wunderkind – ein Konzert. Ein Politiker, der sie hörte und von Einsteins Liebe zur Geige wußte, schickte das Duo zu Einstein in dem Glauben, der Wissenschaftler würde sehr interessiert sein, den jungen Geiger zu hören.

Ehrerbietig suchten Boris und sein Vater Einsteins Wohnung in der Haberlandstraße auf. Der Junge packte seine Geige aus und stürzte sich in Bruchs Concerto in g-Moll, ein virtuoses Stück. Als er eine besonders lyrische, ausdrucksvolle Passage im ersten Satz erreichte, brach es plötzlich aus Einstein heraus: »Ah! Man kann sehen, daß er die Geige liebt!«

Am Ende des Konzerts nahm Einstein seine Geige heraus, und die drei spielten Trio-Sonaten von Bach und Vivaldi. Für Einstein und die beiden Schwartz begann so eine dauerhafte Freundschaft, genährt von vielen solcher Musikabende.

Boris Schwartz lieferte ein weiteres Stück des Puzzles bezüglich Einsteins geigerischen Könnens. Er beschrieb Einsteins Ton als sehr rein mit geringem Vibrato, sagte auch, daß Einstein den sinnlichen, vibrierenden Ton nicht mochte, der bei den Geigern des 19. Jahrhunderts so beliebt war. Schwartz fügte hinzu, Einstein sei ein guter Blattspieler, der »gut im Takt spielte«, mit unerhörter Konzentration, sich nach vorn lehnend, mit dem Gesicht praktisch in der Musik.

In seinen Berliner Tagen war Einstein ein unermüdlicher Geiger, bereit, stundenlang zu spielen. Häufig ermüdete Boris Schwartz lange vor Einstein, und Elsa, die das bemerkte, kam zur Rettung herbei, indem sie Tee servierte und der Musik so ein Ende bereitete.

Sogar in späteren Jahren, in Amerika, war Einstein bei der geringsten Aufforderung bereit, seine Geige zur Hand zu nehmen. Jamie Sayens erzählt in seinem Buch *Einstein in America* folgende Geschichte: Im Dezember 1934 – als Einstein fast sechsundfünfzig Jahre alt war – hatte Elsa einen Ischiasanfall erlitten. Eine Gruppe aus der First Presbyterian Church von Princeton sang traditionell Weihnachtschoräle unter dem Fenster kranker Ortseinwohner. So versammelten sich einen Abend vor Weihnachten etwa ein Dutzend Choralsänger, begleitet von einer Geigerin, Jane Lewis, vor dem Haus Library Place 2, wo die Einsteins damals wohnten. Einer von ihnen beschrieb die Szene: »Bei dichtem Schneefall auf dem Platz, wie auf einer alten Weihnachtsansichtskarte, gingen wir hinüber und begannen ohne Ankündigung zu singen, als die Haustür geöffnet wurde und Dr. Einstein herauskam. Er war sichtlich gerührt; er dankte uns und fragte, ob er uns auf unserer Geige begleiten könne. Wir hielten das für großartig, und Jane Lewis reichte ihm ihre Geige. Wir sangen einige Minuten

lang Weihnachtschoräle. Er spielte, während der Schnee her-
niederfiel, und dankte uns dann sehr herzlich.«

Übrigens begann damit eine Tradition, die über fünfzig Jahre
lang, bis zum Tode von Einsteins Stieftochter Margot im Jahre
1987, anhielt: Zur Weihnachtszeit wurden vor dem Einsteinschen Haus jedes Jahr Ständchen gespielt.

Die Kommentare von Boris Schwartz zu Einsteins sparsamem
Gebrauch des Vibrato stimmten völlig überein mit Einsteins
eigenen musikalischen Vorlieben. Er liebte die Musik des 18.
Jahrhunderts von Bach, Vivaldi, Corelli und Mozart – besonders jedoch von Mozart, der sein Ideal war. Von Mozart sagte
er gern, dessen Musik sei so rein, daß es schien, sie wäre schon
ewig im Universum gegenwärtig gewesen, darauf wartend,
von Mozart entdeckt zu werden. (Einmal ging er sogar so weit
zu behaupten, eine der schlimmsten Folgen der atomaren
Kriegführung wäre, daß die Menschen nicht mehr in der Lage
wären, Mozarts Musik zu hören!)

Im Gegensatz dazu verunglimpfte Einstein oft die Musik von
Beethoven und sagte, sie sei offensichtlich ein Ausdruck seiner
persönlichen Kreativität und weniger ein allgemeiner Ausdruck seiner Natur – wie das bei Mozart der Fall war. Einstein
war besonders ernüchtert von Beethovens leidenschaftlichem
c-Moll-Modus, den er als zu emotional überladen ansah.

In einem Brief an seine große Freundin, die Königinmutter von
Belgien, schrieb Einstein 1936: »Wie immer bringt die Früh-
lingssonne neues Leben hervor, und wir können uns dieses neu-
en Lebens erfreuen und zu seiner Entfaltung beitragen; und
Mozart bleibt so schön und zärtlich, wie er immer war und
immer sein wird. Da ist immerhin etwas Ewiges, das jenseits
der Reichweite der Hand des Schicksals und aller menschlichen
Selbsttäuschung liegt.«

Doch auch alle Liebe zu Mozart ließ Einstein nicht seine geistige Unabhängigkeit vergessen. Seine Stieftochter Margot
erzählte mir einmal, daß Einstein auf seinem Klavier ein Stück
von Mozart spielte. Nachdem er einen Fehler gemacht hatte,

hörte Einstein plötzlich auf zu spielen und rief: »Mozart hat hier solchen Unsinn geschrieben!«

Im allgemeinen hatte Einstein nicht viel im Sinn mit den Komponisten des 19. Jahrhunderts, ausgenommen vielleicht Franz Schubert, der viele der klassischen Strukturen beibehalten hatte, die Einstein schätzte. Wenn er die Musik des 19. (und sicherlich auch des 20.) Jahrhunderts verspottete, kritisierte Einstein das Fehlen förmlicher Strukturen, eine der Schwächen, die er auch Richard Wagner anlastete, von dem er sagte: »Ich bewundere Wagners Erfindungsgabe, aber ich betrachte seinen Mangel an architektonischer Struktur als Dekadenz. Darüber hinaus ist für mich seine musikalische Persönlichkeit unbeschreiblich offensiv, so daß ich ihn meistens nur mit Abscheu hören kann. « Das stimmt auch mit dem überein, was Einstein in Beantwortung eines Musikfragebogens schrieb: »In der Musik schaue ich nicht nach Logik. Ich bin ganz intuitiv im allgemeinen und kenne keine Theorien. Ich mag nie eine Arbeit, wenn ich nicht intuitiv ihre innere Einheitlichkeit erfassen kann. «

Einstein hatte Glück gehabt, schon früh das Klavierspielen erlernt zu haben, denn sosehr er das Geigenspiel liebte, mußte er doch feststellen, daß seine Technik im vorrückenden Alter nicht mit der früheren Gabe zu vergleichen war. Glatter Bogenstrich wich bald einem störenden Kratzen, und schließlich, als er vor dem Siebzigsten stand, gab er das Geigenspiel ganz auf und befriedigte seine musikalischen Neigungen auf dem Klavier.

Wie auf der Geige improvisierte Einstein auch auf dem Klavier und zeigte wiederum die sehr persönliche Natur seines Spiels. Einmal, im Haus meiner Mutter in Manhattan, hörte Eva Kaiser, wie Einstein auf dem Klavier improvisierte, und schlich auf Zehenspitzen in den Hintergrund des Zimmers in der Hoffnung, zuhören zu können. Aber: »Irgendwie hatte er gespürt, daß noch eine Person da war. Er blickte auf, sah mich und hörte sofort auf zu spielen. Ich sagte: ›Es tut mir sehr leid, bitte, spielen Sie weiter.‹ Er tat es aber nicht; er war nicht böse, nur befangen ... Spielen war etwas Persönliches. «

(Über seine Improvisationen schrieb Einstein einmal an den Koordinator einer Gruppe von Amateurmusikern am Harvard Observatorium: »Es stimmt, daß ich auf dem Klavier viel mit Freude improvisiert habe, ich entdeckte aber ohne großes Erstaunen, daß es das Papier und die Tinte nicht wert war, niedergeschrieben zu werden.«)

Wenn Einstein nicht Musik machen konnte, hatte er in seinen späteren Jahren natürlich das Glück, die sehr verbesserte Technik der Schallplattenmusik zu genießen. 1949, zu seinem siebzigsten Geburtstag, entschlossen sich Einsteins Kollegen am Institute for Advanced Studies, unter der Leitung von Irwin Panofsky, Einstein mit einem FM-Tuner und einem Hi-Fi-Plattenspieler zu überraschen. Herman Goldstine wurde ausgewählt, das Gerät in der Werkstatt des Computer-Projekts heimlich zu bauen. Alle Fakultätsmitglieder teilten sich die Kosten. Am Morgen seines Geburtstages rief Helena Dukas Goldstine in dem Augenblick an, als Einstein das Haus verlassen hatte, um ins Büro zu gehen. Goldstine eilte hinüber in die Mercer Street, um die Hi-Fi-Anlage und die Radioantenne einzubauen (wie Jamie Sayens beschreibt, wurde Goldstine für seine Bemühung mit einem Strafzettel belohnt für zu schnelles Fahren in der Mercer Street!). Einstein war begeistert von dem Geschenk, das es ihm möglich machte, seine geliebte klassische Musik zu Hause zu hören, und es half auch, die Lücke, die durch die Aufgabe des Geigenspiels entstanden war, zu füllen.

Vielleicht schuldet die Welt der Liebe Einsteins zur Musik soviel Reverenz wie seinem angeborenen wissenschaftlichen Scharfsinn. Denn die Musik nährte soviel wie alles andere Einsteins geistige Landschaft und versetzte ihn in die Lage, in seinen vielen Theorien zur vollen Blüte zu gelangen. Aber, was vielleicht noch wichtiger war: Sein eigenes Spielen nährte eine Sensibilität in Einsteins Persönlichkeit, die durch all seine persönlichen Handlungen hindurchschien. Sicherlich war es so bei meiner Familie und mir.

Ein Konversationsfragment
über Musik

BUCKY: Viele Leute haben den Eindruck, sie hätten eher die äußere Erscheinung eines Musikers als die eines Wissenschaftlers. Haben Sie sich jemals gewünscht, in Ihrer früheren Zeit die Geige etwas ernster genommen zu haben?

EINSTEIN: Ach, mein Freund, Musik liegt mir sicherlich im Blut. Als ich jünger war, fand ich es leider nicht so angenehm, lange Stunden zu üben, die nötig gewesen wären, um mit der Geige Karriere zu machen. Ich hatte aber das Glück, in einem musikalischen Haushalt aufgewachsen zu sein, als ich bei der Familie Winteler in Aarau wohnte. An vielen Abenden kam die Familie zur Kammermusik zusammen. Aus dem abendlichen Spiel zog ich mehr Nutzen als aus all den Unterrichtsstunden, die ich als Junge durchstehen mußte. Tatsächlich waren meine beiden Hauptvergnügen zu jener Zeit die langen einsamen Spaziergänge und das Geigenspiel.

BUCKY: Hatten Sie in jenen Tagen einen großen Kreis von Musikfreunden?

EINSTEIN: Wir waren eine ganze Reihe, die zur Kammermusik zusammenkamen – entweder als Quartett, Quintett oder ähnliche Gruppen für Sonaten. Es war ein Kreis, der sich immer weiter vergrößerte, weil wir ständig nach neuen Talenten Ausschau hielten. Das führte zu einigen interessanten kleinen Zwischenfällen. Einmal spielte ich zum Beispiel auf der Geige, als ich plötzlich in einer anderen Wohnung jemanden Klavier spielen hörte. Ich hörte sofort auf zu spielen und folgte dem Klang, die Geige in der Hand. Der Pianist stellte sich als eine ältere Dame heraus, die ich vorher noch nie getroffen hatte, und sie muß recht erstaunt gewesen sein, denn ich marschierte einfach in ihr Zimmer und begann, sie mit meiner Geige zu begleiten, und sagte: »Bitte spielen Sie weiter... lassen Sie sich durch mich nicht stören.« Später erzählte mir meine Vermieterin, die alte Frau wäre zu ihr gekommen mit der Frage: »Wer war dieser sonderbare junge Mann?« Die Vermieterin beruhigte sie und sagte: »Bitte, regen Sie sich nicht auf. Es ist nur ein harmloser Student, der bei mir wohnt.«

Ein andermal, bei einem unserer Musikabende, hatten mehrere Damen gebeten, zum Zuhören eingeladen zu werden. Es waren eine Mutter und ihre beiden Töchter, glaube ich. Diese beiden Töchter strickten den ganzen Abend während unseres Spiels und ließen dauernd ihre Nadeln oder die Wolle fallen, und die Pausen benutzten sie, um miteinander zu flüstern. Schließlich war mir die Ablenkung zu groß, und ich hörte auf zu spielen und legte meine Geige in ihren Kasten. Die beiden Mädchen schienen überrascht zu sein und fragten: »Sind Sie schon fertig mit dem Spiel?« Darauf erwiderte ich: »Ja, meine Damen, ich glaube nicht, daß es richtig ist, Sie während des Strickens zu stören.«

BUCKY: Wer sind Ihre Lieblingskomponisten?

EINSTEIN: Am meisten mag ich die Musik des 17. und 18. Jahrhunderts. Ich würde sagen, meine Lieblinge sind Vivaldi, Bach und Mozart. Vor allem aber Mozart! Ich glaube, Mozarts Musik ist so rein und schön, daß ich sie als die innere Schönheit des Universums selbst ansehe. Und natürlich war, wie alle große Schönheit, seine Musik reine Einfachheit.

BUCKY: Sie zählen Beethoven nicht zu Ihren Lieblingen?

EINSTEIN: Nein, nein... Beethoven ist für meinen Geschmack zu abrupt. Und die romantischen Komponisten sind für mich wie Zucker... viel zu süß. Und seit der Romantik hat es eine beträchtliche Verringerung an hervorragenden Künstlern gegeben, soweit es Komponisten und Maler betrifft.

Epilog

Leute, die Einstein so genau kannten wie unsere Familie, wurden immer durch die frivolen Kommentare des Professors daran erinnert, daß für ihn der Tod nur ein anderes Naturphänomen wäre, dem man entgegensieht, es erwartet und beobachtet, falls so etwas möglich wäre.

Tatsächlich wurde Albert Einsteins Ende zu einer Art Familiendrama, besonders weil mein Vater, Gustav Bucky, einer der drei behandelnden Ärzte war. Ich erinnere mich, daß mein Vater und Einstein viele Male tiefschürfende philosophische Diskussionen über das Wesen von Medizin und Chirurgie führten. Ich werde nie vergessen, wie eines Tages nach einer dieser Unterhaltungen Einstein lachend meinen Vater zurechtwies mit den Worten: »Man kann auch ohne Hilfe eines Arztes sterben.«

Doch als das drohende Alter den Tod mehr zu einer Realität als zu einem Thema für Debatten machte, bemerkte ich eine Veränderung in Einsteins Haltung. In früheren Tagen täuschte er völlige Mißachtung des Todes vor. Das paßte gut zu seinem starken Glauben, die Probleme einer Person seien wie kleine Fische in einem riesigen See. Als dann das Ende näher kam, gab es Anzeichen dafür, daß der Tod schwer auf seiner Seele lastete. Während der letzten Krankheit fragte Einstein seinen Arzt, ob der Tod selbst eine schmerzhafte Sache sei. Was er am meisten fürchtete, war ein langes Krankenlager.

Er behielt aber noch immer seinen Humor. Mehrere Wochen vor seinem Tod brachte zum Beispiel Janos Plesch aus Berlin eine Kiste guter Zigarren mit – und Zigarren waren eine von Einsteins Schwächen. Als Einstein sie sah, lächelte er und sagte: »Lieber Gott, die muß ich aber schnell rauchen, damit ich sie alle genießen kann!«

In Einsteins letzter Woche ging es sehr geschäftig zu. Da Israel seinen Unabhängigkeitstag feierte, hatte der israelische Botschafter, Abba Eban, gebeten, Professor Einstein solle an einer Sondersendung teilnehmen, um den Tag zu feiern. Einstein, in dem Gefühl, diese Angelegenheit wäre bedeutsam, bat die Regierungsbeamten Israels, ihm bei der Abfassung einer Erklärung zu helfen.

Folglich ging im Haus in der Mercer Street ein ganzer Schwarm angesehener Besucher ein und aus, einschließlich Abba Eban selbst und der israelische Konsul Reuven Dafni. (Während des Besuches, genau eine Woche vor seinem Tod, sagte Abba Eban dem Professor, daß er durch die neue Technik des Fernsehens von etwa sechzig Millionen Menschen gesehen und gehört würde. Einstein bemerkte: »Sehen Sie, ich könnte noch immer weltberühmt werden, trotz allem!«)

Aber unter der Oberfläche aller Aktivität litt der Körper des berühmten Wissenschaftlers. Das Herz war erschöpft. Vor allem war Einsteins Aorta geborsten, und die sich daraus ergebende innere Blutung untergrub seine Energie, führte schließlich zum Tod. Am 13. April 1955 bekam Einstein einen Kollaps. Seine Sekretärin mußte mit der Situation allein fertig werden, da Einsteins Stieftochter Margot selbst zur Erholung im Krankenhaus von Princeton lag.

Erst am nächsten Tag wurde mein Vater gerufen, zusammen mit einem Herzchirurgen, Dr. Frank Glenn, und einem Dr. Ehrmann. Es mußte rasch eine Entscheidung getroffen werden, ob man Einstein in seinem 77. Lebensjahr noch operieren sollte oder nicht. Einstein wehrte sich aber heftig gegen eine Operation. (In einer privaten Unterhaltung hatte er mir einmal gesagt, ein Grund, warum er nicht völlig dem medizinischen Herumpfuschen am Körper traute, wäre, daß es, anders als in seiner eigenen Wissenschaft, keine mathematischen Gleichungen oder Formeln geben könne, die den Erfolg garantierten.) Und die Chirurgen selbst konnten nur eine Fünfzig-zu-fünfzig-Chance auf Erfolg einräumen (wegen Einsteins fortgeschrittenem Alter und weil die Operationsmethode damals noch neu war).

Nach ständigem Schwanken zwischen Verschlechterung und Verbesserung wurde Einstein schließlich in das Krankenhaus von Princeton eingeliefert. Es war offensichtlich, daß er im Sterben lag. Meine Familie war jeden Tag im Krankenhaus. Einstein ergab sich geduldig in die Situation und akzeptierte seinen drohenden Tod mit Gleichmut.

In der Nacht, in der er starb, waren wir alle an seinem Bett. Ich erinnere mich noch an seinen Humor, sogar in dieser letzten Stunde. Als mein Vater auf Wiedersehen sagte, fragte ihn Einstein: »Warum gehen Sie schon?« Mein Vater antwortete: »Weil Sie jetzt schlafen sollten.« Lächelnd sagte Einstein: »Gustav, Sie müssen nicht gehen. Ihre Gegenwart hält mich nicht davon ab, einzuschlafen.«

Das waren die letzten Worte, die Einstein jemals zu einem aus unserer Familie sagen sollte. Wir verließen alle das Krankenhaus und kehrten nach Manhattan zurück, wo wir zu der Zeit im Hotel Carlyle wohnten. Etwa um 1.15 Uhr am nächsten Morgen, dem 18. April 1955, läutete uns das Telefon aus dem Schlaf. Es war Hans Albert Einstein, sein Sohn, der anrief, um uns zu informieren, daß der große Mann vor Minuten gestorben war.

An diesem Morgen rief ich Daniel Brigham, einen Reporter vom *New York Journal-American,* an und unterrichtete ihn von Einsteins Tod – und wurde so zum Kanal für die Veröffentlichung dieser Information von internationaler Bedeutung.

Es ist eines der kleinen Mißgeschicke der Geschichte, daß im Augenblick seines Todes Einstein etwas in seiner Muttersprache murmelte. Seine Krankenschwester, Alberta Roszal, war leider nicht mit der deutschen Sprache vertraut, so daß Einsteins letzte Worte für die Nachwelt für immer verloren sind.

Jahre vorher hatte mein Vater einmal gesagt, daß »Eile und Spannung und alles, was Konzentration verletzte, für ihn ein körperlicher Schmerz« war. Jetzt gab es keine Eile mehr und auch keine Spannung. Der große Mann hatte endlich Frieden.

Einstein hatte bestimmte Regeln für seine Trauerfeier niedergelegt. Es sollte mehrere Stunden gewartet werden, ehe die Presse informiert wurde, damit nur wenige Leute Zeit hätten, zu seiner Trauerfeier zu kommen, die am selben Tag abzuhalten wäre. Folglich erfuhr die Welt vom Dahinscheiden des großen Wissenschaftlers erst etwa um 9.30 Uhr am nächsten Morgen. Er wollte eingeäschert werden, und seine Asche mußte in alle Winde verstreut werden, damit niemand Gelegenheit hatte, seine Grabstätte zum Pilgerort zu machen.

So kam es, daß sich um 16 Uhr des 18. April zehn Leute in Ewing, New Jersey, in der Nähe von Princeton, zur Einäscherungsfeier versammelten. Ein Zeichen für die enge Verbindung unserer Familie mit diesem bemerkenswerten Mann war die Tatsache, daß fast die Hälfte der Anwesenden – vier von zehn – Buckys waren, mich eingeschlossen. Es war eine der einfachsten und bewegendsten Trauerfeiern, die ich jemals erlebt habe.

Ich konnte noch immer nicht die Tatsache begreifen, daß dieser Mann, mit dem ich so viele anregende und wunderbare Jahre verbracht hatte, nicht mehr da war. Für mich war er fast ein übernatürliches Wesen gewesen, das niemals sterben konnte.

War Einsteins Intellekt wirklich ›übernatürlich‹? Oder war es nur viel Glück oder ein durch natürliche Ursachen erklärbares Phänomen? Es hat Gelegenheiten für Untersuchungen gegeben, beginnend mit Einsteins Autopsie, als sein Gehirn an Tom Harvey übergeben wurde, einen Pathologen, der heute in Weston, Missouri, lebt.

Die ersten Untersuchungen waren grob und bestanden im Vermessen der Größe des Gehirns (das, wie sich herausstellte, tatsächlich überdurchschnittlich groß war). Später wurden die Untersuchungen anspruchsvoller, etwa die von Marian Diamond, einem Neuroanatom, vor einigen Jahren in Berkeley, California. Er hatte von Dr. Harvey Proben von Einsteins Gehirn bekommen. Diamond und seine Mitarbeiter entschlossen sich, Schnitte des oberen Stirnlappens und des unteren Hinterhauptlappens beider Hemisphären zu untersuchen (Bereiche, die am ›höheren‹ Denken beteiligt sind, das heißt Informationen, die von sensorischen Teilen des Gehirns empfangen werden, assoziieren und analysieren).

Die Wissenschaftler betrachteten das Verhältnis von zwei Arten von Gehirnzellen zueinander – Neuronen und Gliazellen. (Neuronen, die sich nicht teilen können, sind die Basiszellen des Gehirns; Gliazellen, die sich vermehren können, liefern die Stütz- und Nährfunktion für die Neuronen.) Diamonds frühere Arbeit hatte gezeigt, daß Tiere, die in eine Umgebung gesetzt werden, die eine mentale Aktivität anregt, mehr Gliazellen per Neuron entwickeln. Deshalb stellten sie die Hypothese auf, daß Einsteins Gehirn mehr Gliazellen enthalten könnte. Tatsächlich bewiesen Tests, daß sie recht hatten: Einsteins Gehirn enthielt mehr Gliazellen per Neuron in allen vier Bereichen – im Vergleich zu den Gehirnen von elf ›normalen‹ Männern im Alter von 47 bis 80 Jahren. Die Unterschiede waren aber nur in den Proben vom linken Hinterhauptteil statistisch bedeutsam.

In seinem Kommentar zur Forschungsarbeit stellte Diamond fest: »Wir wissen nicht, ob Einstein damit geboren wurde oder es in späteren Jahren entwickelte. Es sagt uns jedoch, daß es in einem der am höchsten entwickelten Bereiche des Gehirns Hinweise darauf gibt, daß er größere intellektuelle Verarbeitung hatte.«

Es ist befriedigend, im nachhinein festzustellen, daß alle Wünsche Einsteins nach seinem Tode erfüllt wurden. Seine Einäscherung hinterließ keine Grabstätte für ihn verehrende Menschenmassen. Und sogar bis heute, über fünfunddreißig Jahre nach seinem Tod, ist das Haus des Professors in der Mercer Street 112 in Princeton nicht in ein Museum verwandelt worden oder in einen Ort für Versammlungen. Albert Einstein wäre wirklich zufrieden.

Anhang

Einsteins letzter Wille

Oberster Gerichtshof von New Jersey
Abteilung für Erbschaftssachen
Mercer County

In Sachen Nachlaß
von
Albert Einstein

Zivilverfahren
Testament, eidliche Erklärung
des unterzeichnenden Zeugen
und Autorisierung des Erbschaftsverwalters

Registriert am 4. Mai 1958

Im Namen Gottes, Amen:

Ich, *Albert Einstein* aus Princeton, New Jersey, handlungsfähig und im Vollbesitz meiner geistigen Kräfte, eingedenk der Ungewißheit des Lebens und der Gewißheit des Todes, verfüge, veröffentliche und erkläre diesen meinen letzten Willen und Testament wie folgt, nämlich:

1.
Ich verfüge, daß alle meine berechtigten Schulden, Begräbnis- und Testamentskosten sobald wie möglich nach meinem Ableben bezahlt werden.

2.
Ich vermache alle meine Möbel, Haushaltswaren, das bewegliche Eigentum und Effekten jeder Art meiner Stieftocher *Margot Einstein*.

3.
Ich vermache meine Bücher und alle meine persönlichen Kleidungsstücke sowie die persönliche Habe, mit Ausnahme meiner Geige, meiner Sekretärin *Helena Dukas*.

4.
Ich vermache meine Geige meinem Enkelsohn, *Bernhard Caesar Einstein*. Sollte er das gesetzliche Mindestalter noch nicht erreicht haben, ermächtige ich meine Erbschaftsverwalter, diese seinem Vater, meinem Sohn *Albert Einstein Jr.*, für ihn auszuhändigen, um sie später meinem besagten Enkelsohn zu übergeben, wenn dieser volljährig wird.

5.
Ich vermache meiner Stieftochter, *Margot Einstein,* den Betrag von *zwanzigtausend Dollars* ($ 20 000,–).

6.

Ich vermache meiner Sekretärin, *Helena Dukas*, den Betrag von *zwanzigtausend Dollars* ($ 20 000,–).

7.

Ich vermache meinen Sohn, *Eduard Einstein,* den Betrag von *fünfzehntausend Dollars* ($ 15 000,–).

8.

Ich vermache meinem Sohn, *Albert Einstein Jr.,* den Betrag von *zehntausend Dollars* ($ 10 000,–). Sollte er früher sterben als ich, vermache ich besagte Summe meinem Enkelsohn, *Bernhard Caesar Einstein.*

9.

Wenn meine Schwester, *Maria Winteler,* bei meinem Tode noch leben sollte, vermache ich den Betrag von *zehntausend Dollars* ($ 10 000,–) meiner Stieftochter, *Margot Einstein,* als Treuhänderin, um ihn zu verwalten, zu investieren und reinvestieren. Das Einkommen und Kapital daraus soll für den Gebrauch und Nutzen meiner besagten Schwester in einem Umfang und einer Art und Weise, die meine besagte Stieftochter für richtig hält, verwendet werden, solange meine besagte Schwester lebt. Sollte meine besagte Schwester mich überleben, aber sterben, bevor die besagten Mittel erschöpft sind, soll der Rest von besagtem Einkommen und Kapital bei ihrem Tode auf meine besagte Stieftochter, *Margot Einstein,* für ihren eigenen Gebrauch und Nutzen übergehen. Sollte meine Stieftochter sterben oder aus irgendeinem anderen Grund der Treuhänderschaft über diesen Fonds nicht mehr nachkommen, so bestimme ich meine Sekretärin, *Helena Dukas,* als Ersatz an ihrer Stelle.

10.

Wenn einer der hierin genannten Vermächtnisnehmer vor mir sterben sollte, so soll das Vermächtnis, Legat oder der Fonds, die zu ihren Gunsten vorgesehen waren, verfallen, falls nichts anderes hierin vorgesehen ist, und das fragliche Gut oder der Fonds soll Teil meines Reinnachlasses werden.

11.

Sollte die Höhe meines Vermögens unzureichend sein für die Zahlung oder volle Einrichtung der in den Par. 5 bis 9 vorgesehenen Legate und Treuhandgelder, dann soll es keine Prioritäten geben, sondern diese Beträge sollen proportional verringert werden.

12.

Nachdem die vorgenannten Legate, Vermächtnisse und Treuhandgelder bezahlt, übergeben oder eingerichtet worden sind, weise ich meinen Erbschaftsverwalter an, aus dem dann verbleibenden Vermögen, außer dem von mir nachfolgend für das Treuhandgeld angewiesenen Vermögen, alle Übertragungs-, Vermögens- oder Erbschaftssteuern zu bezahlen, die sonst auf die vorgenannten Vermächtnisse, Legate und Treuhandgelder erhoben werden, mit dem Ziel, daß, falls die Höhe meines Vermögens dies erlaubt, diese voll ausgezahlt, übergeben oder eingerichtet werden können, wie hierin angewiesen wird.

13.

Ich vermache alle meine Manuskripte, Copyrights, Verlagsrechte, Lizenzen und Lizenzverträge sowie alle anderen literarischen Hinterlassenschaften und Rechte jeglicher Art meinen nachfolgend benannten Treuhändern zur *treuhänderischen Verwaltung,* und zwar für einen Zeitraum, der vom Leben meiner Sekretärin, *Helena Dukas,* und meiner Stieftochter, *Margot Einstein,* bestimmt wird; während dieses Zeitraumes ist das Treuhandgut wie folgt zu verwalten, nämlich:

A. Alle besagten, den Treuhändern, wie vorher bestimmt, vermachten Hinterlassenschaften sind zu verkaufen, zu veröffentlichen oder zu lizensieren oder anderweitig zu veräußern; ebenso alle Vermögenswerte, die dafür empfangen werden, sowie alle Investierungen oder Reinvestierungen, die zu jedem Zeitpunkt im Treuhandvermögen enthalten sind. Die Art und Weise sowie die Bedingungen [der Veräußerung] sollen von Zeit zu Zeit nach dem alleinigen und absoluten Urteil von den Treuhändern gemeinsam bestimmt werden.

B. Meiner Sekretärin, *Helena Dukas,* sind alle eingehenden oder eingezogenen Nettobeträge von Zeit zu Zeit auszuzahlen und zu übergeben, sowie alle Geldbeträge, die die Masse dieses Treuhandgutes bilden und von den Treuhändern empfangen, eingezogen oder verwaltet werden, und zwar in dem Umfang und der Art und Weise, die allein von besagter *Helena Dukas* bestimmt und von ihr zu ihren Lebzeiten schriftlich bei den dann handelnden Treuhändern angefordert werden, außer wenn sie selbst einer der Treuhänder sein sollte.

C. Nach dem Tode besagter *Helena Dukas* sind alle derartigen Nettoeinkommen meiner besagten Stieftochter, *Margot Einstein,* auszuzahlen, sowie alle Geldbeträge aus der Masse, und zwar im gleichen Umfang und der gleichen Art und Weise, wie im Unterabschnitt (B) vorgesehen.

D. Alle in dem Treuhandgut verwalteten Gelder oder bestimmte Hinterlassenschaften sind jederzeit auf schriftliche Anweisung besagter *Helena Dukas* zu ihren Lebzeiten an die *Hebrew University* auszuzahlen und zu übergeben und danach auf schriftliche Anweisung meiner besagten Stieftochter, *Margot Einstein,* zu deren Lebzeiten.

E. Beim Tode besagter *Helena Dukas* und besagter *Margot Einstein* endet dieser Treuhänderschaft, und alle in dem Treuhandgut noch enthaltenen Gelder oder Hinterlassenschaften, einschließlich aller aufgelaufenen, angesammelten und nichtverteilten

Einkommen und aller literarischen Rechte und Nachlässe, sollen an die *Hebrew University* übergehen, nach Abzug der Ausgaben oder Verbindlichkeiten aus der Treuhänderschaft.

F. Bei der Auslegung dieser Bedingungen meines Testaments ist zu beachten, daß es mein hauptsächliches Ziel ist, weitere Vorkehrungen für die Fürsorge und das Wohlergehen meiner besagten Sekretärin, *Helena Dukas,* zu ihren Lebzeiten zu treffen; mein zweites Ziel ist es, solche weiteren Vorkehrungen für die Fürsorge und das Wohlergehen meiner besagten Stieftochter, *Margot Einstein,* zu ihren Lebzeiten zu treffen; letztlich ist es mein Ziel, daß jegliche Hinterlassenschaft, die dann noch übrig ist (seien es Originalmanuskripte oder literarische Rechte oder Nachlässe, die noch zu meinem Vermögen gehören, oder der Gewinn aus der Veräußerung solcher Hinterlassenschaft oder Rechte), soweit sie nicht an meine besagte Sekretärin oder meine besagte Stieftochter ausgezahlt wurden, an die *Hebrew University* übergehen sollen und ihr absolutes Eigentum werden, um danach behalten oder veräußert zu werden, je nachdem, was sie für das Beste hält. Zu diesem Zweck verfüge ich, daß, falls besagte *Helena Dukas* zu ihren Lebzeiten oder besagte *Margot Einstein* danach fordern sollten, ihnen Beträge aus diesem Treuhandgut auszuzahlen, wenn nicht genügend Gelder im Fonds für diesen Zweck vorhanden sind, Besitzteile aus dem Treuhandgut verkauft oder auf andere Weise behandelt werden, um solche Gelder zu beschaffen; die Treuhänder dieses Fonds sollen aber gemeinsam bestimmen, was verkauft oder anderweitig veräußert werden soll, sowie den Zeitpunkt, die Bedingungen und Art und Weise solchen Verkaufs oder anderer Veräußerung; jede Verfügung darf nur gemeinsam getroffen werden.

14.

Den gesamten Rest jeglicher Art meines Nachlasses, sei er real oder persönlich und wo auch immer gelegen, vermache ich meiner Stieftochter, *Margot Einstein,* oder, falls sie früher stirbt als ich, meinem Sohn, *Albert Einstein Jr.,* zu ihrem oder seinem Gebrauch und Nutzen.

15.

Ohne die Art des Vermächtnisses meines Restnachlasses einzuschränken bestimme ich: Falls meine Schwester, *Maria Winteler,* mich überlebt und das Treuhandgeld zu ihrem Nutzen gem. Par. 9 danach erschöpft ist, soll meine besagte Stieftochter oder, wenn sie vor mir stirbt, mein besagter Sohn andere oder weitere Vorkehrungen, die von Zeit zu Zeit erforderlich sein mögen, treffen, um meine besagte Schwester, solange sie lebt, aus meinem Nachlaß zu unterstützen.

16.

Ich verfüge, daß jener Teil aller meinem Nachlaß auferlegten Bundes- oder staatlichen Übertragungs-, Nachlaß- oder Erbschaftssteuern auf den Treuhandfonds (gem. Par. 13) umgelegt wird, den der Wert des dem besagten Treuhandfonds zugewiesenen Vermögens bis zur Höhe meines versteuerbaren Nettonachlasses vor Steuerbefreiungen ergeben sollte, wobei alle derartigen Werte den Festlegungen in den jeweiligen Steuerverfahren entsprechen sollen. Die Steuerbeträge, die auf einen solchen Fonds umgelegt werden, sollen ihm belastet werden; die Aktiva können von meinem Erbschaftsverwalter allein oder von den Treuhändern des besagten Fonds verkauft oder anderweitig veräußert werden, um die Mittel für derartige Steuern zu beschaffen.

17.

A. Ich berufe und bestelle meinen Freund, *Dr. Otto Nathan,* zu meinem alleinigen Erbschaftsverwalter.

B. Ich berufe und bestelle weiterhin besagten *Otto Nathan* und meine Sekretärin, *Helena Dukas,* gemeinsam zu Treuhändern des Treuhandfonds (gem. Par. 13).

C. Ich berufe und bestelle weiterhin meinen Rechtsanwalt, *David J. Levy, Esq.*, aus dem Stadtteil Manhattan, New York City, zum stellvertretenden Erbschaftsverwalter und stellvertretenden Treuhänder des Treuhandfonds (gem. Par. 13).

D. Ich verfüge, daß mein besagter Erbschaftsverwalter, die Treuhänder und der Stellvertreter den Eid ablegen und hierunter handeln dürfen, jederzeit und in allen Zuständigkeitsbereichen, ohne Kaution oder andere Sicherheit zu geben.

18.

Ich übertrage hiermit meinem Erbschaftsverwalter, den Treuhändern und allen Stellvertretern die Vollmacht, Befugnis und Verfügungsfreiheit, ohne Anrufung eines Gerichts und zusätzlich zu den Rechten und Vollmachten, die sonst vom Gesetz vorgesehen sind, folgendes zu tun: (1) Alle Vermögenswerte oder Hinterlassenschaften, die sie hierunter empfangen haben, sowie alle im Austausch dafür empfangenen Werte entweder auf Dauer oder vorübergehend zu verwalten und festzuhalten, je nachdem, was sie nach alleinigem Urteil und in beeinflußter Verfügungsfreiheit bestimmen; (2) das oben Genannte zu verkaufen, zu tauschen oder anderweitig zu veräußern, entweder gegen Bargeld oder auf Kredit, mit oder ohne Sicherheit; (3) alles Grundeigentum hypothekarisch zu belasten, zu verpachten oder zu verkaufen, und zwar zu allen Bedingungen; (4) Optionen zu gewähren und bezüglich der von ihnen verwalteten Vermögenswerte zu allen Bedingungen an jeglichen Reorganisationen oder Neuordnungen teilzunehmen; (5) Geld zu leihen, ohne persönliche Haftung und zu allen ratsam erscheinenden Bedingungen, und die Rückzahlung desselben zu sichern; (6) alle gegen meinen Nachlaß erhobenen Forderungen, einschließlich Steuersachen, zu berechnen, durch Kompromiß zu regeln oder zu schlichten; (7) Wertpapiere oder Vermögenswerte meines Nachlasses im Namen von Begünstigten zu verwalten; (8) ein Verwaltungskonto oder -konten zu unterhalten und Investitionsberatung oder Buchführungsdienste in Anspruch zu nehmen und mit den Kosten dafür meinen Nachlaß zu belasten; (9) Ausschüttungen vorzunehmen, entweder ganz oder teilweise, und zu diesem Zweck Werte festzulegen; (10) Einkommen und Kapital zu bestimmen und nachzuweisen sowie die Kosten dafür; (11) Einkommen und Kapital für jeden hierunter fallenden minderjährigen Begünstigten zu zahlen, entweder direkt an den Begünstigten oder an seine Eltern oder den gesetzlichen oder natürlichen Vormund oder an jede in loco parentis stehende Person; und (12) ganz allgemein alles in bezug auf meinen Nachlaß zu tun, was sie im guten Glauben für richtig und im besten Interesse der Begünstigten hierunter halten; es ist meine Absicht, alles Vorgenannte so ausgelegt zu wissen, daß meinem besagten Erbschaftsverwalter, den Treuhändern und Stellvertretern weitestgehende Freiheit in der Verwaltung meines Nachlasses gegeben wird, solange sie im guten Glauben handeln.

Schluß
Hiermit widerrufe ich alle Testamente oder Kodizille, die ich früher aufgesetzt habe.

Zur Bezeugung dessen habe ich meine Unterschrift und Siegel hierunter gesetzt, an diesem 18. Tag des März, im Jahre eintausendneunhundertundfünfzig.

Unterschrift und Siegel

(Es folgen Beglaubigungen und Unterschriften der Anwälte.)

Das Werk Albert Einsteins

Eine kurze Würdigung von William M. Siler[*]

Albert Einstein ist wohl zu den zwei, drei größten Physikern zu zählen, die jemals gelebt haben. Zu seinen Ehren wurde ein Element (Einsteinium) und eine Maßeinheit (das Einstein) nach ihm benannt. Einstein war in erster Linie Theoretiker, und das auf extrem komplizierten Gebieten. Als ich jung war, war es allgemein üblich (obwohl eigentlich nicht richtig) zu sagen, daß nur zwölf Menschen seine Relativitätstheorie verstehen könnten. Was nicht so bekannt ist – er hatte eine hohe Achtung für die reale Welt, in der wir alle leben, und er hatte die außerordentliche Fähigkeit, Theorien zu entwikkeln, die uns neue Sichtweisen auf diese Welt eröffneten und sie uns verständlicher machten. Tausende von Wissenschaftlern haben bisher an der Weiterentwicklung der Einsteinschen Theorien gearbeitet; aber genauso richtig ist, daß die praktischen Konsequenzen seiner Arbeit Ihre und meine Welt in zahllosen Dingen verändert haben. Nur ein kleines Beispiel: Die automatischen Zahlungsbelege an den Supermarktkassen wären ohne eine der Theorien Einsteins undenkbar.

Lassen Sie mich einige der Hauptheorien Einsteins auflisten und dann der Frage nachgehen, zu welchen Veränderungen sie in unserer Welt geführt haben:

[*] Dr. William M. Siler, Experte für mathematische Modelle von biologischen und hydrodynamischen Systemen, ist Professor am Mote Marine Labor in Sarasota, Florida.

- die Spezielle Relativitätstheorie,
- die Äquivalenz von Masse und Energie,
- die Allgemeine Relativitätstheorie,
- die Photonentheorie des Lichts,
- die Grundtheorien von Photochemie und Photoelektrizität,
- die Theorie der Brownschen Molekularbewegung und Diffusion,
- die Theorie der spezifischen Wärme von Materie,
- die ersten bekannten Gesetze der Quantentheorie.

Als Einstein im Jahre 1905 sein Studium beendet hatte, konnte er keine akademische Anstellung finden, die beste Arbeit, die ihm angeboten wurde, war die eines Prüfers von Patentanträgen. Aber in eben diesem Jahr ließ er vier theoretische Schriften auf die Welt los, von denen jede einzelne eine große Entdeckung auf dem Gebiet der Physik darstellte. Einsteins späteres Werk war im großen und ganzen eine Weiterentwicklung dieser Grundideen. Es handelte sich um die *Spezielle Relativitätstheorie* mit der aufsehenerregenden Vorstellung, daß zwei Leute zur selben Zeit den gleichen Gegenstand messen und zu zwei unterschiedlichen Ergebnissen kommen konnten; die Theorie der *Brownschen Molekularbewegung,* durch die es erstmals möglich wurde, mit Hilfe eines Mikroskops den Zusammenprall einzelner Moleküle zu beobachten; die *Theorie der Äquivalenz von Masse und Energie,* Grundlage der Atomkraft; und die Grundlage der Photonentheorie des Lichts, die zeigte, daß Licht aus extrem kleinen Partikeln besteht.
All diese Theorien schienen dem »gesunden Menschenverstand« zu widersprechen, denn es gab hierfür keine schlüssigen experimentellen Beweise. Das geschah erst später. Im Falle der Äquivalenz von Masse und Energie trat den direkten Beweis Otto Hahn an, als er feststellte, daß Kernspaltung Energie freisetzt.

Lassen Sie uns kurz vier von Einsteins großen Beiträgen zur Wissenschaft beleuchten – und zwar in Hinblick auf ihre praktische Bedeutung.

Die *Allgemeine Relativitätstheorie*. Fußend auf der Speziellen Relativitätstheorie, war die Allgemeine Theorie ein völlig neues Bezugssystem für die Wissenschaft vom extrem Kleinen (submolekulare Stufe) bis zum extrem Großen (dem unendlichen Universum). Sie schloß ein neues Gesetz der Schwerkraft ein, das das Newtonsche Gesetz aus dem 17. Jahrhundert ersetzte. Aus Einsteins Relativitätstheorie war zu schließen, daß die Lichtgeschwindigkeit eine Grenzgeschwindigkeit darstellt und daß kein materieller Körper die Lichtgeschwindigkeit überschreiten kann (weil die Masse eines Körpers mit zunehmender Geschwindigkeit größer wird); daß das Universum eher vierdimensional als dreidimensional ist und daß es sich unter dem Einfluß von Masse krümmt; und daß Schwerkraft in Wirklichkeit eine Folge der Bewegung in diesem gekrümmten Raum-Zeit-Kontinuum ist.

Aus der Relativitätstheorie ergeben sich erstaunliche Konsequenzen. Stellen Sie sich vor, ein Raumschiff wird zu einem anderen Stern geschickt. Wenn nichts die Lichtgeschwindigkeit übertreffen kann und sich demnach auch kein Raumschiff schneller als das Licht bewegen kann, schränkt das unsere Möglichkeiten gewaltig ein, zu einem anderen Sonnensystem zu gelangen, selbst wenn es verhältnismäßig nahe ist. (Dies hat so manchem Science-fiction-Autor großes Kopfzerbrechen bereitet!) Andererseits stelle man sich einen Atomteilchenbeschleuniger vor. Während die Teilchen schneller und immer schneller werden, erhöht sich auch ihre Masse, und es wird immer schwieriger, sie weiter zu beschleunigen; wenn sich schließlich eines der Teilchen der Lichtgeschwindigkeit nähert, wird es so schwer, daß meßbare Effekte zu beobachten sind und daß sogar ein Atom gespalten werden kann. Auf diesen Grundlagen baut sich all unser Wissen über die Atomtechnik auf. Als ein anderes Beispiel der praktischen Umsetzung dieser Theorie mag eine

Maschine namens Betatron dienen, die zur Krebsbehandlung eingesetzt wird.

Die *Äquivalenz von Masse und Energie*. Jeder, der sich mit Physik auseinandersetzt, kennt die berühmte Formel $E=mc^2$. Diese Formel besagt, daß eine Masse m gleich der Energiemenge ist, die der Lichtgeschwindigkeit im Quadrat entspricht. Bis zur Entdeckung der Kernspaltung durch Lise Meitner und Otto Hahn in den 30er Jahren war diese Gleichung weitgehend von theoretischem Interesse, doch erst diese Entdeckung gab jener Gleichung eine ungeheure, wenn auch erschreckend praktische Bedeutung. Denn auf der Erkenntnis, daß Masse in riesige Mengen von Energie umgewandelt werden kann, beruhen sowohl Atombombe als auch Kernkraftwerke.

Die *Photonentheorie des Lichts: Photochemie und Photoelektrizität*. Einstein vermutete als erster, daß Licht in Wirklichkeit aus extrem kleinen Teilchen, den Photonen, besteht. Er bezog sich dabei auf die bahnbrechenden Arbeiten von Max Planck. Aber Einstein ging weiter und definierte die Grundprinzipien der Wechselbeziehung zwischen Materie und Licht. Für diese Arbeit erhielt er den Nobelpreis, nicht (wie die meisten meinen) für die Relativitätstheorie.

Die Erkenntnisse, die auf der Einsteinschen Theorie der Photoelektrizität beruhen, sind heute weit verbreitet. So sind beispielsweise Photographien – obwohl es sie auch vor Einsteins Arbeit gab – sehr grobrastig gewesen, und es gab keine Theorie, die man für die Entwicklung neuen Filmmaterials hätte anwenden können. Einstein lieferte die theoretische Basis für die Photochemie (die Verwendung von Licht in chemischen Prozessen) und für die Photoelektrizität (die Verwendung von Licht zur Produktion von Elektrizität bzw. die Verwendung von Elektrizität, um direkt Licht zu produzieren, ohne den Umweg über Glühfäden).

Die *Theorie der Brownschen Molekularbewegung und der Diffusion*. Der englische Botaniker Robert Brown bemerkte 1827, daß unter dem Mikroskop winzige Pollenkörner sich im Wasser

ohne einen erkennbaren Grund fortwährend und ziellos beweg-
ten. Das war für die wissenschaftliche Welt ein Kuriosum, und
eine Anzahl Wissenschaftler untersuchten diesen Effekt, ohne
den Grund herauszufinden, warum kleine Teilchen im Wasser
immer diese scheinbar zufällige Bewegung machen. Einstein
vermutete, daß diese Bewegungen durch Molekülstöße verursacht werden. Das war ein interessanter Ansatz, aber Einstein
ging weiter und untersuchte die fundamentalen Gesetze, denen
dieser Effekt unterliegen mußte. Er veröffentlichte eine theoretische Abhandlung über *Diffusion,* ein Wort, das sowohl den
Transport von Stoffen in Flüssigkeit von einem Ort zum anderen einschloß als auch den Transport von Wärme durch ein wär-
meleitendes Medium.
Diffusionsprobleme treten in vielen Bereichen der Chemie auf,
ebenso wie bei der Wärmeübertragung. So griff der Autor auf
diese Theorien zurück, als er eine Computer-Simulation
anwandte, um festzustellen, wieviel Wasser man in Florida für
eine städtische Trinkwasserversorgung entnehmen kann, ohne
daß Salzwasser so weit flußaufwärts diffundiert, daß Umwelt-
schäden nicht zu erwarten sind. Wärmeaustauscher wie etwa
Autoheizungen basieren ebenfalls auf diesem Prinzip.
Hier nun eine Anzahl von Gegenständen des täglichen
Gebrauchs, die ohne die theoretischen Grundlagen Einsteins
nicht denkbar wären – obwohl eine große Anzahl von Wissenschaftlern diese Gegenstände bis zu ihrem derzeitigen Stand
entwickelt hat.

Haushalt:
– Leuchtstofflampen (Photoelektrizität)
– Nachtlampen, die angehen, wenn die Lichter im Haus ausge-
  schaltet werden (Photoelektrizität)
– Außenlichter, die sich bei Sonnenaufgang ausschalten (Pho-
  toelektrizität)
– Alarmanlagen, die mit Lichtschranken oder Infrarotlicht
  arbeiten (Photoelektrizität)

- Fernseher (Photoelektrizität)
- CD-Player (Photoelektrizität)
- Fernbedienungen für Fernseher, Videorecorder usw. (Photoelektrizität)
- Leuchtfarben (Photonentheorie)
- Erfindungen, die Licht emittierende Dioden (Photonentheorie) benutzen, darunter: Mikrowellenherde, Elektroherde, Radios, Fernseher, Taschenrechner, Armaturenbrett-Anzeigen in Autos
- Klimaanlagen (Diffusion)
- Kühlschränke (Diffusion)

Kameras:
- Automatisch belichtende Kameras (Photoelektrizität), das Bucky-Einstein-Patent. In seinem ganzen Leben hat Einstein nur ein einziges Patent beantragt, und zwar gemeinsam mit dem Miterfinder Gustav Bucky im Jahre 1936. Bucky und Einstein erfanden die erste automatische Belichtung durch eine Kamera, abhängig von der Lichtstärke der Umgebung.
- Belichtungsmesser (Photoelektrizität)
- Photographische Filme (Photochemie)
- Photopapier (Photochemie)

In der Arztpraxis:
- Fluoroskopie (Photoelektrizität)
- Restlichtverstärker (Photoelektrizität)
- Röntgenstrahlenverstärkende Bildschirme (Photochemie)
- Röntgenfilme (Photochemie)
- Elektronenbestrahlungstherapie für Krebspatienten (Spezielle Relativitätstheorie)
- Kobalt-Gammastrahlen-Therapie für Krebspatienten (Gleichheit von Masse und Energie, Photonentheorie)
- Radioisotopentherapie für Krebspatienten (Äquivalenz von Masse und Energie)

Im Supermarkt:
– Tiefkühltheken (Diffusion)
– Kühltheken (Diffusion)
– Kassen mit automatisch stoppendem Laufband (Photoelektrizität)
– Scannerkassen (Photoelektrizität)
– Leuchtstofflampen (Photoelektrizität)

Nuklearenergie:
– Kernreaktoren (Äquivalenz von Masse und Energie)
– Kernkraftwerke (Äquivalenz von Masse und Energie)
– Atomangetriebene Schiffe (Äquivalenz von Masse und Energie)
– Atomangetriebene Satelliten (Äquivalenz von Masse und Energie)
– Geigerzähler (Photonentheorie, Photoelektrizität)

Computer:
– Bildschirme (Photoelektrizität)
– Laserdrucker (Photoelektrizität)
– LED-Anzeigen (Photoelektrizität)

Militär:
– Atom- und Wasserstoffbomben (Äquivalenz von Energie und Masse)
– Elektronische Anzeiger (Photoelektrizität)
– Nachtsichtgeräte (Photoelektrizität)
– Laser-gelenkte Raketen (Photoelektrizität)